社会工作教育

中美的研究与比较

THE COMPARATIVESTUDY OF
SOCIAL WORK EDUCATION
IN CHINA AND US

赵一红　黄建忠
赵　芮　Richard L. Edwards
主编

社会科学文献出版社
SOCIAL SCIENCES ACADEMIC PRESS (CHINA)

序 言

　　社会工作教育是当代中国社会建设的重大课题，尤其在创新社会管理、建设中国特色社会主义的过程中，社会工作教育既面临着前所未有的发展机遇，同时又面对着来自国际成熟的社会工作教育的挑战。在此情况下，我们如何在中国现代化进程中明确社会工作教育的任务与目标、建立社会工作人才培养体系与机制，在认真学习和吸收西方国家先进的社会工作教育思想好方法的同时，处理好借鉴与本土发展的关系，培育并突出自身发展特点，凡此种种，都值得深入思考。

　　中国社会工作教育在其教育的发展史上从没有像今天这样深刻和重要，其间蕴含着一个重要的理论和实践问题，即产生于西方社会的社会工作理论与实践如何移植并运用于中国本土社会、如何借鉴西方并构建中国本土化的社会工作教育模式，这是目前亟待解决的理论和实践问题。

　　由于不同国家和地区的社会结构和文化背景不同，社会需求和社会矛盾存在差异，因此各个国家社会工作发展状况表现出不同特色，其中最为突出的是社会工作理论在其运用过程中表现出的文化差异。产生于西方国家的社会工作及其理论，其价值观及文化背景具有基督教与犹太教传统，因而不同社会价值观和文化基础往往会发生冲突。在此情况下，中国社会工作研究生教育如何面对借鉴吸收与改革创新的关系，各个教育机构如何研究实现中国本土化社会工作教育的发展，处理好借鉴西方理论与发展本土教育的关系等等，这是开展社会工作教育的高校和社会工作教育者迫切需要回答的问题。现代教育与传统教育有着本质不同，表现在培养的人才类型、模式、内容和方法等方面与传统教育存在差别。现代教育首先要树立现代化教育的任务与目标，中国社会工作研究生教育是现代化教育进入高一阶段的产物，因而更需要建立自己的理念与目标。目前中国社会工作教育已蓬勃发展，无论教育质量还是数量都达到一定水平，社会工作人才队伍不断壮大。尤其是在社会工作专业理论受到西方发达国家影响和移植的情况下，对这些问题的探讨便显得尤为重要。

恰逢此时，美国罗格斯大学社会工作学院师生一行于2012年6月来中国社会科学院研究生院访问，成功举办了"比较与创新：中美社会工作教育与研究国际研讨会"，此次研讨会的宗旨便是共同探讨社会工作教育与研究在不同国家所表现的不同特点，为推动双方合作提供了一个学习交流和学术探讨的平台。如何推动国际上成熟的社会工作理论和实践经验落地生根，如何寻找更加适合中国国情的社会工作教育发展路径，是研讨会学者们共同感兴趣的话题。以本次国际研讨会讨论发言为主要内容编辑的《社会工作教育——中美的比较与研究》论文集，收录了"社会工作教育、慈善与非营利组织、社会福利、医务社会工作、社区社会工作、农村社会工作、老年人社会工作、家庭社会工作"等相关议题的18篇学术文章，它们对于读者了解中美两国在社会工作教育和人才培养机制方面、在相关研究的异同与特色方面等都具有一定的帮助，同时也为我们进一步思考中国社会工作教育本土化发展提供了有益的参考。

作为全国首批社会工作专业硕士学位教育试点单位的中国社会科学院研究生院，以培养"一流的社会工作管理人才、研究人才、教育人才"为理念和目标。从筹备到运行都秉承这个理念，坚持学习与创新并重的工作原则，采用具有社会工作特色的管理方式；既注重选聘学术大家从事理论教学，又大力发展深谙社会工作实践和技巧的专职督导队伍，将"以人为本、助人自助、公平公正"的价值观教育贯穿始终；采取实践能力与学术素养相结合的培养方式，突出课程教学与实务训练并重的培养特色，努力培养高水平的社会工作人才。中国社会科学院研究生院在实践中努力打造并逐步形成了具有自身特色的社会工作教育制度、教学方式、培养模式等，目前已取得初步进展，培养的两批114名社会工作硕士以优异的成绩毕业并已步入工作岗位。

目前，在中国社会工作领域日趋专业化、社会化的发展背景下，作为国际社会工作的重要组成部分，中国的社会工作发展既需要立足本土实践，也需要突破和创新，在加强与国际社会的学习、交流和协作的同时形成本土特色，此正所谓"比较与研究"的意义所在。亦如著名社会学家费孝通先生所言："美美与共，天下大同。"相信《社会工作教育——中美的比较与研究》一书的出版，是一个富有"美"和意义的起点。我们将从此出发，虚心向国内外社会工作教育走在前列的院校学习，以积极努力丰富自身的实践和探索为路径，为绘制本土化社会工作教育模式蓝图和培养中国优秀的社会工作人才而不懈努力！

是为序。

中国社会科学院研究生院

社会工作教育指导委员会主任　黄晓勇

目 录

美国社会工作教育发展
………………… Kathleen J. Pottick，Richard L. Edwards & Shuang Lu / 1
社会服务创新与非营利组织发展 ……………………………… 景天魁 / 13
中国社会工作教育理念与目标
——基于中国社会工作研究生教育的思考 ………………… 赵一红 / 24
家庭暴力与家庭构成：经济虐待及肢体暴力
………………… 黄建忠　Judy L. Postmus & Juliann H. Vikse / 37
中国农村反贫困中的社会工作缺位问题 …………………… 王春光 / 51
从全球化视野定义社会服务组织中主管人员的领导与
　管理能力 ………………………………………… William Waldman / 63
草根组织和慈善部门在灾难救援中的领导角色：中国和美国的比较
………………… Ronald Quincy，Rachel Ludeke，Sidney Battle，易思来 / 77
学用结合的困境：社会工作教育与就业问题初探 ……………… 潘　屹 / 87
赋权看护者：社会工作者的角色 ………………… Patricia A Findley / 97
基于居民和面向居民：社区发展双向动力分析 ……………… 孙炳耀 / 106
心理健康个案管理的关系模式 ……… Jeffrey Longhofer & Jerry Floersch / 117
社会工作专业的社会研究方法教学特点探讨 …………………… 李　炜 / 128
实行社会福利政策减轻贫困：对亚洲国家的启示
………………………………… 周镇忠（Julian Chun - Chung Chow）/ 133

中国的老龄化与社会发展
　　——一项社会政策分析 ………………………………… 房莉杰 / 145
宏观与微观双重视角下中国社会福利制度的路径选择 ……… 赵一红 / 178
美国老年人的经济安全 ……………………………… Karen A. Zurlo / 192
探索从事社会创业的新生社会企业家的动机
　　……………………… Andrew J. Germak & Jeffrey A. Robinson / 204
双重制度逻辑下企业社会工作发展模式研究 ……………… 李伟峰 / 216

美国社会工作教育发展

Kathleen J. Pottick, Richard L. Edwards & Shuang Lu*

摘　要： 随着全球政治、经济发展进程的加快，人类需求不断增多、社会问题日益多样化。以满足公共需求、解决社会问题为宗旨的社会工作专业逐渐获得国际社会的广泛关注。作为社会服务的直接提供者，社会工作人才的教育问题开始纳入各国教育体系的发展议程。本文通过介绍美国社会工作的相关理念，以及社会工作及其教育的发展历史、现状与未来趋势，旨在促进人们对社会工作专业及其教育的理解与思考，并进一步对中国及国际社会工作教育事业发展给予建议与启发。

关键词： 美国　社会工作　社会工作教育

一　引言

起源于19世纪末期的美国社会工作专业及其教育至今已有100多年的发展历程。据美国社会工作者协会的定义，社会工作的主要宗旨是促进全民福利、帮助满足所有人的基本需求，并特别关注弱势群体、受压迫群体及贫困人民的需求与赋权（National Association of Social Workers, 1996）。在

---

* 作者：Kathleen J. Pottick，教授，美国罗格斯大学社会工作学院院长；Richard L. Edwards，教授，美国罗格斯大学常务副校长；Shuang Lu，美国罗格斯大学社会工作学院博士班学生。

该宗旨的指引下，社会工作的专业目标包括提高个人、家庭、团体、组织和社区的社会功能，为案主联系所需资源，推动社会服务传递网络的运行，以及通过社会政策制定促进社会公平与正义。

格林伍德曾阐述，一个行业就是指一群人通过寻求或修正知识体系及对该知识体系的伦理性运用，致力于提高个人福利与维持社会秩序。总的来说，所有的社会行业都具有四大共同特征，即拥有明确的专业知识体系、社会认可系统、制订成员守则的行业协会以及服务社会或大众的相关伦理（Greenwood，1957）。美国社会工作在不同程度上都拥有这些特征。例如，社会工作有广泛的专业教育结构基础，其整合于社会认可的公立或私立大学系统下；同时，有专门的行业协会负责全国范围内社会工作教育项目的认证，各州对从业者有具体的执照认证要求（Reid & Edwards，2006）。

如今，具有已认证大学的本科或硕士学位已成为从事社会工作行业的必要条件，除了公共机构或非营利、慈善组织从业者之外，美国各州法律均规定社会工作者必须拥有执照或进行注册登记。在社会工作日益规范化的发展背景下，其服务对象范围亦逐渐扩大，从业者教育水平不断提高，社会影响力日益增强。随着全球化进程日益加快，社会工作理念及服务也已发展至国际范围。本章通过介绍美国社会工作的相关理念，社会工作及其教育的发展历史、现状与未来趋势，旨在促进人们对社会工作专业及其教育的理解与思考，并进一步对中国及国际社会工作教育事业发展给予建议与启发。

二　美国社会工作及其教育的发展历程

（一）19世纪后期至20世纪初

19世纪后半叶，随着人口快速增长，工业化、城市化进程加快，大量的人口流动，美国出现了一系列社会问题——贫穷、大量流浪人口、住房问题、新生婴儿高死亡率、低工资水平、严酷的工作条件等等；随着时代的发展，美国一些受过良好教育的中产阶级开始探求一系列应对这些社会问题的措施。其中，最具影响力的为慈善组织社运动和睦邻运动。

1877年，美国首个慈善组织社成立于纽约州，以"科学化慈善"为口号，提倡将科学方法应用于社会福利事业，旨在通过改造个人行为，解决个人问题，以降低福利依赖性，进而消除贫穷（Stern & Axinn，2012）。因其工作需要，慈善组织社招募并培训了一批"友好访问者"，在理解社会问题的基础上，开展面向社会个体的服务。这些"友好访问者"均为中上层阶级女性，她们受基督教教义中关怀与爱的驱使，认同保守经济价值观，认同社会达尔文主义，秉承善意的理念，志愿提供帮助贫困人民的服务。根据个人情况，这些"友好访问者"先将贫困人口分为"值得帮助者"（如残疾所致贫穷者）与"不值得帮助者"（如酗酒或个人问题致贫者）两类，再向值得帮助者提供所需资源或友谊性访问，以帮助其自助自立、脱离贫困（Midgley，2001）。虽然这些活动具有强烈的时代局限性，但"友好访问者"作为近代个案工作者的雏形，为社会工作专业启蒙和个案工作的发展奠定了基础。

随着运动范围的扩大和社会影响力的增强，志愿性的"友好访问者"已无法满足急剧增加的工作需要。于是，慈善组织社于1898年和哥伦比亚大学合作出资设立了暑期慈善学校。作为首个正式的社会工作专业教育项目，该暑期学校开展为期6周的培训，主要教学内容包括专业知识讲座、参观公立和私立慈善机构以及在督导下实习。1903年，该项目开始提供为期半年的课程，1904年又扩展至1年制课程，其名称也正式更改为纽约慈善学校。随后，全国各大城市也开始设立专门培训慈善工作者的学校，社会工作专业教育由此发展起来。

以纽约和芝加哥为代表的"睦邻运动"也成为这一时期另一影响深远的运动。与慈善组织社运动不同，"睦邻运动"将社会环境作为消除贫穷的关注点，受伦敦上层和下层阶级人民一起对抗宗教与社会分化活动的启发，鼓励贫富居民住在同一社区、相互帮助，调和社区内贫富居民之间的关系。其主要方式为在城市贫困地区建立"安置中心"，中产阶级志愿者入住其中，与其贫困邻居分享知识、技能、文化，从而消除贫困。此外，这些安置中心还提供教育、健康护理、儿童日托等服务（Trolander，1987）。1887年，纽约市最先建立起安置中心，旨在使受过良好教育者和贫困的新移民居住在一起，以帮助后者成为"好市民"；1889年，Jane Addams 和 Ellen Gates Starr 在芝加哥建立赫尔馆，作为该运动的另一典型，其工作重心在于社区服务和社区发展（Stern & Axinn，2012）。

这一时期，运动参与者及相关学者提出广泛的、颇具影响力的关于文化、教育、政治的议题，受这场中产阶级"革命"的影响，美国各级政府开始进行改革，美国各大学也开始注重应用科学提供公共服务。一系列社会科学由此衍生出来，例如社会工作、护理、新闻、公共医疗、公共管理等。

（二）20 世纪初至 20 世纪后期

1901 年，为了在治疗中向病人及其家庭提供支持性服务，马萨诸塞州综合医院开启了医务社会工作模式，进而发展出首批职业社会工作者（Lubove，1965）。至 20 世纪 20 年代，美国社会工作开始发展明确的专项服务，其服务对象也由单一的贫困人口拓展至儿童、家庭、精神疾病患者等。这一时期，关于社会工作教育基础有两种不同的观点：一为社会改革导向，即社会工作教育应注重社会问题的结构性因素；另一观点为实践导向，即社会工作教育应强调个案工作和处理问题的技巧。

1915 年，Abraham Flexner 发表了一篇名为《社会工作是否为一种专业？》的报告。文中，Flexner 否定了社会工作的专业性，认为社会工作缺乏知识体系及沟通技巧，批判该领域尚不具备必要的专业能力，社会工作者过于分散化的服务使其无法形成统一的教育体系；同时，他还指出社会工作者缺乏专业自主性，其活动与服务均需在组织或督导下完成（Flexner，1915）。Flexner 的论点对社会工作知识体系和教育系统的发展产生了深刻影响，社会工作领导者以 Flexner 的建议和批判为参考，着重建立专业性的知识体系及沟通技巧；在该报告发表后的 15 年间，许多专业社会工作学院在各大学内设立起来。学术教育的发展促使了专业认证体系的建立与标准化课程设置的发展。

1919 年，美国、加拿大的 17 所社会工作学院联合成立了专业社会工作培训学院协会，并制定了统一的专业培训和教育标准；1927 年，该协会更名为美国社会工作学院协会（American Association of Schools of Social Work）；至 20 世纪 30 年代中期，该协会要求其社会工作学院会员必须附属于大学系统并提供两年硕士课程（Beless，1995）。然而，美国社会工作学院协会这种仅接受社会工作硕士教育项目的规定引起了一系列争议。当时，美国正处于经济大萧条时期，公共服务需求和职位都大量增加，一些希望培养更多本科学生进入公共服务领域的社会工作学院联合成立了国家社会管理学院协会（National Association of Schools of Social Administration）。最终，美国社会工作学院协会与国家社会管理学院协会于 1952 年合并为社会工作教育委员会（Council on Social Work Education）。1955年，7个不同服务领域的社会工作者协会联合成立了国家社会工作者协会（National Association of Social Workers），但其会员资格只对硕士毕业生或在读生开放；1970年，国家社会工作者协会开始接受本科学位会员，这一改变促使社会工作教育委员会建立对本科教学项目的认证机制。1974年，社会工作教育委员会正式将社会工作本科教育项目纳入认证范围（Reid & Edwards, 2006）。今天，作为美国社会工作教育的权威认证机构，社会工作教育委员会已核准了700多个社会工作本科、硕士项目。

至20世纪后期，约85%的社会工作学生仍选择个案工作或直接服务作为自己的主修领域；60年代，随着寻求社会工作者服务的案主群体不断扩大（包括9%的上层阶级及48%的中产阶级），这一倾向更趋于明显（Leiby, 1978）。20世纪70年代中期，鉴于尼克松政府保守型的社会福利政策，社会工作从公共管理、政策领域服务转为更多地仅针对个体开展服务。

三　美国社会工作教育现状

（一）主要社会工作组织

当代的美国社会工作教育管理组织主要包括：社会工作教育委员会、国家社会工作者协会、社会工作博士教育促进团体（Group for the Advancement of Doctoral Education in Social Work）以及其他专业性组织。其中，社会工作教育委员会成立于1952年，与教育及行业单位、社会福利机构、公民个人进行广泛合作，作为一个国家性非营利团体，获得国际高等教育资格委员会的批准，对全美社会工作本科和硕士教育项目进行认证与审核。其宗旨为联合社会工作教育项目和相关个人，提高社会工作教育质量和专业化实践水平，进而促进个人、家庭、社区福利和社会公平。其主要目标是设立并维护社会工作高等教育项目的认证标准、发展师资力量、开展国际合作以及支持社会工作教育与研究（CSWE, 2012）。

作为世界上最大的专业社会工作者组织，美国国家社会工作者协会拥有约14.5万成员，其宗旨为促进成员的专业成长与发展、建立并维护行业标准、促进制定合理的社会政策（NASW, n. d.）。作为全美社会工作者教育的权威机构，NASW 制定了一系列社会工作专业伦理，这些伦理被纳入 CSWE 所规定的项目教学大纲。

社会工作博士教育促进团体成立于 20 世纪 70 年代末，由全球 80 多个社会工作博士教学项目负责人组成，旨在通过支持网络、信息交流和倡导工作来提高社会工作博士教育水平。其目标为支持来自不同民族、文化背景的社会工作博士生的研究与专业发展，并传播其成就与贡献；同时，寻求和分享资金或其他资源以支持社会工作博士教育事业，并对美国乃至全世界的新近博士教育项目给予引导和支持（GADE，n. d.）。

此外，还有一系列专业性组织包括临床社会工作协会、国家社会工作管理者联盟、医务社会工作领导能力协会、学校社会工作者协会等。

（二）教育项目认证与从业许可制度

如前文所述，美国社会工作教育委员会负责全国所有社会工作本科与硕士项目的认证和审核。截至 2013 年 2 月，美国共有 483 个社会工作本科教育项目和 223 个硕士教育项目获得认证资格（CSWE，2013）。同时，该委员会负责组织同业互查，每 8 年对各社会工作教育项目进行审核评估。其评估方式包括实地参观、召开研讨会、自查反馈及提交评估报告。此外，委员会也时刻关注社会经济、政治发展趋势，主动修订相关课程大纲，以适应社会发展需要（CSWE，2012）。

同时，美国各州对于社会工作从业者都有严格的法定执照或登记注册要求，虽然各州规章制度不同，但绝大多数州都要求社会工作从业者必须获得社会工作教育委员会认证学校的学士或硕士学位，并通过国家社会工作理事协会（Association of Social Work Boards）的一门专项考试。此外，大多数州亦要求社会工作者定期参加一定时数的专业继续教育，定期更新执照以保持其从业资格（Edwards & Green，1983；CSWE，2006）。

（三）教育项目现状

师资力量 据美国社会工作教育委员会（CSWE，2011）的不完全统计（本科项目参与率 96%，硕士项目参与率 98%，博士项目参与率 96%），截至 2011 年底，美国共有约 9800 名社会工作教师，其中包括 4700 名全职教师和 5100 名兼职教师。其中，2/3 的全职教师为女性；全职教师的年龄多集中在55~64岁；白人教师比例约为66%；国际教师（非美国国籍）有73人，占总人数的1.5%；从受教育程度来看，拥有社会工作或社会福利专业博士学位者占55%，拥有其他专业博士学位者占14%，拥有社会工作硕士学位者占26%，仅5%的教师拥有其他专业硕士或其他学位。兼职教师普遍较为年轻，大多在35~64岁；教师大多为女性，白人教师比例约为67%；国际教师仅有24人，占总人数的0.5%；12%的教师拥有社会工作或社会福利专业博士学位，6%拥有其他专业博士学位，72%拥有社会工作专业硕士学位。

本科教育 在参与调查的本科教学项目中，2011年秋季约有35000名全日制本科生、5200名非全日制本科生入学社会工作项目。其中，女性约占全日制学生的88%、占非全日制学生的84%；超过1/2的全日制本科生年龄在25岁以下，非全日制学生则较平均地分布于各年龄层，40岁以上的学生占23%。全日制学生中，非白人学生约有12700人，占总人数的36%；国际学生约有390人，占总人数的1%。非全日制学生中，非白人学生约有2100人，占总人数的40%；国际学生有56人，占总人数的1%。2011年，共有14600人获得社会工作本科学位，其中大多数为女性，约占总人数的87%，约一半（52%）为白人学生。

此外，截至2011年11月，来自423个社会工作本科教学项目的近15000名学生参与了实践学习，主要领域集中于儿童福利（17%）、家庭服务（11%）、精神健康或社区精神健康（10%）、老年人社会工作（9%）及学校社会工作（8.7%）。其他实习领域包括医疗、刑事司法、家庭暴力或危机干预、成瘾性治疗、社区规划、小组服务、公共管理或公共福利、国际社会工作、社会政策、军人社会工作、项目评估等。

硕士教育 截至2011年11月，全国社会工作硕士项目共有30700多名全日制学生及18500名非全日制学生入学，其中女性约85%。总体说来，全日制学生年龄主要集中在30岁以下，非白人学生比例约为32%，国际学生有660名，约占2%；非全日制学生年龄层较为多样化，非白人学生比例约为35%，有近100名国际学生，仅占总人数的0.5%。

同时，200个参与调查的学校称其提供双学位，选修人数最多的第二学位为法律（23%），其次分别为公共健康（18%）、神学（12%）、公共管理或公共政策（12%）。在提供专业方向认证的近200个项目中，老年人社会工作和学校社会工作最为常见，分别占总数的26%和22%。其他较常见的认证项目包括非营利组织管理、儿童服务和成瘾性治疗等。

至2011年11月，共有31000多名硕士学生（包括全日制和非全日制）被分配到实践机构学习，其中分配比例最高的领域为精神健康或社区精神健康（23%），其次分别为儿童福利（12%）、学校社会工作（12%）、医疗（11%）以及家庭服务（10%）。

2010~2011学年度，共有20500多名硕士学生获得毕业资格，其中绝大部分为女性（86%），非白人学生约占30%，国际学生约占2%。

博士教育　2011年，共有68个社会工作博士教育项目（约占总数的96%）参与该项调查。据统计，这一年度共有近2600名博士生入学，全日制学生约有1800人，占总人数的70%。新入学者大多具有社会工作专业背景，约82%拥有社会工作硕士学位，16%拥有其他专业硕士学位。全日制学生中国际学生有290多名，非全日制中则约有160名。

2010~2011学年度，共有320多名学生获博士学位，其中大多数（77%）为女性，年龄大多集中在31岁以上，其中45%为31~40岁，43%为40岁以上。非白人毕业生近120人，占总人数的36%；国际学生有40人，占总人数的12.5%；近1/2（48.6%）的学生经过4至6年获得了学位。博士毕业生中大部分进入教育领域，约占总人数的45%；其次分别为非学术性管理（7%）、博士后（6%）、学术研究（5%）、非学术性研究（5%）、个人临床服务（2.5%），等等。

总的说来，社会工作各阶段项目学生的主修课程方向分为六类：综合服务或进阶性综合服务、直接服务或临床服务、管理与行政工作、社区规划与社区组织、社会政策以及项目评估。

（四）就业情况

社会工作毕业生的就业领域主要集中在：儿童福利、家庭服务、精神健康和成瘾性治疗、医院或医疗护理、老年人社会工作、军队或军人社会工作、行政管理、雇员援助项目、家庭暴力防治、儿童领养或寄养系统、监狱、学校等（Rein & Edwards，2006）。美国劳动统计局数据显示，截至2010年，全美国共有650500位在职社会工作者；到2020年，社会工作者就业率预期将增长25%，远远高于其他行业（所有行业平均增长率为14%）（U. S. Bureau of Labor Statistics，2010）。

四 社会工作教育课程发展趋势

随着经济、社会、政治、科技的发展,当前美国社会工作教育课程的发展趋势可分为四个方向,即私人执业、老年人服务、网络教育、实证性实践。

(一) 私人执业

随着社会工作从业资格执照的要求日益严格,以及许多保险公司和政府福利项目对社会工作者提供偿付和补助,越来越多的社会工作者开始选择从事私人执业服务。私人执业者是指个体经营、自主活动的社会工作者,其收入通常高于机构社会工作者,服务领域主要涉及药物或酗酒成瘾性治疗、养老院、饮食失调诊疗、日托中心、个案管理及一般性精神健康服务,等等。针对这一发展趋势,社会工作教育项目需要为临床社会工作者提供必要的特殊培训。

(二) 老年人服务

当前,随着人类寿命的延长,人口老龄化问题为社会带来了一系列挑战。过去十年中,美国一些州的老年人口(65 岁及以上)增长了 50% 多,其中很大一部分老年人口集中在贫困的农村地区,医疗服务和其他社会服务资源严重缺乏。如今,美国老年人口(65 岁及以上)有 4030 多万,占总人口的 13%。据估计,到 2020 年,美国老年人口将达到 8850 万,占总人口的 20%,其中 85~94 岁的人口将成为增长速度最快的老年群体(Administration of Aging, 2011)。在护理服务短缺的同时,医务社会工作者的个案工作量急剧增加。可见,老年人口所面临的各种生理、心理及社会需求为社会工作行业带来了极大的机遇和挑战。培养社会工作者的教育机构,也逐渐将老年人社会工作纳入专门课程设置方向,有些学校亦开始提供老年人社会工作资格认证。

(三) 网络教育

2005 年,美国国家社会工作者协会和国家社会工作理事协会联合发表了《科技与社会工作实践标准》,以提高社会工作者使用科技接受教育和提供服务的能力，并规范了使用科技手段的专业伦理。由于具有灵活性、时效性等特征，美国许多社会工作学院开始提供远程网络教育或将网络教育作为课堂教育的补充。目前，社会工作网络教育主要包括互动性较低的课程，如理论研究、历史、社会政策等。随着信息技术的发展，网络教育必将成为不可或缺的教育方法之一。

（四）实证性实践

当代美国社会工作教育注重以实证研究为基础来进行实践，要求在向个体案主提供服务时，谨慎明确地运用经验证实的最佳实践方法来进行决策。实证性实践需要考虑三个要素，即最佳研究证据、临床服务专业知识以及案主的观点与意愿。社会工作教育领域也不断强调实证性研究的重要性，为实证性实践打下了良好的基础。

五 结论

纵观美国社会工作一百多年的发展历程、现状及未来趋势，社会工作实践和教育均获得了不断积累的经验与教训。自20世纪80年代后期恢复与重建以来，中国社会工作教育逐渐体系化、专业化、职业化。随着社会发展、社会工作的国际化以及国际社会工作教育交流的不断加强，相信中国的社会工作教育亦将不断提高专业人才培养能力，以应对日益多元化的社会问题和挑战，促进公民福利以及全世界范围内的社会公平与正义。

参考文献

2011 Statistics on Social Work Education in the United States. Council on Social Work Education（CSWE）. Retrieved from http：//www. cswe. org/CentersInitiatives/DataStatistics/ProgramData. aspx.

GADE. （n. d.）. Group for the Advancement of Doctoral Education in Social Work. Retrieved from：http：//gadephd. org/AboutUs. aspx.

National Association of Social Workers. Retrieved from：http：//www. socialwo-rkers. org/nasw/default. asp.

Accreditation. (n. d.). Council on Social Work Education (CSWE). Retrieved March 7, 2013, from http://www.cswe.org/Accreditation.aspx.

Aging Statistics. 2011. Administration of Aging. Retrieved from http://www.aoa.gov/AoARoot/Aging_Statistics/index.aspx.

Association of Social Work Boards Annual Report 2011. Association of Social Work Boards, 2012, Retrieved from: www.aswb.org/pdfs/ASWB2011AnnualReport.pdf.

Beless, D. W. 1995. "Council on Social Work Education." In *Encyclopedia of Social Work*—19th Edition, ed. in chief R. L. Edwards, NASW Press, Washington, DC, pp. 632 – 636.

Council on Social Work Education. 2006. "Focusing on our future: CSWE Annual report: 2005 – 2006." Retrieved from: http://www.cswe.org/File.aspx?id=13912.

Council on Social Work Education. 2012. About CSWE. Retrieved from http://www.cswe.org/About.aspx.

D'Aprix, A. S., Dunlap, K. M., Abel, E., & Edwards, R. L. 2004. "Goodness of Fit: Career Goals of MSW Students and the Aims of the Social Work Profession in the United States." *Social Work Education* 23 (3): 265 – 280.

Edwards, R. L. & Green, R. K. 1983. "Mandatory Continuing Education: Time for Reevaluation." *Social Work*: Jan – Feb.

Fitzgerald, M. 2006. *Habits of Compassion: Irish Catholic Nuns and the Origins of New York's Welfare System, 1830 – 1920*. Urbana: University of Illinois Press.

Flexner, A. 1915. "Is Social Work a profession?" In R. E. Pumphrey & M. W., Pumphrey (Eds.) 1961. *The Heritage of American Social Work*. New York: Columbia University Press, pp. 301 – 306.

Greenwood, F. 1957. "Attributes of a Profession." *Social Work*, vol. 2: 45 – 55.

Katz, M. B. 1996. "Reorganizing the Nation." In *The Shadow of the Poorhouse: A Social History of Welfare in America*. New York: Basic Books.

Leiby, J. 1978. *A History of Social Work and Social Welfare in the US*. New York: Columbia University Press.

Lubove, Roy. 1965. *The Professional Altruist: The Emergence of Social Work as a Career 1880 – 1930*. Cambridge: Harvard University Press..

Midgley, J. 2001. "The United States: Welfare, Work, and Development." *International Journal of Social Welfare* 10: 284 – 293.

Reid, P. N., & Edwards, R. L. 2006. "The Purpose of a School of Social Work——An American Perspective." *Social Work Education* 25 (5), 461 – 484.

National Association of Social Workers. 1996. Code of Ethics Retrieved from http://www.socialworkers.org/pubs/code/code.asp.

Richmond, M. E. 1961. "The Need of a Training School in Applied Philanthropy." In R. E. Pumphrey & M. W. Pumphrey (Eds.), *The Heritage of American Social Work*. New York: Columbia University Press, pp. 284–291.

Settlement Houses. (n. d.). Encyclopedia of Chicago. Retrieved from http://www.encyclopedia.chicagohistory.org/pages/1135.html.

U. S. Bureau of Labor Statistics. 2010. Social Workers: Occupational Outlook Handbook. Retrieved from: http://www.bls.gov/ooh/Community-and-Social-Service/Social-workers.htm.

National Association of Social Workers & Association of Social Work Boards. 2005. Standards for Technology and Social Work Practice. Retrieved from http://www.socialworkers.org/practice/standards/naswtechnologystandards.pdf.

Stern, M. J. & Axinn, J. 2012. *Social Welfare: A History of the American Response to Need* (8th ed.). NY: Pearson.

Trolander, J. A. 1987. *Professionalism and Social Change: From the Settlement House Movement to Neighborhood Centers, 1886 to the Present*. New York: Columbia University Press.

社会服务创新与非营利组织发展[*]

景天魁[**]

摘 要: 当前,城乡居民对社会服务的需求爆发式增长,在提供社会服务方面具有优势的非营利组织的发展迎来难得的历史机遇。然而,非营利组织只有大力开展社会服务创新,才能拓展巨大的发展空间。而创新,不仅是服务本身的创新,也不仅是服务组织和体系的创新,而是要走向社会类型的创新,即建设服务型社会。其特征是:生活服务业成为社会事业的基础,社会服务成为社会团结的基本纽带,非营利组织成为实施社会服务的基本主体,服务型社会和服务型政府协力合作。

关键词: 社会服务创新 非营利组织 服务型社会

加强社会服务,建设社会服务组织和体系,是社会建设的重要内容。换言之,在社会建设的概念中,应该包括社会服务的内容;在社会建设实践中,应该更加重视对社会服务的投入和管理。而社会服务的实施主体是非营利组织,如何在社会服务创新中加快非营利组织发展,是当前社会建设和社会管理的一项迫切任务。

一 中国大陆社会服务需求进入急速增长期,为非营利组织的发展和壮大提供了空前广阔的空间

随着持续 30 多年的经济快速发展,中国大陆人均 GDP 从 1978 年的 381

---

[*] 本文原为 2012 年 4 月 21 日在云南大学召开的海峡两岸社会福利论坛的主题演讲稿,此次发表,作者做了修改。
[**] 景天魁,中国社会科学院学部委员、社会政法学部副主任、社会学研究所研究员。

元增长到 2011 年的 3.5 万元；到 2012 年底，城乡居民的社会保障基本可以实现全覆盖，在得到资金保障之外，对社会服务的需求爆发式增长。加上长期以来存在着"重经济，轻社会""强管理，弱服务"的政策偏向，城乡社会服务基础薄弱、设施匮乏、人才短缺、体制落后、欠账太多，致使社会服务的供需矛盾非常突出。特别是在长期的经济发展中，造成和积累了一些"有中国特色"的新问题，更使社会服务面临空前巨大的压力，迫切需要社会服务加快发展。

一是"未富先老"。中国大陆老龄人口正以每年 3.28% 的速度增长，约为总人口增长率的 5 倍，预计到 2030 年老龄人口将近 3 亿。其中，到目前为止，中国大陆城乡失能和半失能老年人已达 3300 万，占老年人口总数的 19%（宋林飞，2012：401 - 410）。老龄人口、失能和半失能老人的养老服务需求特别迫切，而社会养老服务体系建设仍然处于起步阶段，与新需求严重不相适应，加快社会养老服务体系建设已刻不容缓。近年来，从社区养老服务来看，与快速增长的社会需求相比二者仍相差甚远，社区养老服务功能单一，规模过小，质量偏低，规范性差，没有形成产业化格局，政策不够配套，责任主体不明确。从机构养老情况来看，养老服务机构床位严重不足，而且绝大多数不具有护理服务功能；养老服务队伍严重短缺，初步估计中国大陆需要 1000 万以上养老护理员，但目前经过正规培训的护理人员只有 20 万。

二是快速增加的空巢家庭。由于子女外出打工或者异地工作，城乡空巢家庭比例很高。目前中国大陆 1.8 亿 60 岁以上的老年人中，40% 过着子女不在身边或没有子女的"空巢"生活，有的城市空巢老人家庭比例已高达 70% 以上。空巢老人面对的最大问题，不仅是日常生活照料，更主要的是精神生活方面的孤独。常年的空巢生活，使老人陷入孤独、失落、抑郁、无助的情绪中，不仅加剧衰老，还可能由心理疾患演变为生理病痛。按照现有趋势，未来 10 年、20 年，空巢老人家庭比例或将达到 80%~90%，届时将有超过两亿的空巢老人，这对社会服务创新提出许多新的要求（姚爱兴，2012：411 - 420）。在服务内容方面，不仅包括生活照料、医疗保健，还包括精神慰藉、问题疏导和法律服务，还要鼓励和吸引老年人主动走出家庭，走向社会，减少寂寞和孤独感。在服务提供方面，在政府建设敬老院、老人福利院的基础上，应大力引导社会资金投向社会养老服务事业，鼓励私人企业开办老年公寓等养老助老服务实体，对"空巢老人"实行有偿服务，合理收费，集中管理，动员和吸引"空巢老人"入寓、入院。

三是庞大的流动人口以及留守儿童、留守妇女和老人群体。第六次全国人口普查数据显示，2010年中国大陆流动人口已达2.21亿，约占人口总量的16.5%。不仅流动迁移日趋活跃，而且出现了一些新的特征：一是新生代流动人口逐步成为主体；二是人口持续向沿海、沿江城市聚集，13个较大的城市群成为流动人口的重要吸纳地；三是流动人口举家迁移和长期居留趋势明显，流动儿童比例已经超过留守儿童比例（高体健，2012：681-690）。

庞大的流动人口与社会服务滞后的矛盾相当突出：首先，以户籍制度为基础的现行社会服务管理体系导致流动人口在劳动就业、权益保障、子女教育、技能提高、生活居住、公共服务、社会融合等方面面临诸多困难与障碍，难以实现与流入地居民"同城同待遇"（高体健，2012：681-690）。其次，流动人口生存发展存在不少问题，如就业的流动人口中有30%以上未签订劳动合同，50%以上未参加社会保险，70%以上没有将养老保险转移到现工作城市，80%以上既无职业技术职称，也未接受过职业培训。再次，全国大部分农村很少有40岁以下的青壮年，留守儿童、妇女和老人的数量激增，农业生产、农村养老、社会治安等问题也十分突出。解决问题的根本之策是变农民工劳动力转移为家庭式迁移，促进农村发展方式转变，但这需要不断创造一系列物质条件，提供一整套政策措施，需要一个较长的时期才能完成。

四是大量社会服务需求虽然不是中国大陆独有的，但由于人口总数庞大，社会变化急剧，需求增长旺盛，给社会服务造成的压力却是"独大的"。例如，在"老有所养"的问题远远没有得到解决的同时，"老有所医"的问题已经非常突出了。一些老年人，特别是高龄老人，不仅生活不能自理，同时患有诸多慢性病，这些老年人寻找适宜的养老机构是迫切的需求。而目前集长期医疗护理、康复促进、临终关怀为一体的"因病托老"机构或老年护理院却难以寻觅。

再如，近年来，东部发达地区的社会服务刚刚有所发展、有所改善，相比之下，西部地区的落后状态就愈发凸显，地区差距不但没有缩小，还明显拉大了。特别是西部少数民族地区，由于历史、自然、经济、文化等诸方面因素制约，公共卫生服务还存在不少困难和问题。以凉山彝族自治州为例：按国家规定的标准计算，全州卫生机构平均缺员率为50%，县卫生机构缺员率为30%，乡（镇）卫生院缺员率达70%以上。众多基层医疗机构缺乏医疗设备，仅能提供打针、输液服务。已建立的村卫生室由于缺乏医生，难以提供最基础的常见病诊治和公共卫生服务（阿什老轨，2012：191-200）。

社会服务需求急剧增长的压力，同时也是大力发展社会组织的动力，特别是在提供社会服务方面具有优势的非营利组织迎来了难得的历史发展机遇。大力培育社会组织、发挥社会组织在社会服务中的作用，已经成为政府和全社会的共识。2011年以来发生的一系列涉及社会组织的事件，进一步提高了公众对于社会组织健康发展的关注度。社会各界对于加快培育社会组织，加强规范管理，为社会组织健康发展创造条件的呼声日高。国家"十二五"规划纲要首次设专章阐述未来五年加强社会组织建设的工作思路，民政部也按中央部署将促进社会组织健康发展列入民政事业"十二五"发展规划的重点内容。在2012年的《政府工作报告》中，"理顺政府与公民和社会组织的关系"也被纳入"当前和今后一段时期深化改革的重点领域和关键环节"之一（温家宝，2012）。民政部部长李立国在第十三次全国民政会议上提出，要把基本公共服务外的养老服务、社区便民服务，运营各种类型的民政服务机构、慈善超市和捐助管理站等交给社会组织或市场主体，实现行政职能和社会力量的有效结合与良性互动；着力扩大民政事业的社会参与，协调制定和施行政府购买社会服务、资金补助等制度，制定和落实社会力量提供社会服务的优惠政策，推进民政服务机构公办民营、民办公助，鼓励社会力量通过独资、参股、合作、租赁、并购等方式参与社会服务。

当前我国"社会组织正面临着难得的发展机遇"。然而，目前包括非营利组织在内的社会组织的现状远远不能适应要求，迫切需要创新。创新包括：社会服务方式和非营利组织的创新、社会服务体系和社会类型的创新。

二 社会服务创新，首先是服务本身的创新

在提供社会服务方面，非营利组织既不像政府那样具有强大的资源动员能力，又不如营利组织那样具有便利的市场运营机制，非营利组织只有靠服务理念、服务方式、服务态度的创新，才能打开一片天地。如果服务

能力不强，服务质量不高，单靠为市场所不愿为，为政府所不便为，即使面对巨大的发展空间，非营利组织也恐难有很大发展。

目前，大陆非营利组织发展滞后，原因固然很多，但打铁先要自身硬，提高服务能力是首要的。而现在的突出问题是非营利组织自身能力不足，服务内容单一，规范化程度不高。关键是缺乏高素质的人才，服务需求的增长与服务人员的数量、质量之间明显存在矛盾。一些公益性社会组织的服务人员大部分是"4050"下岗失业者，平均年龄偏高，专业知识欠缺；或者大多数是进城务工人员，缺乏专门训练，并且就业稳定性较差。

因此，加强为社会服务从业人员提供包括免费培训在内的各种职业培训是首先要解决的问题。同时，应鼓励和吸引更多大中专毕业生、社会优秀人才和专业护理人员从事社会服务工作，在高等院校和中等职业学校设立有关社会服务的各项课程，如医疗护理、心理咨询、康复保健等专业课程，加快培养医疗、护理、营养和心理等方面的专业人才；制定服务岗位专业标准和操作规范，对社会服务从业人员进行职业资格和技能等级管理认证，实现持证上岗，加快实现社会服务人员的职业化、专业化（宋林飞，2012：401-410）。

三 社会组织层面的创新

非营利组织应是提供社会服务的基本主体，但是长期以来，由于政府包揽太多，没有很好地调动各方面的社会力量参与社会服务。当前，要转变观念，创造条件，采取得力措施，推动非营利组织健康有序发展，积极培育引导各类社会组织（如公益性组织、社会团体、行业组织、志愿者组织等）参与和提供社会服务。

全国各地在推动非营利组织发展方面，积累了一些新的经验。例如，苏州市改革和创新公益性社会组织的登记和管理方式，搭建培育平台，率先提出了建设社会组织"孵化园"和"苏州公益园"的目标。在社区服务方面，大力推进社区服务设施建设，形成了一批管理比较规范、服务比较系统、项目比较有特色的社区服务品牌。上海市公益性社会组织发展迅速。近年来，围绕社区居民基本生活服务需求，以公益性为宗旨，以非营利为目的，通过政府购买服务、建立公益孵化园等措施发展公益性社会组织，为社区居民提供优质廉价、无偿或低价的民生服务。2009年12月上海成立了全国首家"公益孵化器"——浦东公益园，目前入驻公益性社会组织 20 多家，通过公益创投和公益招投标活动，扶持了一批公益性社会组织（言恭达，2012：761 – 770）。

鉴于目前公益性社会组织自身发育能力较弱，东部较发达地区大多采取构建孵化平台，建立公益园区的办法，加快培育和发展各类公益性社会组织。政府部门向社会组织转移职能，向社会组织开放更多的公共资源和领域，重点培育和优先发展经济类、科技类、公益慈善类和社区服务类社会组织，积极扶持发展行业协会、公益慈善类组织、农村专业经济协会和城乡社区社会组织。推进社会组织登记管理创新，拓展社会组织直接登记范围，探索登记管理和业务主管职能一体化，推行社区社会组织社区备案制度。按照社会化、专业化的要求，进一步推进政社分开，加强社会组织制度建设，积极解决社会组织发展中的困难和问题，加快社会组织专职工作者职业化、专业化进程，营造社会组织发展的良好制度环境。加强对社会组织的管理和监督，完善法制监督、政府监督、社会监督、舆论监督和自我监督相结合的监管体系，加大对违法、违规社会组织和非法组织的查处力度，健全社会组织退出机制，提高社会组织的公信力。

四 社会服务体系的创新

社会服务创新，不仅是技术层面的创新，也不仅是组织层面的创新，而是包括服务主体、服务内容、资源供给、政策供给、管理机制等在内的体系性的创新。

从服务主体来说，必须多元化。所谓创新是指如何从原来政府这个单一主体转变为多元主体。这个转变从根本上说，是由于客观需要的推动。就以养老服务来说，单一的机构养老，不可能满足需要；单一的传统家庭养老，功能严重弱化。而正在发展中的社区养老是适应我国社会转型期老龄化特点的一种新型养老模式，它的服务主体必然是多元化的：一是家庭，它具有传统优势，可以维系老年人的亲缘氛围，容易被老年人接受，子女也便于履行赡养老人的天职，家人对老人的关爱是无法替代的；二是社区，具有地缘优势，互助性强、富有人情乡情，可以发挥熟人社会特有的感情交流功能，社区最方便老年人之间开展互助服务，建立互助网络，发挥身体健康、有能力的老年人的余热，使老年人在互助中老有所为、老有所享；

三是政府，通过政策倾斜与资金支持赋予社区居家养老更多的资源，实施各种优惠措施，通过政策引导和舆论倡导，发挥主导作用；四是非营利组织、专业社会工作人员、志愿者队伍开展公益服务活动，在全社会形成浩大的社会服务大军。总之，要想推动我国社会服务的发展，必须构建一个政府、社区、家庭、公益性与专业性机构、社工和志愿者群体共同参与的多元化服务体系。

从服务内容来说，必须多层次、多样化。社会服务是面向社会、面向全民的，而社会是分层的，不同阶层的社会成员对于社会服务内容的需求是有差异的。因而，在满足人民群众的基本需要和弱势群体的生活需要时，要体现福利性和公平性；在满足个人、家庭和特定群体的需要时，要体现自主性和自助性。与此同时，也应在一定程度上体现社会服务的商品属性，运用市场机制，以满足多层次、多样化的需求。福利性社会服务、邻里互助社区服务以及有偿社会服务构成多层次的服务网络。

城乡社区是提供社会服务的基础和平台。社会服务要侧重基层、贴近群众、整合社区资源，建设以社区养老服务、法律服务、就业服务、卫生医疗服务、困难群众帮扶服务等为内容的服务平台，形成综合性的规范化服务体系。

社会服务不仅包括物质生活方面的服务，还包括精神文化方面的服务。要克服重硬件建设、轻软件建设，重专业性文化艺术活动、轻基层群众性文化活动，重大型文化团体、轻民间文化和民营文化企业的现象；在政策上支持非营利性文化组织，扶持民营文化团体，引导带动和支持公共文化服务体系建设；鼓励社会力量积极参与公益性文化建设，提高文化产品和服务的供给能力。

从资源供给来说，应多个渠道、多种方式，既发挥政府的主导作用，又发挥市场配置资源的基础作用。坚持政府、企事业单位、社会组织、个人等投资主体共同参与。除了政府向专业机构购买社会服务以外，要积极调动各种正式与非正式资源，动员家属、朋友、邻里以及各种志愿性组织积极参与，培育和发展社会服务内生性、持续性的支持网络。

民政部民间组织管理局局长孙伟林在接受《瞭望》新闻周刊记者采访时表示，政府将加大对社会组织发展的资金支持力度，建立利用财政资金支持社会组织参与社会服务的机制；加强对服务能力强、公信力高、影响力大的社会组织服务品牌的宣传推广，引导社会组织大力发展公益项目；

鼓励、支持和指导各地建立社会组织培育支持基地、设立社会组织发展基金、实施社会组织培育发展项目，通过这些措施，进一步增强社会组织综合实力（杨琳，2012）。

从政策供给来说，应建立统一、合理、普惠的社会组织税收优惠政策体系，扩大社会组织所得税优惠的范围和幅度。而社会组织税收优惠政策体系的建立和完善，需要登记管理部门的积极推动，更需要财政、税收等相关部门的大力支持，相互配合。

对非营利组织等社会服务组织的政策支持，要落实到人，体现对投身社会服务的专业和非专业的工作人员的保障和激励。广大社会工作者是投身社会服务的前沿队伍，他们最贴近基层，面对群众，应该完善社会工作人才薪酬补贴、评估表彰、选拔任用等政策措施，建立社会工作人才队伍激励机制。同样，对社区工作人员、广大志愿服务人员也要提供良好的制度环境。

从管理机制来说，应规范化、法制化。构建"统一登记、各司其职、协调配合、分级负责、依法监管"的社会组织管理体制，建立社会组织监管信息平台，形成登记审批、日常监督、税务稽查、违法审查、信息披露、公共服务、行政处罚等各环节信息共享、工作协调的社会组织管理机制。

在社会组织管理机制方面，各地积累了许多新经验。广东在行业协会实行"五自三无"改革，实现协会"自愿发起、自选会长、自筹经费、自聘人员、自主会务"以及"无行政级别、无行政事业编制、无行政业务主管部门、无现职国家机关工作人员兼职"。从2012年7月1日起，所有社会组织均直接登记。北京、天津、浙江、安徽、湖南、海南等省市也先后探索双重管理体制改革，实行直接登记。为适应公共管理和服务重心下移，各地探索、实行由县（区、市）民政部门统一备案，由街道办事处（镇、乡政府）作为业务主管单位并履行指导监督职责的备案管理制度，使得大量活跃于社区、为基层群众服务但又暂不具备法人条件的社区社会组织能够取得合法地位。上海、山东、江西、陕西、宁夏等地大力推动登记和备案双轨制，据不完全统计，目前全国备案的社区社会组织已超过20万个（杨琳，2012）。

五 社会类型的创新——建设服务型社会

既然要全面地、多层次地进行服务方式、服务能力的创新，适合中国文化传统和社会结构特点的社会组织层面的创新，整体协调政府、企业和非营利组织、社区、家庭、个人等多元主体的服务体系创新，那么，我们所讲的社会服务创新，就不仅是技术层面的创新，也不仅是社会组织层面的创新，而是要创造一种新的服务型社会。这是笔者对社会服务创新趋势的预测，也是衷心的期待。对非营利组织的发展要从这样一个高度去认识，要在创造服务型社会的过程中，发展和壮大非营利组织。

那么，怎样定义服务型社会，为什么中国需要创建服务型社会？

"服务型社会"是孙希有博士创造的一个概念，他提出这个概念主要基于生产性服务业的发展，他认为"当今社会，人们的一切经济和社会行为都是为他人，进而也是为自我提供服务，服务是推动社会发展的手段和动力，是社会生产力发展的独立要素"。他的定义是："'服务型社会'是指一切机构或行业均以服务为理念、以服务为手段、以服务为形式、以服务为目的方能取得成功的这样一种社会类型。"（孙希有，2010：10）笔者引用这个概念，更多的立足于对生活服务业在社会生活和社会发展中举足轻重地位的强调。从这个角度看，服务型社会的特征包括以下几个。

第一，生活服务业不仅与生产服务业一起构成经济产业的基础，而且还成为社会事业的基础。从对就业的贡献率来说，生活服务业提供的就业岗位将大大多于生产服务业；从对生活品质的贡献率来说，生活服务业的贡献远大于生产服务业；即使就对GDP的贡献而言，生活服务业也可与生产服务业相比肩。

第二，社会服务成为社会团结的基本纽带，体现并渗透到社会生活的方方面面。在工业化、城市化、全球化加速推进的过程中，人们之间的关系难免出现疏离化、冷漠化的情况，像富士康连续发生的跳楼事件、"小悦悦事件"等，所呼唤的就不仅是人们的良知，还有社会关系的重建。社会服务就是重建社会团结的基本纽带。例如，北京市民一度对河南农民工有些议论，他们之中少数人的某些不当行为，曾经招惹坊间非议。但近年来，朝阳区的河南农民工，成立了青年志愿者组织，积极开展社区服务，赢得了市民的好评和信任，加速了外来打工人员与本地居民的融合，表明社会服务对于加强社会团结具有非常有效的作用。

第三，非营利组织成为提供社会服务的基本主体。面对十几亿人的社会服务需求，政府的作用总是有限的；况且，大量的社会服务需要面对面地直接提供，行政化的方式是难以收到预期效果的。而营利性组织是市场的主体，但社会不是市场，社会服务更多的是一种基于道德、基于责任、基于情感的活动，与冷冰冰的市场交易、精细的利益计较格格不入，因此，尽管营利性组织对于提供某些层次和种类的社会服务来说有着存在和发展的空间，但难以成为提供社会服务的基本主体。非营利组织具有公益性、直接性、广泛参与性等优点，是提供社会服务最合适的基本主体。

第四，服务型政府与服务型社会，不能用前者代替后者，也不能以后者取代前者。服务型政府要在推动服务型社会的建设中实现自身的转型，服务型社会也只有在服务型政府的建设中才能顺利形成。相对于服务型社会来说，政府不见得越小越好、越弱越好；相对于服务型政府来说，服务型社会也不是越单一越好，越依附越好；二者越合作、越互补、越协调、越齐心协力越好。

笔者之所以预测和期盼服务型社会的到来，是因为像中国大陆这样总量很大、人均水平很低的经济体，即使总体上实现工业化、城市化了，单靠这个过程所带来的现代因素和制度模式，也难以让十四五亿之巨的中国人整体过上真正现代水平的幸福生活。我们不仅需要适应工业化、城市化、全球化的趋势，发挥现代性因素的作用，还要利用中国文化和社会的优势资源，将二者恰当地结合起来——既维护家庭作用，又加强社区功能；既激励个人自立自强，又强调社会互助共济；既重视物质保障，又重视服务保障、精神保障；国家与社会之间、社会与家庭之间，不是一味分离，更不是一味对立，而是有分有合，各司其职，密切合作。这样我们就可能以较低的成本，解决西方国家用较高的成本才能解决或者没有很好解决的问题，为占世界总人口1/5的国人提供温馨满意的社会服务，不仅化解社会服务和社会发展的压力，还能够为世界贡献新的社会服务体系模式。

参考文献

阿什老轨，2012，《促进基本公共卫生服务逐步均等化 逐步缩小城乡居民基本公共卫生服务差距 提高全民健康水平》，载《政协第十一届全国委员会第五次会议大会发言材料汇编》第二十册。

保罗·皮尔逊，2004，《福利制度的新政治学》，商务印书馆。

多丽斯·A.格拉伯，2007，《沟通的力量——公共组织信息管理》，复旦大学出版社。

高体健，2012，《加强和创新服务管理，让流动人口共享经济社会发展成果》，载《政协第十一届全国委员会第五次会议大会发言材料汇编》第六十九册。

国家图书馆，2012，《"两会"专题文献信息专报》。

何小平，2012，《加强和创新社会管理要注重基层》，载《政协第十一届全国委员会第五次会议大会发言材料汇编》第一册。

何雨，2012，《社区居家养老：潜力巨大的养老模式》，《中国社会科学报》2月20日。

景天魁等，2010，《福利社会学》，北京师范大学出版社。

宋林飞，2012，《积极推进养老服务平台与体系建设》，载《政协第十一届全国委员会第五次会议大会发言材料汇编》第四十一册。

孙希有，2010，《服务型社会的来临》，中国社会科学出版社。

魏铭言，2012，《民政部：社会组织可承担养老服务》，《新京报》3月22日。

温家宝，2012，《政府工作报告》，第十一届全国人民代表大会第五次会议，3月5日。

言恭达，2012，《关于充分发挥公益性社会组织在社区服务中作用的建议》，载《政协第十一届全国委员会第五次会议大会发言材料汇编》第七十七册。

杨琳，2012，《民政部民间组织管理局：社会组织面临难得发展机遇》，《公益时报》3月15日。

姚爱兴，2012，《创新社会管理 关爱空巢老人》，载《政协第十一届全国委员会第五次会议大会发言材料汇编》第四十二册。

伊丽苏娅，2012，《关于发展老龄事业的几点建议》，载《政协第十一届全国委员会第五次会议大会发言材料汇编》第六十五册。

中国社会工作教育理念与目标

——基于中国社会工作研究生教育的思考

赵一红[*]

摘　要：中国社会工作教育理念与目标关系到中国社会工作教育的发展方向。中国内地社会工作专业教育起步较晚，基础薄弱，缺少中国特色社会工作教育的理论与方法，缺乏系统而规范的教学内容。在此情况下，如何定位中国社会工作教育、如何从中国传统文化与社会结构视角下探讨社会工作教育理念与目标，进而明确中国社会工作研究生教育的本质属性便显得尤为重要。本文在此基础上着重探讨社会工作研究生的教育模式、教育类型、教育培养、教育结构等具体概念与问题，从而明确中国社会工作研究生教育的理念和发展目标。

关键词：社会工作　理念　目标

一　问题的提出

纵观国际教育，美国、法国、英国等发达国家根据经济与社会发展情况、产业结构调整和优化升级，不断调整和完善研究生教育层次结构、种类结构及学位类型结构。美国研究生培养体系的建立是与美国19世纪工业革命和经济发展急需大量专业性人才相适应的。与此同时，美国为适应产业结构调整和优化升级的需要，培养了社会急需的大量专业性人才，构建

---

[*] 赵一红，中国社会科学院研究生院社会工作硕士教育中心主任。

了比较完整的专业学位体系。英国因本土产业发展和科技创新需要推动了新兴交叉学科产生，从而在研究生培养基础上进行了跨学科培养，不断催生了新的学位以便适应经济社会发展对实用人才的需要。目前各国研究生教育政策与培养模式更趋于灵活。

我国自1991年设立首个专业学位以来，专业学位种类不断增多，招生规模不断扩大，人才培养模式不断优化。截至2010年，我国专业学位已达39种，目前已有40多种。专业学位研究生招生人数占研究生招生总数的比例达30%以上，培养单位也逐步建立了各具特色的专业学位人才培养模式。而社会工作研究生教育的产生既是我国与国际接轨、调整和完善研究生教育层次结构和学位类型结构的结果，又是我国社会转型和发展的需要。

现代教育与传统教育有着本质不同，在培养人才类型、模式、内容和方法等方面存在差别。现代教育首先要树立现代化的教育理念与目标，中国社会工作研究生教育是现代化教育进入高一阶段的产物，因而更需要树立自身理念与目标。目前中国社会工作教育已蓬勃发展，无论是教育质量还是数量都达到一定程度，社会工作人才队伍不断壮大。尤其是在社会工作专业理论受到西方发达国家影响的情况下，对这一问题进行探讨便显得尤为重要。我们如何在中国现代化进程中把握社工教育理念与目标，吸收西方国家社工的教育思想，处理好借鉴与本土发展的关系，尤其是在教育方向、教育类型、教育模式和教育结构方面体现自身特点和发展路径，凡此种种，都值得深思。

在当代中国，社会工作教育快速发展，不得不提到社会工作教育理念与目标，而理念与目标通常与社会工作独特的价值追求和促进社会改变的宗旨不可分割。对于社会工作教育理念可围绕社会工作价值观和使命进行阐述。西方社会工作专业价值观的建立曾经历了漫长的过程，从早期宗教意义上的救助到后来人道主义义务的体现，都显示出西方社会工作价值观基础。而在中国，社会工作价值体系正处于建构过程中，这是一个借鉴与创新、批判与继承的过程。由此引申出中国社会工作研究生教育的逻辑建构——理念与目标。针对上述现状，本文拟提出如下问题：第一，中国社会工作研究生教育目前的发展与特征如何；第二，中国社会工作研究生教育目标模式及影响因素是什么；第三，应该怎样建立中国社会工作研究生教育理念与目标。

二 中国社会工作研究生教育的发展与特点

1. 中国社会工作研究生教育的发展

我国的社会工作历史可以追溯到古代社会福利思想，同时包括古代社会救助制度，而民国时期的乡村建设运动表现得最为充分，这些均为中国社会工作的萌芽。20世纪20年代随着西方社会工作教育的发展及西方教会在中国创办社会学专业，燕京大学建立了社会系和社会服务系，标志着社会工作专业教育正式起步（王思斌、马凤芝，2011：53）。中国社会工作从此开始了漫长的发展过程。这一过程分为四个阶段：创建与中断阶段、重建起步阶段、规范化与制度化发展阶段、职业化教育阶段（周利敏，2012：9）。

目前中国的社会工作事业已处在快速发展期。2006年10月11日中国共产党第十六届中央委员会第六次全体会议通过了《中共中央关于构建社会主义和谐社会若干重大问题的决定》，提出"造就一支结构合理、素质优良的社会工作人才队伍是构建社会主义和谐社会的迫切需要"，在新中国历史上第一次把"社会工作"写入党的文件。2010年6月《国家中长期人才发展规划纲要（2010~2020年）》发布，提出要适应构建社会主义和谐社会的需要，培养造就一支职业化、专业化的社会工作人才队伍，到2015年社会工作人才总量达到200万人，到2020年社会工作人才总量达到300万人；且将社会工作首次提升为与党政人才、企业经营管理人才、专业技术人才、高技能人才和农村实用人才相并列的第六支主体人才，这是党和国家对社会工作发展的重大战略部署，进一步强调了社会工作人才队伍对加强社会建设、构建和谐社会的重大意义。

2. 中国社会工作研究生教育特点

第一，社会工作专业硕士点在全国范围迅速建立。早在1999年底教育部批准设立的社会工作本科专业院校就有北京大学、中国人民大学、吉林大学等27所。到2001年获教育部批准设立社会工作专业本科教育院校增长到36所。目前，社会工作专业本科教育院校已经增加到200多所。2009年教育部首次批准设立的社会工作专业硕士点有33个。2010年获批25个，2011年获批2个，截至目前，全国已有60所高等院校建立了社会工作专业硕士学位授予点。社会工作专业硕士学位授予点占本科院校的 1/4，遍布全国各省市且社会工作研究生教育发展态势仍在继续。

第二，社会工作研究生教育面临经验积累与培养机制建立的关口。目前中国社会工作研究生教育处于起步阶段，同时也是经验积累和培养机制建立的关口。在社会工作研究生培养的教学方式、教学方法、教学内容、导师制度、论文与答辩、学生就业等方面各个高校都在摸索和积累经验，逐步建立了不同于社会工作本科教育的培养机制。各高校培养社会工作专业硕士所需的设备与实习范围不断扩展，社会工作硕士专业教育的师资队伍逐步发展。60所开设MSW（Master of Social Work）的高校及科研院所目前都相继建立了一支专业化的社会工作师资队伍。与此同时，各院校结合自身的教育特点，不断总结符合自身特点的社会工作教育经验，努力体现自身的社会工作硕士教育特色。例如，中国社会科学院研究生院社会工作专业学位从筹备建立那一刻开始，就确立以培养"一流的社会工作管理人才、研究人才、教育人才"为目标，从筹备到运行都秉承这个理念，坚持独立、高效的工作方式；努力建立一支高水平的社会工作队伍，发展和培养深谙社会工作实践和技术的专职督导队伍，设计和完善体现"助人自助"社会工作特色的管理方式。中国社会科学院研究生院社会工作人才培养努力体现和发挥自身特色，即实践能力与学术素养相结合的培养方式、课程教学与实务训练并重的培养特色。

第三，社会工作研究生教育面临专业理论借鉴与本土特色发展的抉择。作为一门专业，社会工作最早产生于西方社会，由于不同国家和地区的社会结构和文化背景不同，社会需求、社会矛盾和问题表现各异，因此各个国家的社会工作发展状况表现出不同特色。其中最为突出的是社会工作理论在其运用过程中表现出的文化差异。产生于西方国家的社会工作及理论，其价值观及文化背景具有基督教与犹太教传统，因而不同社会价值观和文化基础往往会发生冲突。在此情况下，中国社会工作硕士教育如何借鉴吸收与改革创新进行本土化的社会工作教育，各教育机构如何实现中国本土化的社会工作教育，处理好借鉴西方理论与本土教育的关系，这是摆在各高校和教育工作者面前的迫切任务。

三 中国社会工作研究生教育的目标模式及影响因素

截至目前，中国社会工作研究生教育开展了两年多，两年多的时间总结经验为时过早，但对于今后发展的理念与目标却可以有多种设想。中国社会工作教育的迅速发展，尤其是近两年社会工作硕士教育的发展，给我们带来诸多需要思考的问题。本文拟从教育模式、教育类型、教育培养、教育结构谈谈此方面的问题。

1. 教育模式——西方与本土

对于社会工作专业硕士教育模式如何表述，目前我国还没有统一答案。但笔者认为我们暂可以本土化社会工作教育作为切入点，这就涉及西方与本土的关系问题。关于此问题王思斌教授曾经做过专门论述。对于本土化的理解，他认为"人们常有不同的选择：是建立一套纯粹土生土长的社会工作模式，还是吸收国外的经验并化为自己的东西，两种本土化观各有自己的理解。……因此，当我们讨论社会工作本土化的问题时，有必要明确我们指的是什么"（王思斌，2010）。

笔者认为本土化应该涉及两个重要概念，本土化社会制度结构与本土化文化结构，这两个应该是体现本土化最重要的因素。要建立中国社会工作研究生教育模式，首先要依据中国社会结构和文化结构。中国社会工作教育发展明显不同于西方国家，西方国家的社会工作专业教育是在其助人实践中发展起来的，走的是助人实践——专业教育——职业服务的道路（方青等，2007）。而中国社会工作教育是由"引入"起步，起点是专业教育，社会工作专业教育超前于本土化的社会工作实践（熊跃根，2005）。这种状况导致了社会工作教育发展的两种不同路径，不同路径的背后便是不同的社会结构与文化结构。社会工作本身是作为一种外来制度创新在中国推行和发展，那么其在推行过程中与本土文化层面的契合度如何，存在何种矛盾？

马克思·韦伯在《新教伦理与资本主义精神》一书中曾经阐述了一个重要观点，即宗教伦理与资本主义精神对社会经济发展具有重大促进作用。在这本书里，韦伯从一个全新的角度提出了一个命题，即文化传统与社会经济和制度具有关联性。社会工作的引入不论是作为一种教育制度还是一种社会制度，都与本土的文化结构密切相关，具体表现在社会工作教育与理论的文化差异上。其一，中国社会文化传统强调家庭依赖和尊重权威，从而弱化个人权利，而西方国家传统的社会工作是以个人主义为价值前提，很难适用于中国社会，因此，中西双方在社会工作教育中关于"照顾"的概念理解就完全不同。其二，各个社会面临的问题与情况不同，西方国家社会工作发展的前提是相对富裕，并且积极提供一系列国家福利服务。而以农业人口为主的不发达国家，人民的基本生存和健康要求都难以满足，直接引入西方社会工作方法就存在适用性问题。例如，在中国广大的农村贫困社区，如何运用社会工作方法开展扶贫活动等，就存在本土化问题。积极开展中国特色的社会工作教育十分必要。我们要立足中国现实，积极借鉴国际经验，发展中国社会工作研究生教育。国际经验与我国实际情况相结合，致力于社会工作教育的本土化建设，是摆在我们面前的现实任务。

本土化的社会工作研究教育模式首先体现在我国的教育制度、教育方向、课程设置等方面。所谓教育制度，体现在教育的政策、规章、法规制定方面，要立足本国国情和中国社会工作研究生教育发展的具体情况。所谓教育方向，体现在中国社会工作研究生教育的发展目标、培养何种人才方面，中国社会工作的教育方向要适合中国社会工作人才队伍发展。表现在课程设置上，一是体现学校自身教育特点，二是体现社会工作教育本土化特点。例如中国农村贫困与发展、中国社会福利现状与发展、中国社会社区服务与养老模式、中国社区志愿者服务研究、中国企业社会工作研究等课程，都能够充分体现社会工作本土化教育。在探讨中国社会工作本土化和教育前景方面，要努力构建本土化社会工作价值观、本土化社会工作理论体系、本土化社会工作实践领域与方法。上述种种大致能够体现中国社会工作研究生教育的模式。

2. 教育类型——研究与实践

对于什么是社会工作研究生教育类型，是研究型还是实践型，至今我们难以做出回答，但却是值得深思的问题。中国社会工作研究生教育是在西方国家社会工作教育已经相当成熟，以至于在20世纪80年代后期出现了社会工作和社会工作教育专业化信任危机的背景下建立和发展起来的，在这种情况下要想打破西方原有的社会工作理论体系、原有的教育模式，建立纯粹本土化的社会工作理论体系和教育模式相当困难。与此同时，我国社会工作研究生教育一开始便进行的是专业教育，不同于西方国家由助人实践到专业教育再到职业服务的发展路径，我们教育的重点往往是如何进行助人实践，如何把专业教育理论运用到实践中去，运用到具体的社工实务和技巧之中。这种教育模式的课程设置，按照有些学者的观点便是以实证主义为其哲学基础的技术理性为出发点，技术理性注重理论知识，认为理论知识是经由科学研究证明的原则和规律，具有普遍性。技术理性把实践视为具体运用理论解决所面临的问题的实务操作过程。因此，按照技术理性的教育理念，社会工作教学中理论与实践相冲突是不可避免的（童敏，2004：34-39）。对于技术理性的教育理念，实用主义经验学习与社工行动反思学习包括解释学的批判性学习均给予了批判，试图突破传统技术理性教育理念的限制，突出行动的重要性。

目前我国社会工作研究生教育也面临着这种选择。选择之一，研究生教育仅仅是传授西方社会工作理论体系与知识，还是建立自身本土化理论体系。如果是建立自身理论体系，其路径和方法是什么？选择之二，研究生教育是突破所谓传统的技术理性教育理念，培养实际并具有行动能力的专业人才，还是继续循着理论知识方向，不断研究其普遍性和规律性，抑或是两者的结合。如果是两者的结合，其结合的切入点是什么，怎么结合？此类问题，并非一篇论文能够解决，这涉及中国社会工作研究生培养的目标问题，需要经过漫长的探索之路。

我们暂且先来回顾一下中国社会工作研究生教育培养方案。方案规定在讲授几十门专业必修课和公共选修课的同时，完成不低于800小时的社会工作实习课程。同时对毕业论文选题也做了明文规定，即实习报告、政策研究及项目设计与评估均可作为毕业论文范畴，避免文献型和学术型毕业论文。这两项规定就已经表明中国社会工作研究生教育体现的是实践型而非研究型培养类型。其中要求实习报告和项目设计与评估注重的是社会工作实务操作过程训练，包括800小时的社工实习课程。中国社会科学院的做法是800小时分成三个实习阶段，每个阶段所规定的内容和评估标准不同。每个实习阶段有专职实习督导老师带领去完成，并以实习日志、学生本人和督导的中期评估和期末评估为评价学生实务操作和行动能力的标准。社工实习场所有若干类型：老人福利院、儿童福利院、社会工作专门机构，如妇女工作中心、协作者中心，同时包括社区、基金会、政府机构等，其为培养学生的实际操作能力提供了广阔的空间。

综上所述，笔者以为纯粹的实践或理论的社会工作教育并不存在，也非技术理性教育理念或实用主义经验学习的教育理念。在社会工作研究生教育中研究与实践或理论与实践不是非此即彼的关系，是缺一不可的并行关系。作为研究生，理论知识必不可少，而作为社会工作专业的研究生，实务操作能力是必备技能，显然双方不能非此即彼地存在。既具备理论研究能力，又具备实务操作能力应该是中国社会工作研究生教育培养的目标。因此，为体现中国社会工作研究生教育的特点，中国社会科学院研究生院的培养目标定位为培养优秀的社会工作研究人才、管理人才和教育人才，这应该是其社会工作教育发展的理念与目标。

3. 教育结构——择业与就业

教育结构与就业状况密切相关。中国社会工作教育快速发展，随之而来的就是就业问题。关于中国社会工作研究生就业问题的研究，是一个具有理论意义和现实意义的课题。社会工作研究生就业过程十分复杂，既是一个经济发展问题，又是一个社会问题。从经济学视角看，求职和就业过程是一个劳动力资源通过劳动力市场得到配置的过程，属于劳动经济学范畴。而在社会学范畴中，个人的求职和就业是一个职业流动和职业地位获得的过程，属于社会学中社会分层和社会流动的研究领域。

上述角度的就业分析，似乎都很难适应社会工作研究生的就业分析。中国社会工作研究生教育一方面源于国家需要转变教育学位结构，适应经济和社会发展需求，并与国际教育接轨培养应用型、实践型的专业人才；另一方面源于国家需要解决社会和经济发展所带来大量的社会问题和矛盾。由此延伸出两种培养路径：一种是从专业教育角度培养应用型专业社会工作人才，另一种是政府为解决社会现实问题和矛盾，从制度层面培训大批职业社会工作人才，两种人才队伍的培养方式和路径完全不同。从而"形成了结构合理、专兼结合的社会工作培训队伍和教育界、实务界有机结合的社会工作专业培训机制"（柳拯等，2012）。

上述情况涉及这样几个问题，即社会工作研究生教育在结构上是否是单一的专业教育，它与职业教育存在何种关系？抑或专业教育渗透职业教育？在此情况下社会工作研究生的就业过程更多的表现在择业还是就业？就业过程本身是一个社会化的过程，除了涉及经济与社会发展状况，还涉及与社会资本有关的各种资源、信息、影响、关系以及与人力资本有关的专业背景、个人能力、技能、知识、素质等，这些因素都对研究生就业起着重要作用。

研究生就业不是个人的简单行为，也不是单纯的经济发展问题，而是

社会工作教育

一个十分复杂的社会系统工程。

针对中国社会工作教育结构，社会工作研究生更多的表现出就业与择业的统一。一方面研究生在就业时受到地域、单位性质、薪酬和工作满意度的限制，另一方面市场需求和国家与地方的就业政策，包括个人因素都对研究生择业有重大影响，在就业过程中择业往往被就业代替，先就业再择业的现象较为普遍。中国社会科学院的社会工作研究生就业状况，也表现出类似问题。尽管社会工作研究生教育是为社会培养应用型人才，政府一再考虑市场中的社会工作岗位，但社会工作研究生就业去向仍不容乐观，从事本专业工作的只占少数（见表1、图1）。这就给我们提出社会工作研究生教育结构的合理性问题。当然社会工作研究生毕业能否大多数从事本专业工作不能完全归结到社工研究生教育结构上，但与教育结构不无关系。

表1　2012年中国社科院社会工作毕业研究生就业流向统计数据

单位类型	公司企业	社工机构	事业部门	政府部门	读博	其他
人　数	20	13	10	8	3	3

注：毕业的社会工作研究生共57人。

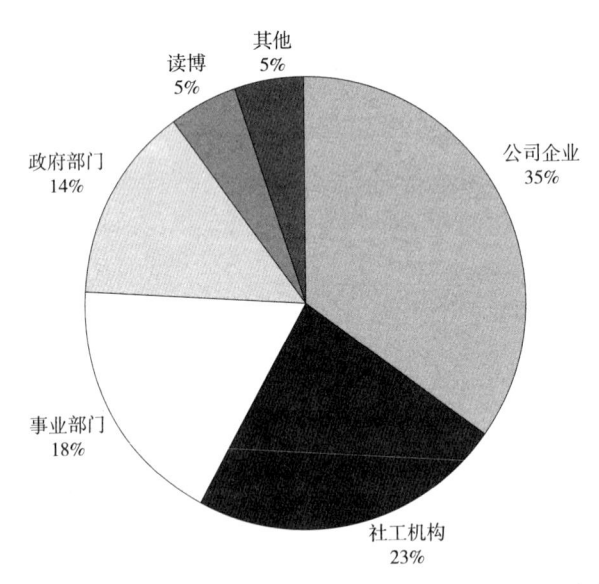

图1　2012年中国社科院社会工作毕业研究生就业流向统计

说明：数据来源于中国社会科学院研究生院社会工作硕士教育中心。2012年，中国社科院研究生院毕业的社会工作研究生共57名，图中的百分比为就职于该类单位的人数占毕业社会工作研究生总人数的比例。

4. 教育培养——专业与职业

社会工作专业学位教育，在某种程度上讲就是职业教育，两者不可分割。专业学位具有鲜明的职业性，一般在具有鲜明职业背景的学科领域中开设，主要授予受到专业训练的人才，它反映高层次职业水准而非学术水准（邓光平，2004）。此外关于专业学位教育，《学位与研究生教育大辞典》也将其定义为："学位类型之一。亦称职业学位……专业或职业学位与学术性学位在培养目标、教学方法、授予学位的标准和要求等方面均有所差异。授予专业学位的要求一般是：通过高水平的专业训练从而达到一定的水平，具有从事某种专门职业业务工作的能力，并掌握扎实的专业理论知识。"（秦惠民，1994）在此谈论的专业学位教育，对应的是特殊职业领域研究生教育，而不是普通社会职业，强调的是专业化知识结构和职业技能，是"在知识基础与技术水平上非常成熟的职业，"英文称为 profession。因此，并非所有的社会职业都是专门职业。专业与一般职业的区别，就在于它的高深知识性，是学术性与技能性的高度统合（袁广林，2011）。因此，专业学位研究生教育并不等同于"职业教育"或"职业培训"。

上述关于专业学位的论述可以给予我们很好的借鉴。中国社会工作研究生教育属于典型的专业教育，培养出的不是普通的社会工作从业人员，而是具备扎实理论基础、熟练实务操作技能、鲜明社会工作伦理价值观的"专业人士"或者专家。从这个角度出发，专业学位教育又体现出鲜明的职业特点，在教育结构上从生源要求到课程设置都应该体现职业教育特性。例如报考者的职业背景，突出实务和案例教学，论文选题的操作性、技术性、应用性和实践性等，从而为特定职业领域培养人才。可以说社会工作研究生教育人才培养应该有更高标准。有学者认为，专业学位作为具有职业背景的一种学位，为培养特定职业高层次专门人才而设置。专业学位研究生教育的职业性、学术性和研究性是其三大特征，三者缺一不可。职业性是学术水准保证下的职业性，学术性是体现职业性的学术性，而研究性则是研究生教育层次的本质要求（刘国瑜，2005）。因此说，社会工作研究生学位获得者首先要具备本专业理论知识，其次要精通专业技能，同时具备较高的从业道德和专业价值观，因此具有较高的综合素质。这个目标决定了我们目前社会工作研究生教育结构的发展方向，决定了社会工作研究生就业的专业性与职业性统一。

四 中国社会工作研究生教育的逻辑建构——理念与目标

社会学者韦伯斯基和葛特研究认为,专业知识是专业最为根本的特质,它是具备以下特质的一套知识系统:(1)一套有系统、具普遍性、可记录及传递,甚至具有一定学术地位的理论系统;(2)这套理论系统更须能落实为可实践的原则——专业技术,并且可应用于解决人类社会的实际问题;(3)这套专业知识(包括理论与技术)更须让社会大众相信它确实能够解决有关的生活问题;(4)由于这套专业知识确实能够解决社会和个人生活上的具体问题,因此,专业知识对社会就具有一种不可或缺的功能(曾荣光,2011/1984)。如前所述,既然中国社会工作研究生教育属于职业性专业教育,它就应该具备一套有别于一般职业的专业知识系统,笔者以为这个系统要求应该是研究与应用统一,专业与职业统一,技能与价值观统一。本着上述三个统一,笔者拟探讨中国社会工作研究生教育的逻辑建构。

研究与应用统一 关于社会工作教育是重理论还是重实践似乎无需赘言,但社会工作研究生教育却值得思考。社会工作研究生教育是否应该单方面注重实务教学,若如此那么与本科教育的区别在哪里?如果单方面注重理论教学,那么与学术学位教育的区别又在哪里?研究生教育顾名思义,应该体现"研究"二字,社会工作研究生教育也不例外。关键点在于"研究"的内涵和外延,即研究什么。社会工作研究生的"研究",侧重的是应用研究,而不是理论基础上的研究,是将社会工作理论、原理和规律如何应用到解决社会群体、个人实际问题的研究。这应该是社会工作研究生教育的理念与目标。这与技术理性教育理念完全不同,它强调的是应用性研究。与此相关的第二个问题是,社会工作研究生教育要不要学术,如传统的社工教育观念是重实务轻学术,这种理念在西方社会工作发展早期较为盛行。但社工教育发展到研究生层面之后,就不能不涉及"学术",因为学术是学位的本质体现(曾荣光,2011/1984)。社会工作研究生教育如果不包含"学术性",其学位存在的合法性就会遭到质疑,从而与高等职业教育或职业培训混为一谈。因此,社会工作研究生教育不仅要体现研究性,更要体现学术性,是研究与应用的统一,是应用层面的研究与学术。

专业与职业统一　目前我国社会工作研究生教育在提到其专业性和职业性的概念时，常常把两者分开。原因是政府从制度层面，把社会工作教育作为培训纳入中央和各部门干部培养规划中，被纳入国家专业技术人员更新知识工程范围，因此从社会工作教育层面谈职业性这个概念时，它常被归结为岗位职业，归结为"职业教育"或"职业培训"。然而从社会工作研究生教育层面谈职业性时，职业与专业应该紧密地联系在一起。社会工作研究生的专业教育就是一种职业教育，它有特定的职业领域，特定的技能和知识应用结构，社会工作专业学位中的"专业"就是体现在这种特定的职业领域之中。目前发达国家普遍将职业资格与专业学位获得联系在一起，这充分表明专业与职业统一不可分割。可以说中国社会工作研究生教育体现的就是一种特定的高层次职业教育，本着这个发展目标，社会工作研究生教育应该加强对学生进行社会工作理论应用学习的指导，加强社工实务技能的训练，提高学生在理论应用和实务技能训练的基础上分析问题和解决问题的能力。

技能与价值观统一　2010年《教育部关于批准有关高等学校开展专业学位研究生教育综合改革试点工作的通知》要求试点高校"以培养社会特定职业领域高层次应用人才为目标，以高校为主体，依托企业和行业组织，转变教育理念，创新培养模式，改革管理体制，增强专业学位研究生的培养能力"（郑湘晋等，2012）。社会工作研究生教育属于高层次的职业教育，培养的人才应该具备深厚的理论基础、熟练的实务技能、鲜明的社会工作价值观，运用所具备的专业知识服务社会和需要帮助的人们。与此同时，社会工作是一种以价值为本的专业。作为社会工作的灵魂，价值的重要性不仅在于它界定社会工作本身、目标和意义，而且在于它同时界定了社会工作的技巧和方法，机构的项目、目标和社会工作者的行为与态度（王思斌，2010：39）。正因为如此，社会工作教育要始终以价值为本，在培养学生掌握社会工作技能的同时进行价值观教育，使技能与价值观有机结合在一起，这也是社会工作专业学位教育不同于其他专业学位教育的特殊之处。

参考文献

马克斯·韦伯，1996，《新教伦理与资本主义精神》，三联书店。

柳拯，2012，《本土化：建构中国社会工作制度必由之路》，中国社会出版社。

王思斌，2008，《社会工作本土化之路》，北京大学出版社。

中国社会科学院重大国情调研课题组，2008，《中国研究生就业状况调查》。

国务院学位办，2012，《学位与研究生教育》第4、9、11期。

王思斌、马凤芝，2011，《社会工作导论》，北京大学出版社。

周利敏，2012，《趋同与趋异：社会工作专业教育模式比较》，社会科学文献出版社。

王思斌，2010，《社会工作本土化之路》，北京大学出版社。

方青等，2007，《社会工作人才队伍建设与和谐社会建构》，《安徽师范大学学报（人文社会科学版）》第11期。

熊跃根，2005，《转型时期中国社会工作专业教育发展的路径与策略：理论解释与经验反思》，《华东理工大学学报（社会科学版）》第1期。

童敏，2004，《社会学》，http：//www.lw23_com/paper_38268361。

柳拯等，2012，《中国社会工作本土化发展现状与前景》，《广东工业大学学报（社科版）》第4期。

邓光平，2004，《国外专业博士学位的历史发展及启示》，《比较教育研究》第10期。

秦惠民，1994，《学位与研究生教育大辞典》，北京理工大学出版社。

袁广林，2011，《应用研究性：专业学位研究生教育的本质属性》，《学位与研究生教育》第9期。

刘国瑜，2005，《论专业学位研究生教育的基本特征及其体现》，《中国高等教育》第11期。

曾荣光，1984，《教学专业与教师专业化：一种社会学阐释》，《香港中文大学教育学报》第1期，转引自袁广林，2011，《应用研究性：专业学位研究生教育的本质属性》，《学位与研究生教育》第9期。

郑湘晋等，2012，《关于专业学位研究生教育改革的若干思考》，《学位与研究生教育》第4期。

王思斌，2010，《社会工作概论》，高等教育出版社。

家庭暴力与家庭构成：经济虐待及肢体暴力

黄建忠　Judy L. Postmus & Juliann H. Vikse[*]

摘　要：稳定的家庭关系对孩子以及家庭的福祉是十分重要的。但是这种关系在父亲有暴力倾向时，就可能不再是有利的因素。家庭暴力与家庭构成的研究中，大多数的研究重点都放在了肢体虐待的影响上。本文检视经济与肢体虐待的发生以及虐待程度的变化对家庭构成的影响。回归分析的结果显示，经济虐待的发生以及程度的加深都对第五年双方结婚或同居的概率有显著的负面影响。这个发现显示经济虐待使被虐待者不再信任施虐者，并且认为他们并不是合适的伴侣。由于经济虐待对家庭构成有着显著的负面影响，任何鼓励低收入女性结婚的政策都应对这种虐待的产生和变化投入更多关注。社会服务项目应细心地设计对妇女经济虐待的检测渠道，一旦虐待发生，介入工作就应及时为受害者提供服务。

关键词：家庭暴力　家庭构成　经济虐待　肢体暴力

一　引言

家庭暴力已经逐渐成为一项危害社会及公共健康的重要议题，其对受

---

[*] 黄建忠，美国罗格斯大学社会工作学院副教授；Judy L. Postmus，美国罗格斯大学社会工作学院副教授；Juliann H. Vikse，美国罗格斯大学社会工作学院华民研究中心研究员。本文翻译者为美国罗格斯大学公共政策学院硕士生张璋。

害者及其子女的健康和幸福生活的负面影响尤其引人深思（Lindhorst, Oxford & Gillmore, 2007；McMahon, Huang, Boxer, & Postmus, 2011）。目前，有关家庭暴力的研究指出，未婚、接受社会福利者以及低收入家庭的家庭暴力情况相当严重。例如，Frias 和 Angel 对 2047 个在波士顿有小孩的低收入家庭进行了一项调查，结果显示，其中 59% 的受访者表示在过往的人生中曾经历过伴侣虐待，26% 的受访者则表示在受访前的 12 个月中曾遭受家庭暴力（Frias & Angel, 2007）。总体来看，这些研究结果发现，在接受社会福利家庭及低收入家庭中有家暴历史的可能性在 34%~65% 左右，大多数的比例是在 50%~60%。目前或者近期成为家庭暴力受害者的约为 8%~33%，大多数的比例是在 20%~30%（Tolman & Raphael, 2000；Meisel, Chandler, & Rienzi, 2003；Catlett & Artis, 2004；Kenney & McLanahan, 2006；Frias & Angel, 2007）。

稳定的家庭构成，如稳定的婚姻，是决定孩子未来和家庭幸福的重要基础（Amato, 2005）。不过，在各项研究中高比率的家庭暴力增加了大众的担忧，婚姻也许并非对每一个人来说都是健康或者安全的。由此可见，鼓励未婚父母结婚的法案，如 2006 年福利重新授权法，也许会存在问题（U. S. DHHS, 2006）。多项研究结果指出，婚姻不是灵丹妙药（Finlay & Neumark, 2010；Brown, 2010）。此外，家庭暴力已经逐渐被认为是一个持续的社会及公共健康问题，尤其因为其对配偶和子女幸福生活造成极大的负面影响（Levendosky, Leahy, Bogat, Davidson, & Eye, 2006；McMahon, Huang, Boxer, & Postmus, 2011）。因此，婚姻对于遭受家庭暴力的未婚母亲及其子女并不一定会有好处。

实证研究显示，家庭暴力往往和家庭解体相联系，而且过激的暴力行为可能会成为女性离开这种暴力关系的障碍（Panchanadeswaran & McCloskey, 2007）。不过，大多数研究都把重点放在了肢体暴力和侵害上，经济虐待和暴力甚少有人提及（Postmus, Plummer, McMahon, Murshid, & Kim, 2012）。

从理论角度来说，就强制控制理论而言，施虐者通常被定义为一个通过多种方法和隐秘的策略来建立和维系权力，并且对其伴侣进行控制的人（Stark, 2007）。除了肢体和性暴力，对于亲近伴侣的精神暴力也是另外一种非常常见的施暴手段（Tjaden & Thoennes, 1998）。夫妻依赖理论认为，这种控制让受害人依赖于她的伴侣，而且这种依赖状态，尤其是经济依赖状态更容易让女性持续受到侵害（Vyas，2008）。施暴者通过掌握所有的存款、消费决定权和收入来源来强迫他的伴侣因此依赖他，从而建立起一种经济依赖关系（Fawole，2008）。一方面，经济依赖关系让女性更难从一段关系中走出来。另一方面，经济暴力也降低了信任感，对于那些还没有结婚或者同居的女性来说，她们较少会使自己朝这个方向发展。

二 经济暴力及其影响

经济暴力和正常的消费决定之间的不同主要在于控制。一般情况下，由一方支配夫妻之间大部分财产的情况比较普遍，但是经济暴力通常出现在其中一方不允许另一方对财务决策有任何的发言权，并且控制她的工作状况和收入支出。比如说，施暴者有可能会阻止他的配偶参加工作或者上学，或者即便她有工作，施暴者也会监督她的工作状况，追踪她的付款，或者打扰她的正常工作以致让她错过上班时间，甚至失去工作。施暴者也会积欠信用卡债务或者故意毁坏配偶的信用评分，从而让她为了经济来源而依赖于他。

多项有关接受福利救济者（Sable, Libbus, Huneke, & Anger, 1999）和受虐待女性支持团体（Shepard & Pence, 1988）的研究显示，这些类型的暴力让女性更难通过工作来自给自足。在这些研究当中，有16%~59%的受虐女性表示，她们的配偶不鼓励她们出去工作，并且有33%~40%的受虐妇女表示，她们的配偶阻止她们工作。在曾经工作过的受虐妇女当中，有35%~56%表示，配偶在她们的工作场所骚扰她们；有55%~85%表示，她们因配偶工作迟到、早退或者错过工作；有44%~60%表示，她们曾因为受虐所产生的行为，而在工作中受到训诫；有24%~52%表示她们因为受虐的相关因素而遭到解雇（Government Accounting Office, 1999）。总的来说，这些数据传达出来的信息就是，经济虐待在虐待关系当中是一种非常普遍的现象。

经济虐待容易引发经济困难，而经济困难将会转而成为一个导致持续性经济虐待的危险因素（Fawole，2008）。除了会阻碍经济上的自给自足之外，经济虐待还会造成一种家庭氛围，让受害人不断地对婚姻关系和经济问题产生焦虑情绪。当受害人对施暴者的经济依赖上升时，她们就会更难选择离开这个关系，与此同时，有关研究也发现这种焦虑情绪与沮丧，和教养问题也相关（Postmus et al., 2012）。

三 家庭暴力和家庭构成

虽然有部分研究发现家庭暴力对家庭构成没有影响（Carlson, McLanahan, & England, 2004；Högnäs & Carlson, 2010），但多个有关家庭暴力和家庭构成的实证研究发现，家庭暴力与组合分裂有着很大的关系（Kurz, 1996；DeMaris, 2000；Panchanadeswaran & McCloskey, 2007）。比如说，DeMaris 通过对全国家庭和住户调查（National Survey of Families and Households）当中的 3508 对已婚和未婚同居的伴侣研究发现，肢体上的攻击可以预测这些伴侣关系瓦解。Panchanadeswaran 和 McCloskey 用 10 年时间在社区和受虐妇女避难所里追踪了 100 名妇女，他们发现中度的肢体攻击与关系的瓦解息息相关，而且那些曾经接受过避难所服务的妇女，通常比没有接受过相关服务的妇女，要遭受相对较短时间的暴力侵害。与之相反，Osborne 等人利用易碎家庭和儿童福利研究（Fragile Families and Child Wellbeing Study）当中的数据，调查了 2249 名已婚或同居妇女与伴侣分开的原因（Osborne, Manning, and Smock, 2007），结果显示，在小孩出生的头三年当中，肢体暴力对已婚或同居伴侣分开的可能性并没有影响。同样的，Högnäs 和 Carlson 通过对易碎家庭和儿童福利研究当中的 2656 名妇女的家庭稳定性进行了研究（Högnäs & Carlson, 2010），结果显示，在小孩出生的头五年当中，肢体暴力对双方的关系也没有影响。

大多数有关已婚夫妇的实证研究发现，家庭暴力，尤其是肢体暴力与低婚姻满意度（Cano & Vivian, 2003）和高婚姻不和谐（Hotaling & Sugarman, 1990；Stith, Green, Smith, & Ward, 2008）有着很大的关系。比如说，Stith 和她的同事对从 1981 年到 2005 年的 32 项研究进行了总体分析，主要研究家庭暴力与婚姻满意度或不和谐之间的关系（Stith et al., 2008）。他们发现家庭暴力和婚姻满意度之间呈负相关的关系，反之，家庭暴力和婚姻不和谐呈正相关。效应影响范围为中度影响（r = 27）。

简言之，此前大多数有关家庭暴力和组合形成的研究，都把重点放在了肢体暴力上，经济暴力甚少被提及（Kurz, 1996；DeMaris, 2000；Panchanadeswaran & McCloskey, 2007; Högnäs & Carlson, 2010)。因为经济暴力是家庭暴力中非常重要的一个部分，那些没有包括经济暴力的研究就漏掉了一个将会影响数据结果的重要因素。根据强制控制理论和婚姻依赖关系理论（Stark, 2007; Vyas, 2008），施暴者通过经济虐待来建立权威并且控制他们的受害者，阻碍受害者的独立。紧接着的问题是，遭受经济虐待的妇女应该会因为缺乏经济来源而降低离开她们配偶的可能性。然而，经济虐待同时也可能会减少妇女对施暴者的信任，并且会使之不太可能把关系转换成诸如同居或者婚姻这样更正式的关系（Manning et al., 2010）。最终结果可能取决于哪一个效果的影响更大。

四 数据和方法

（一）数据

本文的数据来自易碎家庭和儿童福利研究（Fragile Families and Child Wellbeing Study），这项纵向研究旨在提供有关父母特征和其子女福祉的综合信息。这些数据是通过分层随机抽样，从美国20座超过20万人的大城市搜集而来的。在1998年和2000年之间，第一次核心访问主要是针对父母双方，并且是在婴儿出生之后进行的。基线数据包括4898名母亲（3711名未婚，1187名已婚）。随后的核心调查是在焦点孩童1岁、3岁以及5岁时进行。前四波问卷调查（基线、第一年、第三年及第五年）是此次调查的数据基础。在4898名处于基线上的合格母亲之中，有4365名在第一年接受访问，4231名在第三年接受访问，4139名在第五年接受访问。

本文旨在考察经济虐待和肢体暴力的出现以及随时间推移发生的改变，对家庭构成的影响。我们跟踪调查了第一年与孩子的父亲有关系的母亲（包括恋爱、同居或婚姻关系），且在"第一年""第三年"或"第五年"的资料收集上都有解释变项与独立变项的资料。在第一年参与问卷调查的4365名母亲当中，有1408个样本由于母亲与焦点孩子的父亲没有联系而不包括在分析中，还有850个样本由于在这几个调查年份当中，无法提供完整的解释变项或独立变项的资料而被中止调研，最终，有2107名母亲成为这项课题研究的调查样本。

（二）测量

家庭构成　第五年的家庭构成是在孩子出生大约第五年时测量的。我们通过有关婚姻与同居状况及母亲与小孩生父关系（包括恋爱关系、朋友、分手或不再联系）的相关问题来收集信息。通过以上信息，我们得出四种相互排斥类别详尽的家庭构成：非恋爱关系（如：朋友、分手或不再联系）、探访（恋爱关系但没有同居）、同居、有婚姻关系。

经济虐待　第一年的经济虐待是通过以下两个问题来测量的："他试图阻止你去工作或学校"及"他控制金钱，让你跟他要钱，或者拿走你的钱"，我们要求母亲回答父亲当前实施这些行为的频率（从未、有时或经常）。因为只有少数案例回答频率为经常，所以回答"有时"及"经常"的母亲被合并到了一个类别里。如果被调查女性曾遭受过这两种虐待中的任何一种，经济虐待的代码被标注为"是"，没有遭受过以上任何一种虐待的女性则被标注为"否"（1 = 是，0 = 否）。

肢体暴力　第一年的肢体暴力是通过以下三个问题来进行测量的："他扇过你耳光或踢过你""他用拳头或一个危险东西打过你"，以及"他试图强迫你和他做爱或迫使你做与性相关的事情"。与经济虐待一样，肢体暴力也有三种不同的回应，我们使用相同的编码方式把变量重新分成两组："是"和"否"。如果这名女性曾经遭受过以上三种暴力中的任何一种，代码被标注为"是"，没有遭受过以上任何一种虐待形式的女性则被标注为"否"。

除了测量第一年是否受到经济虐待和肢体暴力外，我们还测量了从"第一年"到"第三年"及从"第三年"到"第五年"的变化。每一次的变量改变是通过后期虐待程度减去前期虐待程度来计算的。我们把这个变量概念化为虐待减少、没有改变和虐待增加。

其他解释性变量　其他解释性变量包括那些已在其他文献中，被证明对家庭构成有影响的父亲、母亲和儿童特点。除非另有注明，变量是通过母亲的基线调查数据来评估的。孕产妇特征包括其在焦点孩子出生时的年龄、种族和民族，受教育程度及家庭背景（母亲是否在其15岁时与其亲生父母共同生活）。此外，在小孩1岁时，母亲与父亲的关系被分成三种类别来测量：探访、同居或嫁给了孩子的父亲。父亲的特征包括其在焦点孩子出生时的年龄、种族和民族，以及教育程度。孩子特征包括性别、第一年的性格及访问时的年龄（以月为单位）。第一年孩子的性格是通过母亲对孩子六个有关性格的问题来进行测量。较高的分数表明孩子的性格较不随机。

受访者在"第五年"的家庭构成被认为是受到她自己、孩子的父亲及孩子的变项所影响。几种可能的状况包括：（a）不是恋爱关系，（b）探访，（c）同居，（d）嫁给孩子的父亲。多元选择回归模型被用来测量独立变量在"第五年"对家庭构成的影响。

五　结果

母亲在基线调查时的年龄均值是 26.1 岁，其中 40% 是非西班牙裔的黑人，29% 是西班牙裔，28% 是非西裔白人，其他族裔占 4%。在受教育水平上，这些母亲中 28% 未完成高中学业，29% 有高中学历，43% 受到高中以上的教育。其中大概一半的人在 15 岁时与生父母同住。在第一年调查时，超过 49% 的母亲嫁给了孩子的生父，另外 38% 的母亲与孩子生父同居，13% 与孩子生父保持探访关系。基线调查上的父亲平均年龄是 28.6 岁，并且大多数的父亲（88%）与配偶来自相同的种族。孩子的特点是，近半的孩子是男孩（52%），并且第一年的性格平均测试分数为 2.5（分数从 1 到 5）。

表 1 依据在第一年时双方的关系状态分别列出了经济和肢体虐待的发生情况。经济上的虐待在第一年时占 11.8%，在第三年时上涨到 13.5%，在第五年时上涨到 15.1%。相对的，肢体虐待也在调查的三年里从 3.5% 上涨到 5.9% 再到 7.6%。经济和肢体虐待的发生率不因为在第一年时双方的关系不同而有显著区别。

表 2 展示了经济和肢体虐待在这五年里的变化。对于经济虐待而言，约 84% 的母亲认为她们受到的经济虐待在第一年和第五年没有什么变化。另一方面，约 90% 的母亲也认为她们受到的肢体虐待在第一年和第五年没有区别。大概 5% 的母亲认为她们受到了更严重的肢体虐待，然而有少于 3% 的母亲认为她们受到的肢体虐待减少了。经济虐待和肢体虐待在第一年到第三年之间的变化和第三年到第五年之间的变化是类似的。

表 3 列出了家庭构成从第一年到第五年的变化。对于在第一年嫁给孩子

生父的母亲来说，大部分（83.4%）在第五年仍保持了这种婚姻关系，但也有15%不再保持恋爱关系。另一方面，在第一年与孩子生父处于同居关系的母亲，在这五年中产生了更明显的变化：大概40%仍然处于同居状态，30%不再有关系，23.7%在第五年与孩子的父亲结婚了。对于第一年是探访母亲的受调查者来说，有一半在第五年不再与孩子的父亲有联系，另外有24%在同居，13%建立了婚姻关系，16%仍然保持恋爱关系但没有同居。

表4展示了多元选择回归对第五年家庭构成的估计结果。我们偏好这个模型是因为这个模型同时控制经济与肢体虐待的发生频率和变化的情形。在回归分析中，因变量的参考样本为母亲在第五年时，没有与孩子的生父有恋爱关系。就经济和肢体虐待发生率来说，结果显示，第一年的经济虐待显著地影响双方在第五年的关系。而第一年的肢体虐待并没有显著影响双方在第五年的关系。更具体地说，第一年受到经济虐待的母亲比第一年没有受到经济虐待的母亲有更低的与孩子的父亲结婚的概率，前者比后者低68%（1－0.32＝0.68），同样的，前者比后者在第五年同居的概率低了53%。

表1 经济虐待和肢体暴力随时间发展的趋势

单位：%

	经济虐待		
	第一年	第三年	第五年
所有样本	11.8	13.5	15.1
已　婚	10.8	12.4	13.3
同　居	13.0	14.0	17.1
探　访	12.5	16.3	16.0
F－测试	1.2	1.5	2.7
	肢体暴力		
	第一年	第三年	第五年
所有样本	3.5	5.9	7.6
已　婚	2.8	5.0	7.2
同　居	3.8	7.2	7.2
探　访	4.9	5.7	10.3
F－测试	1.7	2.0	1.5

表2　经济虐待和肢体暴力随时间发展所产生的变化

单位:%

	经济虐待在第一年与第三年之间的变化		
	减少	无改变	增加
所有样本	7.2	83.9	8.9
已婚	6.0	86.4	7.6
同居	8.7	81.6	9.7
探访	7.6	81.0	11.4
卡方检验	10.7*		
	经济虐待在第三年与第五年之间的变化		
	减少	无改变	增加
所有样本	7.2	84.1	8.7
已婚	6.0	87.2	6.8
同居	8.2	80.5	11.3
探访	8.8	82.9	8.4
卡方检验	16.9**		
	肢体暴力在第一年与第三年之间的变化		
	减少	无改变	增加
所有样本	2.1	93.3	4.6
已婚	1.5	94.9	3.7
同居	2.7	91.2	6.1
探访	3.0	93.2	3.8
卡方检验	11.5*		
	肢体暴力在第三年与第五年之间的变化		
	减少	无改变	增加
所有样本	3.2	91.9	4.9
已婚	1.9	93.9	4.1
同居	5.0	90.1	5.0
探访	3.0	89.4	7.6
卡方检验	19.1**		

注：*$p<.05$，**$p<.01$，***$p<.001$。

表3　家庭构成在暴力第一年至第五年之间的变化

单位:%

	第五年				N
	已婚	同居	探访	不联系	
第一年					
已婚	83.4	1.5	0.3	14.8	1033
同居	23.7	39.8	6.5	30.0	806
探访	12.6	24.3	16.4	46.8	263
F-测试	985.6***				

注：***$p<.001$。

表 4　第五年家庭构成的多元选择回归

	Married			Cohabiting			Visiting		
	Odds	S. E.	P	Odds	S. E.	P	Odds	S. E.	P
Mother's Characteristics									
Economic Abuse（EA）at Y1	0.32	0.08	***	0.47	0.13	**	0.77	0.36	
Change in EA，Year 1-3	0.32	0.06	***	0.44	0.10	***	0.68	0.24	
Physical Violence（PV）at Y1	0.53	0.22		0.57	0.26		0.32	0.28	
Change in PV，Year 1-3	0.17	0.05	***	0.33	0.11	**	0.42	0.22	
Age	1.05	0.02	**	1.04	0.02		1.07	0.03	*
Non-Hispanic Black	0.46	0.08	***	0.79	0.17		2.06	0.91	
Hispanic	0.88	0.17		1.27	0.29		1.50	0.71	
Other Race	1.76	0.73		2.30	1.14		1.51	1.72	
Below High School	0.82	0.15		1.43	0.29		1.95	0.65	*
High School	0.77	0.13		1.15	0.22		1.66	0.53	
Lived in Two-parent Family at 15	1.30	0.18		1.26	0.19		1.68	0.41	*
Cohabited at Y1	2.61	0.60	***	2.40	0.45	***	0.67	0.17	
Married at Y1	12.80	2.99	***	0.16	0.05	***	0.06	0.04	***
Father's Characteristics									
Age	1.00	0.01		1.00	0.02		0.99	0.02	
Same Race/Ethnicity	1.74	0.34	**	1.52	0.35		1.94	0.90	
Below High School	0.82	0.16		0.96	0.19		0.92	0.30	
High School	0.64	0.11	**	0.71	0.13		0.74	0.23	
Child's Characteristics									
Age at Y5（Month）	0.94	0.02	*	0.96	0.03		0.89	0.04	*
Boy	1.09	0.14		0.97	0.14		0.90	0.21	
Temperament	0.84	0.07	*	0.91	0.09		0.89	0.14	
Log Likelihood	-1719.1								
Pseudo R-square	0.29								

注：$*p<.05$，$**p<.01$，$***p<.001$。

经济和肢体虐待的变化，尤其是肢体虐待的变化更显著。本次研究把这种变化的测量分成三种情况：减少、没变化和增加。对于在第一年到第三年之间肢体虐待有所增加的情况来说，母亲在第五年嫁给父亲的概率要比最后双方不再有联系的低83%，第五年母亲与父亲同居的概率比两者不再有联系的低67%。同样的，如果在第一年至第三年之间经济虐待所有增加，母亲在第五年嫁给父亲的概率要比最后双方不再有联系的低68%，第五年母亲与父亲同居的概率比两者不再有联系的低56%。经济虐待和肢体暴力的出现与改变对探访关系的家庭而言，没有显著影响。

六 讨论与结论

稳定的家庭关系如婚姻或者同居对孩子以及家庭的福祉是十分重要的。但是这种关系在父亲有暴力倾向或者违背社会道德的行为时，就可能不再是有利的因素（Jaffee, Moffitt, Caspi, & Taylor, 2003）。在家庭暴力与家庭构成的研究中，大多数的重点都放在肢体虐待的影响上。本文研究了经济与肢体虐待的发生以及虐待程度的变化对家庭构成的影响。

双变量的分析结果显示，经济和肢体上的虐待的比例逐年上涨。大约1/9的母亲表示在第一年曾受到过经济虐待，而在第五年这个数字上升到了1/7。相同的，1/25的母亲在第一年受到了肢体虐待，而这个数字在第五年则上涨到了1/13。同时，大多数母亲表示其被虐待的程度在被调查期间并没有变化。但9%的母亲表示她们受到了更严重的经济虐待，5%的母亲表示她们受到了更严重的肢体虐待。所以经济和肢体虐待的逐年增长是不能忽视的，特别是经济虐待。

对于第五年的家庭构成来说，大多数在第一年已婚的母亲在第五年仍保持已婚状态。但1/7的母亲与父亲不再有关系。相反的，那些曾在第一年处在探访及同居状态的父母间的关系，在五年中产生了巨大的变化。超过一半的探访与同居母亲在五年内与父亲的关系发生了变化。大约30%的同居母亲与她们的伴侣分手，24%与之结婚。这个趋势在探访母亲中也很明显。其中，47%与伴侣分手，37%则进入了更稳定的关系（24%同居，13%结婚）。

回归分析的结果显示，经济虐待的发生以及程度的加深都对第五年双方结婚或同居的概率有显著的负面影响。这个发现与另一个结论相悖，经济虐待会使施虐者取得控制受虐者的权利，并且减弱受虐者离开这个关系的能力（Stark, 2007; Vyas, 2008）。另外一个理论认为，经济虐待使被虐待者不再信任施虐者，并且认为他们并不是合适的伴侣，这一理论与本文的发现更为相近。与以往文献（Carlson et al., 2004; Högnaäs & Carlson, 2010）一致的是，回归结果显示第一年的肢体虐待对双方第五年的家庭构成并没有显著的影响。但是肢体虐待程度的加深对双方关系却有显著的负面影响。如同对经济虐待的发现一样,至少从家庭构成这方面来讲,这些理论支持施虐者并不能通过虐待来控制受虐者的观点。这些发现对于政策制定有着重要的意义。由于经济虐待与肢体虐待对家庭构成有着显著的负面影响,任何鼓励低收入女性结婚的政策都应对这两种虐待的产生和变化投入更多关注。社会服务项目应细心地设计对妇女经济虐待与肢体虐待的检测渠道,一旦虐待发生,介入工作就应及时为受害者提供服务。由于减少伴侣之间的暴力能够有效促进及稳定伴侣之间的关系,想要做好促进婚姻关系的相关项目,就需要努力改变有虐待倾向的丈夫或男性伴侣。

参考文献

Adams, A. E., Sullivan, C. M., Bybee, D., & Greeson, M. R. 2008. "Development of the Scale of Economic Abuse." *Violence Against Women* 14 (5): 563 – 588.

Amato, P. R. 2005. "The Impact of Family Formation Change on the Cognitive, Social, and Emotional Well – being of the Next Generation." *The Future of Children* 15 (2): 75 – 96.

Brown, S. L. 2010. "Marriage and Child Well – Being: Research and Policy Perspectives." *Journal of Marriage and Family* 72, 5: 1059 – 1077.

Cano, A., & Vivian, D. 2003. "Are Life Stressors Associated with Marital Violence?" *Journal of Family Psychology* 17: 302 – 314.

Carlson, M. J., McLanahan, S., & England, P. 2004. "Union Formation in Fragile Families." *Demography* 41: 237 – 261.

Catlett, B. S. & Artis, J. E. 2004. "Critiquing the Case for Marriage Promotion: How the Promarriage Movement Misrepresents Domestic Violence Research." *Violence Against Women* 10 (11): 1226 – 1244.

Chronister, K. M., & McWhirter, E. H. 2006. "An Experimental Examination of Two Career Interventions for Battered Women." *Journal of Counseling Psychology* 53 (2): 151 – 164.

DeMaris, A. 2000. "Till Discord Do Us Part: The Role of Physical and Verbal Conflict in Union Disruption." *Journal of Marriage and the Family* 62: 683 – 692.

Fawole, O. I. 2008. "Economic Violence to Women and Girls: Is It Receiving the Necessary Attention?" *Trauma Violence Abuse* 9 (3): 167 – 177.

Finlay, K. & D. Neumark. 2010. "Is Marriage Always Good for Children?: Evidence from Families Affected by Incarceration." *Journal of Human Resources* 45: 1046 – 1088.

Frias, S. M., & Angel, R. J. 2007. "Stability and Change in the Experience of Partner Violence Among Low – income Women." *Social Science Quarterly*, 88 (5): 1281 – 1306.

GAO. 1999. *Domestic Violence: Prevalence and Implications for Employment Among Welfare Recipients* (No. HEHS – 99 – 12). Washington: U. S. General Accounting Office.

Högnäs, R. S., & M. J. Carlson. 2010. "Intergenerational Relationships and Union Stability in Fragile Families." *Journal of Marriage and Family* 72 (5): 1220 – 1233.

Honeycutt, T. C., Marshall, L. L., & Rebecca, W. 2001. "Toward Ethnically Specific Models of Employment, Public Assistance, and Victimization." *Violence Against Women* 7 (2): 126 – 140.

Hotaling, G. T., & Sugarman, D. B. 1990. "A Risk Marker Analysis of Assaulted Wives." *Journal of Family Violence* 5: 1 – 13.

Huang, C., Son, E., & Wang, L. R. 2010. "Prevalence and Factors of Domestic Violence Among Unmarried Mothers with a Young Child." *Families in Society* 91 (2): 171 – 177.

Jaffee, S. R., Moffitt, T. E., Caspi, A., & Taylor, A. 2003. "Life with (or without) Father: The Benefits of Living with Two Biological Parents Depend on the Father's Antisocial Behavior." *Child Development* 74: 109 – 126.

Kenney, C. T., & McLanahan, S. S. 2006. "Why are Cohabiting Relationships More Violent Than Marriage?" *Demography* 43 (1): 127 – 140.

Kurz, D. 1996. "Separation, Divorce, and Woman Abuse." *Violence Against Women* 2: 63 – 81.

Levendosky, A. A., Leahy, K. L., Bogat, G. A., Davidson, W. S., & von Eye, A. 2006. "Domestic Violence, Maternal Parenting, Maternal Mental Health & Infant Externalizing Behavior." *Journal of Family Psychology* 20 (4): 544 – 552.

Lindhorst, T., Oxford, M., & Gillmore, M. R. 2007. "Longitudinal Effects of Domestic Violence on Employment and Welfare Outcomes." *Journal of Interpersonal Violence* 22 (7): 812 – 828.

Manning, W. D., Trella, D., Lyons, H., & N. DuToit. 2010. "Marriageable Women: A Focus on Participants in a Community Healthy Marriage Program." *Family Relations* 59, 1: 87 – 102.

McMahon, S., Huang, C. C., Boxer, P., & Postmus, J. L. 2011. "The Impact of Emotional and Physical Violence During Pregnancy on Maternal and Child Health at One Year Post – partum." *Children & Youth Services Review* 33: 2103 – 2111.

Meisel, J., Chandler, D., & Rienzi, B. M. 2003. "Domestic Violence Prevalence and Effects on Employment in Two California TANF populations." *Violence Against Women* 9 (10): 1191 – 1212.

Osborne, C., Manning, W. D., & P. J. Smock. 2007. "Married and Cohabiting Parents'

Relationship Stability: A Focus on Race and Ethnicity." *Journal of Marriage and Family* 69 (5): 1345 – 1366.

Panchanadeswaran, S., & McCloskey, L. A. 2007. "Predicting the Timing of Women's Departure from Abusive Relationships." *Journal of Interpersonal Violence* 22 (1): 50 – 65.

Postmus, J. L., Plummer, S., McMahon, S., Murshid, N. & Kim, M. 2012. "Understanding Economic Abuse in the Lives of Survivors." *Journal of Interpersonal Violence* 27 (3): 411 – 430.

Sable, M. R., Libbus, M. K., Huneke, D., & Anger, K. 1999. "Domestic Violence among AFDC Recipients: Implications for Welfare – to – work Programs." *Affilia* 14 (2): 199 – 216.

Shepard, M., & Pence, E. 1988. "The Effect of Battering on the Employment Status of Women." *Affilia* 3 (2): 55 – 61.

Stark, E. 2007. *Coercive Control: How Men Entrap Women in Personal Life.* New York: Oxford University Press.

Stith, S. M., Green, N., Smith, D. B., & Ward, D. 2008. "Marital Satisfaction and Discord As Risk Markers for Intimate Partner Violence: A Meta – analytical Review." *Journal of Family Violence* 23: 149 – 160.

Tjaden, P., & Thoennes, N. 1998. *Prevalence, Incidence, and Consequences of Violence Against Women: Findings from the National Violence Against Women Survey.* Washington: National Institute of Justice.

Tolman, R. M., & Raphael, J. 2000. "A Review of Research on Welfare and Domestic Violence." *Journal of Social Issues* 56: 655 – 682.

Tolman, R., M., & Rosen, D. 2001. "Domestic Violence in the Lives of Women Receiving Welfare: Mental Health, Substance Dependence, and Economic Well – being." *Violence Against women* 7: 141 – 158.

U. S. Department of Health and Human Services. 2006. "Welfare Reform Reauthorized: Healthy Marriage, Fatherhood Initiative Approved; Work Requirement Strengthened." News Release, February 8. U. S. Department of Health and Human Services, Washington, D. C. http://www.dhhs.gov/news/press/2006pres/20060208.html.

Vyas, S. W., C. 2008. "How Does Economic Empowerment Affect Women's Risk of Intimate Partner Violence in Low and Middle Income Countries? A Systematic Review of Published Evidence." *Journal of International Development* 21 (5): 25.

中国农村反贫困中的社会工作缺位问题

王春光

摘　要：中国的反贫困工作在过去的三十年中取得了举世瞩目的成果，然而在具体的农村反贫困工作中仍存在着对象瞄准不明晰、资金投向思路有偏差、社会组织参与程度低等问题。农村的贫困问题已经对我国社会经济的可持续发展提出了严峻挑战。国家应采取更多的政策与措施，更好地运用社会工作，使其在农村反贫困工作中更好地发挥政策传递、动员整合、需求导向、社会服务等功能。

关键词：农村反贫困　社会工作

一　中国反贫工作面临的问题

在过去三十年中，中国的反贫困成就举世瞩目。联合国组织都承认，在过去三十年中，中国的扶贫工作做的是最好的。特别是在完成联合国千年发展目标方面，中国贡献最大。2004 年联合国开发计划署署长布朗说："中国为世界提供的最有价值的发展经验是制定并坚持有效的扶贫政策，这主要得益于'大胆却具有连贯性'的改革开放政策。"2000 年世界银行、联合国开发计划署在对我国的扶贫开发工作进行了全面系统的研究之后，完成了一份题为《中国：战胜农村贫困》的报告。报告认为，中国的扶贫取得了"全面的成功"。

与此不同的看法是，中国取得的反贫成就并不是扶贫工作的结果，而是经济发展和改革开放的成果。世界银行对 150 个国家 1980～1998 年的数据分析表明，经济增长或收缩与贫困发生率具有极为显著的关系。例如，其中1/4经济年均增长率达到约8%的国家，贫困发生率年均减少速度在6%以上，而另外1/4经济年均负增长率约6%的国家，贫困发生率年均增加速度超过10%（World Bank，2001：35）。一项研究专门考察了中国贫困发生率下降的原因，通过对四川和陕西有关数据进行计量分析，研究发现农村贫困发生率的绝大部分变动可以被经济增长因素所解释，因而经济增长率是贫困发生率降低的最重要因素（Rozelle，Zhang and Huang，2000：14）。另一项研究对政府支出、经济增长与扶贫效果关系进行了专题分析，其中利用更为复杂的包含11个方程组的联立计量模型，分析了1970年以来的省级数据（贫困发生率数据只有1985～1989，1991和1996年），发现贫困发生率变动主要与"劳动力平均农业国内生产总值""非农就业占农村劳动力比例"等表示农村经济增长的指标显著负相关（Fan，Zhang and Zhang，2001：32，68－69）。

事实上，在我们看来，世界银行和国际开发署对中国反贫成就的肯定，是从中国过去贫困人口大幅减少的角度做出的，而贫困人口减少，有可能是政府扶贫工作的结果，也有可能是经济发展带来的，而另一些研究更关注扶贫工作的具体效果，认为扶贫工作的效果不如经济发展。所以，两者之间并没有冲突。那么，这些研究在一定程度上对政府的扶贫工作效果进行了质疑，并不一定表明政府不应该做扶贫工作，而有可能表明政府的扶贫工作有待改进。

从世界各国来看，政府都负有不可推卸的扶贫责任和义务。中国政府也积极地参与到中国的扶贫工作中，投入了大量的人力和物力，但是，效果并不理想。从对中国农村扶贫工作的调查中，我们看到，当前中国扶贫工作的问题很多，也很复杂，牵涉到政府的反贫方式、机制以及政府与社会参与的关系等。过去政府的反贫效果之所以受到质疑，也是因为工作中存在以下问题。

第一，从扶贫对象瞄准环节看，以县为基本资金分配单位，导致扶贫资金在实际的利用中出现稀释、遗漏和截流效应。中央的扶贫资金主要运用在592个国定贫困县。中央政府的扶贫资金都是通过各级政府逐级下拨的，在下拨过程中就出现了截流和挪用问题，到了农村就没有多少了。后来，中央政府发现了这个问题，转而改变扶贫资金的传递方式，将大部分扶贫资金作为专项资金，只能专款专用，结果是，虽然钱可能会较好地传递到基层，但是并不用来解决贫困人口最迫切的问题，甚至还不能用于解决贫困人口的生活和发展问题，因为据统计，目前国定贫困县大约2亿人口中，只有2000万~3000万贫困人口，因而绝大部分扶贫资金可能稀释到非贫困人口头上。与此同时，上级政府各部门都有自己的扶贫项目经费，每个部门根据自己的业务范围和偏好开展所谓的扶贫工作，比如有水电扶贫、教育扶贫、卫生扶贫、文化扶贫等等。分部门进行扶贫，将有限的资金分散使用，相互不配合，不能产生集聚效用，反而在有些项目上相互抵消，达不到预期效果。

第二，从投向思路上看，当前中国的扶贫资金过分倾向于生产性项目和贴息贷款方式，出现较多的瞄准错位和项目失败问题。例如，中国扶贫资金一半以上用于给各类生产性项目提供贴息贷款，前期主要用于乡镇企业非农项目，后期集中在农业不同领域。通过帮助农民进行项目投资和发展生产来摆脱贫困，政策动机是好的，但是存在如何确定贷款对象和如何应对市场风险两大难题。产业扶贫的做法就是很典型的例子。产业扶贫背后的一个基本预设是，通过发展产业，可以带动整个贫困地区的经济发展，让贫困人口受益，减少贫困人口，降低贫困水平。事实情况并不如此，这里存在这样的生活逻辑问题：首先产业扶贫并不一定就能带动贫困地区的经济发展，因为一些所谓的产业并不一定有很好的人力、技术和市场基础；其次，即使产业扶贫能带动地区经济发展，但也并不一定意味着让贫困人口受益，因为产业扶贫的直接对象并不一定是贫困人口，更多的是企业和能人，而企业和能人不一定使用贫困人口的劳动力，因为贫困人口的劳动力相对来说基本上没有技能，甚至体力和智力都会有一些问题。当然如果整个地区经济发展了，可以有更多的钱用于改善贫困村庄的基础设施和公共服务，也会增加对贫困者的救助，但是这样的力度是有问题的。所以，在产业扶贫的实践中我们会看到，随着产业扶贫推进以及由此而来的经济发展，该地区的贫富差距越来越大，也就是，出现"穷人戴帽子，富人拿票子""扶假贫，假扶贫"之类的现象。

第三，从扶贫实施主体上看，政府是中国农村扶贫工作的绝对主体。其优点是具有很强的资源动员能力，可以在短时间内投入很多的公共资源，但是，由于社会组织参与不足，尤其农民自组织力量薄弱，政府不重视社会组织和农民自组织力量，以及行政系统只重视投入不重视对产出的评估和监督等弱点，引发了扶贫效率低下问题。在扶贫实践中，贫困农户大多处于被动地接受和服从的地位,他们的想法和需求都不能得到反映,而且由于分散和孤立,他们也缺乏可以有效维护自己利益的手段,所以,对地方政府滥用扶贫资源的行为不能进行有效的制约和监督。我们看到,有的地方政府强行要求农户种植一种经济作物,比如烟草、辣椒、苹果等,但是,到收获的时候,产品卖不出去了,农户不但没有收益,反而遭受严重损失,得不到政府的补助。西部某贫困县强制农民种辣椒,农民种了几万亩辣椒,等辣椒成熟时,市场上的辣椒价格很低也没有人买,结果当年农民根本没有任何收入,而且影响到粮食消费,更谈不上现金收入了。

二 农村贫困问题对中国发展的挑战

当前农村贫困问题依然是中国面临的一个重大社会经济问题,与过去相比,这个问题更具有挑战性和艰巨性。国家这几年对农村贫困线进行了多次调整,从600多元调到800多元,又从800多元调到1200多元,再调到现在的2300元。随着贫困线的调整,中国的农村贫困人口数量出现波浪式的变动,最低的时候只有2600万,后来国家将贫困线调高到2300元,贫困人口数量又回复到1.3亿之众,当然这个数量的贫困涵义与以前的有很大的区别。1.3亿的农村贫困人口规模固然远低于1978年的农村贫困人数,但是依然庞大,更重要的是,他们的贫困问题解决起来更难,更具有挑战性。

首先,目前依然贫困的农村人口大多生活在高寒、沙化、石漠化、干旱等自然环境脆弱的地区,如武陵山区、黔东南地区、横断山区、大别山、太行山、西北黄土高原等。这些地方或者山高路远、交通不方便,或者常年少雨、不利于农作物生长,或者水土流失、石漠化严重,土地不断减少和贫瘠化,或者风沙走石、严重缺水等等。在那里,人们看不到出路,以至于有些地方政府实施了移民扶贫的措施和政策。但是,目前在这些环境脆弱和恶劣的地区,依然生活着上亿人口,不能只靠移民扶贫一种方式来解决他们的生计和发展问题。

其次,当前中国农村贫困人口本身也很脆弱,大多属于老弱病残、受教育水平低、技能少、权益保护能力弱等人群,它们承受着巨大的强势群体挤压、公共服务挤压以及现代社会风险冲击等社会结构性压力。在广大的贫困地区,青壮年劳动力纷纷外出务工,剩下的是老弱病残者,他们本身缺乏参与经济发展的能力，因此，在国家在贫困地区实行的扶贫攻坚项目中，他们都不能有效参与其中。我们在西部某县某贫困乡调查时发现，当地的很多扶贫项目都被乡干部和村干部所垄断，原因是村里没有其他劳动力能接受和实施项目，青壮年在外打工，他们不知道这样的项目，而且更重要的是他们不知道这样的项目能否一定带来经济效益，所以他们不敢放弃在外务工而回来参与项目，而在家的都是老人和孩子，所以，当地的乡干部和村干部很无奈地说，他们不得已承担着项目的实施。有些贫困地区政府为此鼓励乡镇干部和村干部承担项目，甚至允许其带薪承担项目。但是，大多数村民则认为，他们并不知道这些项目能获得多少国家的资金支持，干部们并没有告诉他们有这样的好处，村干部和乡干部都把扶贫的经费用于为自己赚钱上。我们发现确实存在村民反映的问题。也就是说，在扶贫中，村干部和一些乡镇干部成了扶贫的受益对象，而广大村民则处于边缘位置，不能参与到扶贫开发之中，享受不到扶贫的效益。在许多贫困地区，产业扶贫不但没有有效地解决贫困人口的贫困问题，反而在促使本地区内部的贫富差距扩大，干部、老板等强势群体成为主要的受益对象，而中下层村民则享受不到扶贫的政策和资源，尤其是农村那些弱势群体受到强势群体的明显挤兑和排斥，陷入更为窘困的境地。在这里还需要指出的是，由于现代技术的推广，一些消费观念被人们普遍接受，这反过来进一步增大了贫困人群的生活风险，比如现代医疗方法已经在贫困地区普遍应用，人们生病看病，动不动就要使用医疗仪器，结果让许多贫困人口根本看不起病。这就是现代化给贫困人群带来的生活风险。

　　最后，当前中国农村贫困问题具有极大的危害性，或者说，与贫相伴的是许多社会问题，尤其是导致农村社会凝聚力弱化，如家庭解体（因贫致病致死）、吸毒蔓延，社会公正底线受到危害，社会治安恶化等等。某贫困县在2005年左右，曾出现枪支泛滥，给当地社会乃至全国带来极大的危害：沿海一些地区发生的持枪抢劫、杀人案件中，所使用的枪支都是来自这个县。那时候，这个县的人找不到其他赚钱的路子和办法，就有人冒天下之大不韪，动起了造枪赚钱的念头，从而带动周围一大批人跟着造枪，一度能制造很先进的来复枪。在不少贫困地区，贩毒、吸毒以及由此而来的艾滋病传播，导致一些村庄因艾滋病死亡而大幅减员；河南的一些村庄因卖血出现艾滋病毒感染已是众所周知的事件。因贫困导致夫妻离婚、家庭解体、男人找不到对象，在贫困地区是普遍现象。在贵州某地村庄，年轻妇女去沿海地区打工一段时间，就不愿回去，有的就永远失去了联系，丈夫根本找不到老婆；有的妇女主动提出离婚，并愿意给老公3万~5万元的补偿费，或者作为子女养育费，这种情况在以前闻所未闻，因为离婚大多是男方赔偿或补偿女方的，确实是因为那里太穷，那些在外闯荡、见过世面的女人不愿回到那穷地方受穷。有村干部告诉我们说，以前他们村庄每年都有七八对人结婚，现在有1对结婚就不错了，单身汉越来越多，贫困村庄失去了吸引力。

外出离婚的、30多岁不结婚的多，有100多个单身汉，2003~2004年，某村有20多户婆娘走了，也不离婚，女的好嫁出去，男的成问题。该村700~800户人口，一年只有2~3户人结婚，小伙子们生的好，有高中文凭，又聪明，就是找不到媳妇。

离婚的去年有3对，前几年是两三对，不超过5对，今年偏高，到目前已离了5对，离婚的还是在外有事实婚姻的，男方、女方均差不多。某村是女的在外找了一个。至少让他们往民政局跑三四次，看见决心已定，才同意离，办手续。今年5对离婚，3对外出打工，一般一方外出打工，肯定外面有人。

广西某贫困村的年轻人集体去广州结成抢劫团伙，原因在于他们从电视上看到广州很发达，到了广州以后发现他们只能赚很少的钱，因此，他们转向抢劫发财。虽然不能由此断定贫困必然会带来社会问题，但是，由于贫富差距扩大，人口的流动以及信息传播，一些贫困者自然会更加意识到贫困无法接受，为了改变贫困，有一些人便会采取一些损害社会秩序的做法，带来了许多社会问题。

三　社会工作的缺位对农村反贫效率的影响

我们看到，一方面中国的农村贫困问题依然很严重，其社会影响相当深远，尤其会造成许多社会问题；另一方面，中国的农村反贫困措施力度在加大，但是，反贫效果并不理想，对解决贫困问题的作用颇受争议和质疑。也就是说，现实对国家的反贫工作有着强烈的期盼，不尽快解决农村贫困问题，就难以缩小中国的贫富差距，而贫富差距问题的严重性在当前仅次于腐败问题，反贫力度大并不意味着反贫效果必然好。那么，中国的扶贫工作如何开展，中国的贫困问题如何解决呢？这些问题都急迫地摆在政府的面前，成为中国社会亟须解决的问题。

反贫工作效果不佳的一个重要原因是决策和传递存在问题。反贫决策是一种自上而下的过程：高级决策部门派人到贫困地区调查一下，回去写个报告，然后决策者就依据这样的报告作出具体的反贫决定，而此类调查往往是走马观花式的，一般只听取基层干部的意见，而不去贫困人群中了解情况。当然有的时候连这样的调查都没有，仅仅靠决策者的想法作出决定。这样的决策显然反映不了贫困者的需求和声音，其结果是，有关反贫政策往往脱离实际，不可能符合当地的实情，出现了很多令人啼笑的问题，一些根本不适合当地的扶贫项目却落到当地，造成巨大的损失，也严重伤害了贫困人口参与扶贫项目的积极性和动力。比如某省在某贫困地区强行推广种植烟草项目，但是该地村民从来没有种植过烟草，而且当地的自然条件也不适合种烟草，但是上级政府却认为烟草项目有很大的经济效益，非要农民腾出土地种烟草，结果就可想而知了——不但烟草没有种成功，而且农民遭受更多的损害，反而加剧了他们的贫困程度，也大大地危害到政府的公信力。

与反贫决策直接相关的是反贫政策的传递问题，表现为信息不透明以及专业化程度不够。贫困人群大多是文盲或半文盲，文化教育水平低，他们看不懂文件，更重要的是，没有人向他们传递相关的政策内容，很多优惠政策和措施都不为他们所知晓。在实地调查中，我们多次问贫困人群，他们究竟知道哪些反贫政策，大多是说有低保政策，其他政策基本上不知道。这几年国家或者省级政府对农村贫困地区制定了不少扶贫政策，其中就有农业种植和养殖政策，但是，真正知道这些政策的农村贫困者寥寥无几，那些知道者往往都是与干部关系密切的，或者是干部的亲戚。既然不知道有关政策，他们也就不可能分享到这些政策。另一种传递问题就是强行推广，不论贫困人群是否愿意，都要去参与，正如上面所指的烟草项目。强行推广的手段各种各样，比如不参加，那么低保资格会被取消，或者其他一些救助好处就会没有，或者以后不会获得救助等，更严厉的做法就是断水断电等。强行推广，会带来很多危害：贫困人群对干部的负面评价；消极被动参加，不会去好好地经营，也不会认真地去学习有关管理知识和种植养殖技能；他们会把所有可能出现的问题都归咎于政府。最有可能的结果是，项目没有搞成，贫困人群没有增收，更有可能受损，干群矛盾反而会增大，政府形象受到损害。

事实上，反贫是一个系统的、专业化的、需要贫困人群积极参与和配合的长期过程，不是短时间内通过某个项目的实施就能完成的。在这个过程中，首先要深入地调查和了解贫困人群的需求、能力和想法以及他们所处的社会结构和文化状态，只有在这样的基础上才能出台相应的反贫政策和措施，使得这些政策和措施具有针对性和可操作性，避免政策脱离贫困人群的实际需求和想法。当然在决策过程中，如果能与贫困人群一起对一些即将出台的政策进行讨论和协商，让他们了解到这个政策的目的和方向，也让决策者了解到贫困人群对政策的想法以及可能的执行和实施能力与条件，无疑会大大地增强扶贫政策的可行性和针对性。

有了这样的政策，并不等于贫困人群能享受到，这里需要有专业人士和组织向他们传递，包括信息的传递、项目执行的要求和相关知识及技能的传递等等。目前这些方面的工作基本上没有开展，连基本信息都没有得到很好的传递。

在这里，我们就自然想到社会工作的功能和角色。"到了今天的工业技术社会，许多社会问题的解决十分复杂，要求由受过严格训练的专业人员来提供人类福利服务。社会工作正是在这种背景下产生的。"（莫拉莱斯，2009：19）在中国这么轰轰烈烈的反贫行动中，社会工作的缺位是不可思议的，产生的影响是相当深远的。虽然我们不能说社会工作对解决反贫决策、政策传递以及贫困人口需求和参与动力的挖掘等方面的问题具有百分之百的贡献，但是，没有社会工作的介入，这些问题就不可能获得很好的解决。社会工作最早就是为了帮助解决包括贫困问题在内的社会问题，"社会工作之所以存在，是因为世界并不完美。社会工作者之所以服务于人们和改革社会制度就在于他们面对着这种不完善"（莫拉莱斯，2009：1）。社会工作诞生于美国，早在民国时期就被引进中国，就是为了推进救灾、慈善工作，乡村建设运动虽然不完全是对社会工作的自觉运用，但是，其中使用了很多社会工作知识和技巧，比如晏阳初在定县开展乡村建设，针对当时中国农村的"愚穷弱私"四大主要问题，提出了文艺教育、生计教育、卫生教育和公民教育，采用的方式是学校式、社会式和家庭式三种（林万亿，2006），这里就需要一些社会工作的技能和知识。卢作孚在重庆北碚开展乡村建设实验的宗旨是："目的不只是乡村教育方面，如何去改善或推进这乡村的教育事业；也不只是在救济方面，如何去救济这乡村里的穷困或灾变。"（凌耀伦、熊甫，1999）但是当时社会工作大多还是在城市中开展的："基本上，基督教会的社会服务是以城市为基础的。这与欧美社会工作早期也是城市慈善为主的工作是一致的。"虽然后来也关注到农村，但是由于"这些外来的专家并没有考虑到与农民一起工作的必要性，而只一味地埋怨中国农民的被动与无知，结果是各唱各的调"（林万亿，2006：172-173）。

1949年后，社会工作在很长一段时间内在中国大陆消匿了，直到20世纪90年代又重新浮现，其最大的背景原因是中国社会管理的创新和社会建设需求。但是，绝大部分社会工作都是以城市为对象，在城市开展实务工作，而进入农村的社会工作相当奇缺，尤其在农村反贫中开展社会工作实务的更少。据我们的调查，目前境外一些发展组织在中国农村从事扶贫工作，投入了社会工作者，国内有一些非营利组织也聘请了社会工作者参与扶贫工作，有个别组织的发起者本人就是社会工作者。一些大学在农村组建了社会工作基地，如2000年香港理工大学和云南大学在云南农村，2003年长沙民政学院在湖南省湘西农村和2008年在江西万载县农村，2010年中山大学在广州从化农村，2008年中国青年政治学院在四川省绵阳农村，开辟了社会工作基地，这些基地从事农村产业发展、疾病救助、养老和抗震救灾等社会工作。但是，这些在农村开展的社会工作，由于时间短，实务工作点比较少，没有形成可以借鉴的经验、方法、模式，没有涌现成熟的理论成果和实务经验。

尤其是，我们在对国家扶贫工作实践的调查中发现，迄今为止，还没有社会工作的影子。当前，政府扶贫着重于资金投入和产业发展，不太重视贫困人群的需求调查、政策传递以及相关的社会服务，所以，政府扶贫部门没有认识到社会工作在扶贫实践中的作用和价值。社会工作的缺位反过来进一步降低了政府扶贫实践的效率和效用。实际上，社会工作可以扮演反贫决策中的需求挖掘、信息传递和组织动员等角色，大大提升政府反贫的效率和效用，实现反贫的可持续性。

与此同时，社会工作作为相对独立的一方在政府反贫中发挥了很好的作用。当前政府在反贫工作中过多地使用行政手段，而忽视了与社会的合作，尤其忽视了如何利用社会工作组织去推进反贫工作。从理论上看，农村反贫的主体不应只有政府一个，而应由政府、社会、市场和个人或家庭四者构成,在这四者中,社会工作既可以作为社会的一部分参与,又可以发挥协调四者关系的作用。但是由于社会工作的缺位,这四者很难发挥合力的作用,事实是,政府太强势、社会太弱、市场太小、个人太散,结果是,政府在农村贫困地区推进产业扶贫,贫困人群或者积极性不高,或者担心市场风险太大而不敢参与,或者根本不知道相关的扶贫信息,或者因为被强势阶层所垄断而缺乏参与机会和渠道。在这种情况下,如果引进社会工作,就可以减轻政府的压力,形成合力,将市场信息进行汇总而形成市场网络,从而为产业扶贫提供坚实的社会基础和市场基础。某社会工作组织在贵州的一些村庄开展扶贫工作,取得了很好的效果,其经验值得借鉴。比如该组织筹集了10万元,在梵净山脚下的一个村庄,用于发展乡村旅游,首先由社会工作者在村民中进行沟通和动员,启发他们组织起来,然后在自组织中展开有关村庄发展旅游的讨论,制定规则,在此基础上,找出带头者,然后,带头者帮助其他家庭,形成规则,签订合约。10万元的启动经费,带动村庄整体参与乡村旅游的规划和发展,获得了很大的成功。

总而言之,社会工作在扶贫中至少具有以下几个功能。第一,政策的传递功能,即将国家相关的政策告诉贫困群体,让他们知道做什么可以获得政策的支持。第二,社会动员和整合的功能,即激发贫困人群的积极性和主动性,并帮助他们组织起来,形成社会合力。第三,需求导向的功能,即通过社会工作方法,挖掘贫困人群的需求,并向政府传递他们的需求,也可以向其他扶贫主体反映这些需求。第四,社会服务功能,即为贫困人群寻找他们急需的知识、技术支持,也可以为他们提供一些困难和问题解决办法等,改善他们与周围环境的关系等。这些功能都是当前中国农村反贫中急需但又非常欠缺的,它们可以促进反贫工作的可持续性,即通过外部的反贫资源投入和引导,提升贫困人口的自我发展能力,从而彻底解决贫困人群的发展问题,结束反贫行动。

四 发挥社会工作在农村反贫中的应有作用

当前中国农村更需要社会工作的介入和发挥作用,在农村反贫工作中重视社会工作的作用,显得非常急迫和重要。中央已经提出了要打造一支庞大的社会工作队伍,显示出对社会工作的重视,但是目前的社会工作发展还很不尽如人意，表现为社会工作专业化和职业化程度不够、各地政府对社会工作存在着严重的误解以及社会工作的人才培养水平不高等，这都限制了社会工作在中国社会建设中的影响和作用，也导致了社会工作在农村反贫中的缺位。现有国内关于农村反贫中的社会工作研究也非常缺乏，在知网上搜索，我们找不到相关的研究论文，有关农村社会工作的论文也就四篇，非常少，说明有关这方面的研究有待加强。从实践上看，社会工作到了从校园走向社会、从城市走向农村、更多的进入反贫领域的时候。在这里，国家应该发挥更大的作用，采取更多的政策和措施推进社会工作在国家反贫中的作用。

首先，国家要将社会工作作为农村反贫的重要内容，从经费和职业规划上给予强有力支持，给贫困地区乡镇和县专门增加社会工作的行政和事业编制。每个贫困乡镇都应配置社会工作者，乡镇和村干部应该接受社会工作知识和技能的培训，派一批社会工作硕士毕业生到贫困农村担任村官。

其次，国家要鼓励社会组织在农村扶贫中增加对社会工作的重视，给予那些雇用社会工作者的社会组织以政策和经费支持，还可以向社会组织购买社会工作服务，要求一些专业化的社会工作组织为农村反贫提供社会工作支持。

再次，在社会工作教育中加大农村社会工作方向人才的培养。目前各个院校在社会工作教育中对农村社会工作重视不够，一些社会工作系目前还没有农村社会工作这门课，这很不符合中国的现实需要。

又次，各级党校和行政学院要对干部增加农村社会工作的培训，对此中央要有明确的规定和要求。

最后，国家要鼓励有社会工作系的高校和社会工作组织在农村贫困地区推进社会工作实习和实验基地的创建与建设。

参考文献

林万亿，2006，《福利国家——历史比较的分析》，巨流图书公司。
凌耀伦、熊甫编，1999，《卢作孚文集》，北京大学出版社。
谢弗·莫拉莱斯主编，2009，《社会工作：一体多面的专业》，顾东辉等译，上海社会科学院出版社。

Scott Rozelle, Linxiu Zhang and Jikun Huang. 2000. "China's War Against Poverty", Working Paper No. 60, Center for Research on Economic Development and Policy Reform, Stanford University.

Shengen Fan, Linxiu Zhang and Xiaobo Zhang. 2001. "Growth Inequality, and Poverty in Rural China: The Role of Public Investment", Mimio, February.

World Bank. 2000. *China: Overcoming Rural Poverty*, Joint Report of the Leading Group for Poverty Reduction, UNDP and the World Bank Report No. 21105 - CHA.

World Bank. 2001. *Attacking Poverty*, Oxford University press.

从全球化视野定义社会服务组织中主管人员的领导与管理能力

William Waldman*

摘 要：在全球各地，有大量的文献描述了非政府社会福利组织的主管们所需的领导力和管理能力的范围与内容。本文总结了独特领导力的组成，区分了管理能力和领导力，识别了主管权力和权威的来源；接着检视了领导者的特殊技能、知识、能力与文化能力的作用，并且探索了他们将面对的不断变化的环境的挑战。

关键词：主管人员　领导　管理能力　全球化　社会服务组织

一　引言

世界上很多国家的非政府组织（NGOs）致力于改善公民的健康和社会福利，并呈现增长的趋势。这些组织集中于经济、教育和医疗领域，为高危险人群争取福利、保护弱势者、发展社区和为儿童与家庭提供直接服务。组织可能会在形式、结构、功能、文化、管理以及政府的监督和管理程度上有所不同，但是有效的管理和组织领导的能力是共通的。本文检视和描述了组织需要的各种能力，识别了主管对达成管理目标所需要使用的权力和权威的来源，作为领导力重要组成部分的情绪智力的概念以及面对的不

---

* William Waldman，美国罗格斯大学社会工作学院教授，本文翻译者为美国罗格斯大学社会工作学院硕士生陈宁。

断变化的文化与环境的挑战。

二 必要的领导和管理能力

在所有必要的能力中，管理为人类服务的组织需要一系列强大的智力、人际和专业技术能力。比如，智力能给组织提供明确的愿景，这对于战略性地思考和行动能力来说是很重要的；人际关系技巧激发组织各方共同完成任务；专业技术能力对成功地管理组织（如预算、财政、人力资源）来说是十分必要的。

领导力是能力的一种，它的重要程度在很多方面超越了其他能力。它是最复杂、最重要和首要的能力，是组织能否取得成功和在多变、富有挑战的环境中能否持续下去的最重要因素。由于环境和组织的复杂性以及一个人不可能全部拥有管理中必须具有的能力，所以管理者需意识到自己的优势和局限性。运用技能和自信去建立一个有全面管理能力的领导力团队，对组织的成功来说是最重要的，这是管理者领导力的重要组成部分，也是管理能力的关键部分。

一个成功的领导者必须具有创造、交流、解释、支持和锚定组织的愿景、使命与价值的能力，并将这些信念注入整个组织，为组织行动和活动提供指导。许多成功的跨国公司使用信条、愿景或者公司宗旨去定义本身存在的意义，什么价值是重要的，哪些是试图实现的和他们实现设定目标的方法。清晰的、良好的愿景和价值为组织提供了清晰的、一致的目的。领导必须锚定愿景并将这些信念注入整个组织，以便在各方面采取行动以及在做决定的时候能影响决定并指导方向。

一个领导者必须展现并推广正确行为，树立榜样，建立组织文化，接受专业、客户服务、员工参与和赋权的多重价值，在工作场所和客户基础上推广多样性。

领导者需有影响和刺激员工和更广泛的利益相关者，如捐助者、客户、监管组织、政府官员和其他能支持组织实现愿景的机构交流的能力。Lewis、Packard 和 Lewis 在《人力服务项目管理》一书中指出，领导者和管理者拥有可以达到目标的权力和权威的来源。职位权力是指依靠职位得到的权力和权威。一定职位的管理人员可以制定和实施公司政策，如员工雇佣和终止服务，根据员工的表现在职位权力的框架中给予员工不同的奖励和惩罚，并有权作出重要的战略决定。

奖励可能是物质上的，包括现金补偿、额外津贴、晋升、理想的工作任务、教育和培训的机会等等；也可能是精神上的，包括正面反馈、特别表彰和给予特权，这些都是管理者可使用的激励方法。制裁可能包括从口头谴责到解职处分，也可能是不予象征性的奖励和机会。

组织管理者的等级授予了职位权力和实行奖励或者制裁的权威。然而还有其他行使权力的来源，即个人在领导角色中拥有的知识、技能和能力。首先是信息和专业知识的力量。当一个人在组织中拥有很多专业知识成为唯一获得重要信息的人，而这些信息对组织成功有重要影响，这个人就会用这些个人特质去影响组织活动的进行，行使权力。第二个非组织赋予的权力和权威的来源是参照权力，这是一个榜样的权力。当组织的成员承认和尊重那个他们趋于模仿的人，并模仿那个领导者的行为时，这个领导者便可利用个人特质去激励、指导公司其他成员。

成功的领导者会整合运用创造性的权力和权威资源，激发员工和其他利益相关者去完成非政府组织的任务，实现愿景与价值。Daniel Goleman 认为一个成功的领导者应具备的重要品质是拥有成熟的情绪智商，或者 EQ（不同于 IQ）。成熟的情绪智商包括自我认识、自我管理、社会认识和社会技能四个方面。情绪智商是独立的智商，它和技能不同，是很多成功领导者具备的品质。Goleman 接着描述了很多不同领导人的风格，包括拥有权威的、富有远见的，他认为关键的一点是成功的领导者知道何时以及如何有效地使用每一种领导风格。

Heifetz、Grashow 和 Linsky 在他们《适应领导力的实务》一书中对适应领导力做出了定义。他们指出有效的领导者使得组织在他们的领导下迅速适应变幻莫测的环境。经济、技术、社会、人口和其他迅速变化的宏观环境，这些威胁组织存在的因素使组织的职能不得不发生改变。在达尔文主义盛行的社会环境中，鼓励实验性和多样性的价值观是必不可少的。Packard 和 Lewis 阐释领导力是由三种管理能力所构成，第一种是在组织内部的管理能力，如人力资源管理，预算、财政和信息技术的管理；第二种管理能力集中于组织外部边缘，包括经济、筹款和建立专业组织与社区伙伴的关系；第三种管理能力介于上述两种能力之间，并在内部和外部环境中得到实践，这与策略、项目、商业计划和绩效管理相关。

三　内部管理能力

（一）人力资源管理

非政府组织绝大多数是劳动密集型而不是资本密集型组织。因此，它面临的最大挑战就是如何招揽、留住发展所需的劳动力以实现组织的目标和愿景。考虑到变化的节奏和不断提高的竞争力，有效的劳动力培训和专业的劳动力发展是至关重要的。多样性是组织成功适应社会的关键，管理必须着眼于员工、思想、方法和风格的多样性，这就需要创造和维持一个没有骚扰和歧视的工作环境，给予员工必要的培训和支持，以最大限度地发挥他们的创造力和生产力。最后，领导发展接班人的计划对确保组织持续和稳定是必要的，以应对组织中不可避免的人员流动。一个充满活力的领导培养机制，将有助于确保组织的成功和可持续。

（二）预算和财政

组织必须发展有效管理自己或者委托给其他人的物质资源的能力。也就是说有效的管理者必须严格制订和执行财政计划与预算，最大限度地利用资源实现组织目标。这就要求组织建立和施行一套强大的内部控制体系，充分利用可利用的资源。鉴于工作场所日益增加的诉讼以及对员工与相关利益者的安全性考量，管理者必须学习管理风险。这对保护组织财产，包括现金、房地产、设施和其他财产都很重要。非政府组织的资源要遵守东道国的规则和会计要求。这要求专业的第三方的审计达到政府设立的标准。最后，财政运行的透明度对维持相关利益者的信任和信心很重要，它有助于组织在做出艰难决定时获得支持与理解。

（三）信息技术管理

信息技术有四个特定的受众或使用地方，一个称职的领导人必须考虑如何使用信息技术。

第一个受众是顾客、客户或者NGO服务的接受者。很多大学都有在线的学位课程，通过网络可以为那些住在偏远地区的、身体不便的人提供医疗保健服务。现在教育、医疗服务的在线应用都在激增。NGO应有效利用

IT技术提高组织的服务能力，增加个人、家庭和社会服务的幸福感。

第二个受众是NGO的工作人员。信息技术的应用在不断发展，提高生产力已经深入到了劳动力各个层面。电子记录、新的通信方式和决策支持系统就是例子。

第三个可使用的地方是NGO的管理和关于组织情况、生产力、客户特性、服务地点和财务状况，以及影响NGO服务的新趋势与需求的即时信息系统。电子库存系统、人事管理和采购系统就是例子。

最后一个可使用的地方是可能对非政府组织服务有兴趣的公众、现有和潜在的捐赠者、潜在的员工等等。网络和社会媒体已经成为市场营销和筹款的强大的工具。

一个成功的管理者并不需要在NGO工作中具有全面的信息技术，但必须具有想象力，这是催化剂。一个称职的管理者必须了解如何运用策略、方法去应对所有受众的要求，并且能够有效地直接指导计划、收购，支持人事部门创造性的培训和维护一个健全系统的演变。这样的管理者需要有下列的能力：

- 为组织、项目和工作人员建立绩效标准
- 设立系统监测、评估和执行的标准程序
- 设计统一的正面与反面绩效奖罚方法
- 确立改进绩效的手段和方法
- 建立衡量组织管理机构或主管的绩效的标准

如果没有认可和奖励良好的绩效，没有处理和惩罚拙劣的绩效，组织最终将失败。

四 外部管理能力

（一）建立与专业人士、组织和社区的合作伙伴关系

大多数NGO需要与其他组织、团体、行业和社区的部门合作，以协调和建立伙伴关系来完成组织目标。不管目标是否涉及社区经济的发展、医疗保健、教育或人类服务，伙伴关系都可以帮助NGO的服务和影响结果。比如，很多个人和家庭需要不只一个组织或部门的服务。在人类服务领域，

很多个人和家庭遭受了双重的社会和健康问题。虐待儿童、药物滥用、精神疾病将会影响挣扎于失业和贫困的家庭。解决家庭问题可能需要公共部门和一些 NGO 提供服务。在这里 NGO 的功能是推广、设计和利用伙伴关系，以确保家庭能够及时接受到服务。

市场竞争是管理者需要识别和抓住的机遇，比如通过兼并、收购以及联合其他组织的形式在多变和有挑战的市场上获得成功。许多国家都在探索公共人群服务的私有化，并且从 NGO 中为公民购买服务，管理者需要理解这些活动的影响和机遇。

跨部门的伙伴包括公共和个人实体、NGOs、营利组织和宗教组织，伙伴关系对满足个人、家庭和社会的需求而言是一个重要的工具。有能力的领导者是建立伙伴关系的一个催化剂。

（二）市场营销和募款（Marketing and Fundraising）

在充满竞争的环境中，一个成功的组织必须建立一个"品牌"，以便在客户和社区服务中反映出优质、整体性和专业性。品牌是开启市场成功的钥匙，必须小心地建立并通过各种场合向客户、员工、捐赠者、政府监管部门、组织联盟及大部分公共部门有效地传播。有效地利用电子、视频和平面媒体是外部管理能力的一部分。

因此，成功的管理者必须具备建立和传播 NGO 的品牌的能力，以便组织能够吸引和保留最合意的员工、客户、捐赠者和伙伴，这是与筹募分不开的市场营销。捐赠者和政府提供的资源是基于已经建立的品牌的吸引力。

五 贯穿能力

（一）策略、项目和商业计划

面对挑战或者出现在组织环境中的机遇只能作出简单的反应，NGO 将不能生存。领导者必须仔细定位，并且主动地应对变化和选择干预措施来完成 NGO 的任务，开展与愿景相符合的活动。这些需要引导、指导和精心策划，检视内部和外部的运行环境，识别强项、弱项、机会和威胁，为未来的行动设计出完备的框架。商业计划需要把宽泛的策略优先转化成一系列有序的具体行动，为开展每一项行动确定责任实体及时间。

组织者需要有识别和计划的能力。他们需要有识别、收集和分析可靠数据的能力以及调整计划和活动的能力，尤其是当环境因素和已经成形的原计划都改变了。

（二）解决冲突

领导和管理 NGO 以及其他的组织，需要有解决不可避免的冲突的方法。这些冲突可能是内部基于资源分配的冲突、个人的行为表现与组织权威的冲突、政策和执行之间的冲突；也可能是组织与其他个体或者组织，为竞争客户、资源或者员工而形成的外部冲突。冲突可能包括以下几方面：

- 每个相关的当事人或团体的关注点都是合理的但是冲突的
- 冲突的解决可能会让组织承担未来的成本和支出
- 冲突的强度可能造成双方的关系疏远
- 有些冲突可能需要法律的干预来解决

冲突的解决很耗费时间和资源，但这也取决于组织的领导管理能力和解决冲突的方法，有能力的管理者能够诊断出冲突的根本原因，选择最合适的解决方法，把对问题的理解和感悟传达给每一位争论者，运用最少的资源，最有效地解决冲突。

六 成功的经理人持续关注的领域

除组织内部的管理外，经理人经常会被政府需求、客户关注、员工问题、预算困境、外部冲突和其他问题所困扰。成功的管理者必须有策略地管理他们自己的时间、找准努力方向和集中注意力。他们必须有按优先次序来解决所面对问题的能力——哪一个要提前解决，哪一个推后，哪些涉及核心问题，哪些可以委派和分配给其他人处理。有效的管理者可以运用多种方法并专注于组织的成功和发展的持续性。重点领域详列如下。

（一）公众

管理者需要确定对组织有重要影响的公众和利益相关者，应该仔细地分析以决定每一部分的重要程度以完成组织的任务，对很多 NGO 而言，这包括，但不仅限于：

- 接受服务的个人、家庭和社区
- 员工的组织和他们的代表工会
- 捐助者
- 规范或资助非政府组织的政府机构
- 专业服务机构的伙伴
- 竞争主体
- 公职人员和社区领袖

理解和回应利益相关者的需求是重要的。比如，顾客发现 NGO 的服务是值得的和有价值的，员工发现 NGO 是一个令人满意和充满意义的工作场所，捐赠者发现投资有巨大回报，政府官员发现了监管标准和良好的企业公民。这不仅能促进信任、理解和支持组织的发展，也对领导者的个人关系很重要。

（二）产品

一个强大的管理者需明确组织的产品及重要组成，在市场上的优势是什么，与其他相似的产品有什么不同。产品必须根据市场和客户的需求作出修改和调整。成功的 NGO 管理者的挑战在于在不损害任务、愿景和组织价值的情况下调整产品。

（三）地点

在现实和虚拟的地方（如网络）提供健康和社会服务是新的挑战。如果顾客或客户不能到达服务的提供地点，或者被诸如污名、成本或者文化因素所阻挠，NGO 便具有失败的风险。

边远地区常限制了服务的获得，组织可利用现今的科技在虚拟的地点提供服务，如内科医生透过网络来治疗边远地区的患者。领导者必须一直评估、分析和改变服务的地点，因为在快速变化的市场中，维持相关性和竞争力是很有必要的。

（四）推销

领导者需要推销他们的组织和服务，这些服务是要通过市场检验的。他们必须仔细评估策略和传播他们的品牌与服务。推销会花时间并产生成本，领导者必须仔细做出决定，划定最相关的人群，传达品牌的消息，并选择适合推销的场地。网站、媒体、印刷品、会谈、会议和开放参观都可以利用，但是必须根据不同人群进行调整。

（五）价格

投资的回报概念已经从利益部门延伸到NGO。必须广泛地考虑投资和回报，而不是仅仅专注于生产、分配和销售特殊产品，还必须考虑对家庭、个人和社区投入的时间与资金。例如，选择开展特定的活动，有一个"机会成本"，这意味着参与这个活动就不可能在同一时间参与其他活动，并与将来可能赚钱的机会错过。推广的经验表明，最有效的健康和人类服务的营销策略之一是建立个性化和人性化的品牌。高效的领导者必须致力于为NGO"建立人性化的品牌"，专注于已经能证明影响生活质量的服务，强调结果而不是强调手段和方法。比如，一个孩子的笑脸可能比方法或者技术更能说明有吸引力。

（六）绩效

之前描述的管理能力也必须包括NGO的执行能力。制定有效的策略来及时判断组织的绩效是必不可少的。注意绩效的趋势，快速诊断和扫除障碍，确定有效的方法以保持竞争力是必不可少的。为了提高员工的绩效，领导者必须善于激励人才，设定明确的预期。

绩效可以通过某些特定的产出和产品来测量，并且和已经建立的量化标准做比较。另一种绩效测量方法是根据国家认证的标准来衡量，这些标准是组织寻找认证及衡量绩效的准则。收到该认证意味着优质的服务和组织在客户、高级员工和境外资金方面具有竞争力。在美国，医疗保健机构评审联合委员会认证符合标准的医疗机构，评审委员会为儿童家庭提供服务认证的审查，康复设施评审委员会认证为残疾人士提供服务的机构。

成功的领导者不仅专注于在NGO的表现，也需要注意供应商、转包商、伙伴和竞争组织的表现。领导者必须迅速采取措施，以保证绩效符合预期的标准。

七　文化竞争力势在必行

经济全球化、移民和多样性同样也会影响 NGO 提供医疗和社会服务。这些组织必须开展多样性的服务，针对不同文化和语言能力的受助者提供不同类型的服务与产品。除非全球化、移民和多样性问题被理解与处理，否则再周到的服务也有可能被视为负面的。

文化能力已经超越了对不同传统文化的尊重，只有对不同的文化和语言有所理解，才能对产品和服务进行准确定位，增加产品和服务的接受与利用程度。

有很多提升领导者和管理者组织文化能力的方法，包括给员工提供系统的培训以减少语言和文化的障碍，使他们能更有效地提供服务。完善的培训可以提升对特定产品和服务的设计能力，也可以优化针对目标群体服务的策略。

另一个方法是组织劳动力多样化，以便体现出客户的多样性。雇用不同文化背景的合格的员工，评估他们的文化专长，让他们参加设计和提供服务是一个很有效的方法，并且给未来的申请者传递了信息：他们的种族、民族或者组织是被接受的，他们将受到欢迎。

最后，组织应主动与少数群体联络及互动，运用正面的方式开展一场能够找到共同点，提供服务的对话。

八　领导和管理的生态

随着时间的推移，为了能获得成功，领导者和管理者必须了解组织中的动力，具有使组织快速适应变化的能力。改变是必然的，不能够适应变化的组织可能会失败。下面列出了一些影响 NGO 的因素。

（一）政治和政策环境

在每个国家，NGO 的角色和功能，医疗服务的种类和应该给予哪种社会服务资助，这些都随着政治和政策环境的改变而转变。成功的组织必须预期这些可能的变化，并提出对策，而不是等到变化已产生，再来想应对的方式。提出对策并不是要改变组织的宗旨与目标，而是达到这些目标的方法要有所改变。

（二）社会服务市场

社会服务市场包括政府、营利组织和非营利组织，它们已经在发达国家和发展中国家充满了竞争。在许多情况下，一个部门和一个组织垄断某一服务市场的传统已经被打破。组织在资源、员工和客户中激烈竞争。政府在采购过程中，根据价格、能力和预期的服务质量，通过竞标的方式来驱动竞争。还有基金会，尤其在美国，现在采用新的手段来组织和提供融资服务，资助已经从简单的普通的活动，演变成高度结构化的产品。

市场的竞争因政府发行"使用券"而进一步加剧。案主可使用具有固定货币价值的"使用券"，选择特别的组织以获得服务。提供服务的组织再向政府申报、领取与"使用券"等价的货币。在这种情况下，消费者的选择大大加剧了竞争。另一种形式的服务适用于政府或其他买方拟购买的一系列广泛的服务，如医疗保健。具体做法是：与保险公司商定合同，包括定义保险的相关实体、符合条件的受助人、护理标准、方法和报销水平。保险合同必须保证受助者获得他们应得的服务，避免不必要的低效或无效的护理。服务提供商可能会按单位或者人头，而不是按照受助人所需要得到的服务内容来接受固定资助。所以，服务提供商有财政风险，如果护理的总成本超过实际补助金额，便会亏损。相反，如果补助多于成本，便会有利润。

最后，在某些境况下，当绩效达到一定水平，或者组织提供的医疗/社会服务实现了预期目标，资助机构才会支付款项给服务提供商。如果没有完成绩效，即使实现了预定目标，所产生的费用也可能不予报销。比如，帮助就业计划，资助者可能要求根据实际就业人数来支付资助金额，而不是根据参与接受培训计划的人数来付款。

（三）经济

环境对 NGO 参与提供社会和医疗服务有巨大影响，最明显和深远的影响是当经济不好时，政府和私人慈善机构会减少对 NGO 的经济援助。很多 NGO 没有财政支持，已经停止服务或倒闭，或者在困难地选择——"以较少的钱做同样的事",还是减少服务。与此同时,对服务的需求却在大幅度上升,如失业率居高不下、房地产泡沫破裂和全球市场变化催生了新的贫困市民阶层,他们转而向 NGO 求助。

在美国,医疗保险和养老保险经常由雇主负担。这些不断增加的成本已经使 NGO 组织改变或减少了服务的提供。在这方面,过多的成本影响组织在全球范围内提供商品和服务的竞争力。最后,经济水平限制了雇员的更替,使得高级员工推迟退休,这抑制了培养未来管理者和领导者的接班计划,也限制了组织增加其员工多样性以满足不断变化的服务人群、家庭和社区的需求的努力。

(四) 改变的人口特征

预期寿命的延长是全球都在经历的人口变化,再加上出生率的下降,这些变化推翻了许多国家社会安全网的精算假设,造成社会安全网的财政危机,尤其是那些和医疗及退休福利相关的项目。

另一个人口改变因素和家庭有关。在很多国家,主要家庭类型包括单亲家庭和双亲家庭,由于父母的薪水停滞不增,可能去更远的地方工作,工作时间更长,必须省钱去购买很多东西,比如房子、汽车和高等教育,所以 NGO 可能面对更多有压力、经济不稳定和选择有限的家庭。

(五) 劳动力问题

劳动市场已经改变,NGO 的劳动力和其他组织的劳动力一样也有很大改变。其中一个是在 NGO 雇佣体系中,可能有更多的妇女、少数民族和残疾人。另外,不同时代的员工对工作的态度和价值观也在改变。婴儿潮时期出生的人和年轻员工有着不同的忠诚度、承诺、职业观以及在工作和家庭间寻求平衡的方法。

领导者面临的挑战是创造和培育可以接受差异的工作环境,利用拥有不同背景和生活经验的员工的创造力。营造没有骚扰和歧视的环境,支持和重视多样性是需要额外努力的。

(六) 服务趋势

许多 NGO 的普适价值是设计和提供服务,赋权受助人选择服务。此外,很多国家都倡导在最合适的环境中为个人提供服务。对许多人来说,这是减少对机构护理的依赖，比如对老年人、精神病患者、发育障碍及情绪失常的年轻人提供在社区治疗的服务。这类服务即通过个案管理提供个性化服务，是指一个训练有素的专业工作者和案主一起合作，制订一套适合个体和家庭独特需要的服务计划，最后，政府和其他资助者在决定提供服务前，收集资料，以确定所提供的服务切实可行。

（七）信息技术的应用

信息技术为 NGO 服务的提供带来了巨大的变革力量。之前提到，信息技术的应用在服务客户、支持员工和帮助管理上有巨大的潜力。今天，在很多地方，服务能够通过网络到达；医疗保健可通过远程光纤电缆进行；残疾人和其他个体使用微芯片，其中包括记录服务和信息的"智能卡"；管理者利用生物成像技术和人工智能以保证程序的完整性和防止欺诈，员工使用决策支持系统去管理和分析个案材料；领导者和管理者使用"管理仪表盘"或系统提供即时的数据来呈现组织各方面的性能与状态。

九 总结

显然，在世界上的很多国家，致力于提供健康和人类服务的 NGO 数量在激增。这种现象在一些国家是由于政府为满足公民的需要，而将一些服务私有化。各国 NGO 的具体作用、结构、监管和治理都不相同，但是都需要健全的管理和领导，以在变化多端的环境中生存。组织的领导者必须具有本文介绍的各项必需的能力。

随着时代的变迁，组织的管理和领导需求是会改变的。组织中需要不同的能力，组织在刚刚起步的时候，所需的能力和那些需要变革的组织或者在稳定环境中的组织是不同的。组织需要有可持续的领导，可透过接班计划来培育未来的领导者，同时提供培训来帮助员工成长和发展。领导和管理能力的结合是支持 NGO 实现自己使命和愿景必不可少的因素。

参考文献

Edwards, L. & Yankee, J. 2006. *Effectively Managing Nonprofit Organizations*. Washington, DC:

NASW Press.

Fisher, E. 2009. "Motivation and Leadership in Social Work Management: A Review of Theories and Related Studies". *Administration in Social Work* 33 (4): 346–367.

Flores, J., Rouse, R. & Schuttler, R. 2011. "Red, Yellow or Green: Which Kind of Leader are You?" *Nonprofit World* 29 (2): 16–17.

Glasrud, B. 2008. "What's the Future of Nonprofit Leadership?". *Nonprofit World* 26 (3): 9.

Goleman, D. 2011. *Leadership: The Power of Emotional Intelligence.* Northampton, Mass: More Than Sound, LLC.

Golensky, M. 2011. *Strategic Leadership and Management in Nonprofit Organizations.* Chicago: Lyceum.

Heifetz, R., Grashow, A. & Linsky, M. 2009. *The Practice of Adaptive Leadership: Tools and Tactics for Changing Your Organization and the World.* Boston: Harvard Business Review Press.

Hickman, E. (Ed.) 2010. *Leading Organizations: Perspectives for a New Era.* Thousand Oaks: CA: Sage Publications.

Lewis, J., Lewis, M., Packard, T. & Souflee, F. 2007. *Management of Human Services Programs.* Belmont, CA: Brooks/Cole.

Tichy, Noel M. with Cohen, E. 1997. *The Leadership Engine: How Winning Companies Build Leaders at Every Corporate Level.* New York: Harper Business.

Wimpfheimer, S. 1996. "Leadership and Management Competencies Defined by Practicing Social Work Managers: An Overview of Standards Developed by the National Network for Social Work Managers." *Administration in Social Work* 28 (1): 45–56.

草根组织和慈善部门在灾难救援中的领导角色:中国和美国的比较

Ronald Quincy, Rachel Ludeke, Sidney Battle, 易思来*

摘 要:这篇文章概述了草根组织的作用,包括它们理解和满足社区需求的能力,以及在灾害回应和救助中的角色。我们将探讨美国和中国救灾工作的情况,检视这两个国家在过去是如何管理它们的救灾工作的。这篇文章也评估了草根组织救灾的国际化。通过社区专门从事救灾工作的草根组织,社区将更好地评估并有效地应对灾害。

关键词:草根组织(GROs) 慈善 美国 中国 灾难救援

一 美国草根组织概览

草根组织是指那些具有地方性、高度自主性、自发性、正式性的志愿者组成的彰显高度利他主义的非营利性团体(Bothwell, 2002)。它们也被称为"基层团体""人民组织""倡导团体"或"地方组织"。关于草根组织的界定有很多种,但有一共通之处,即草根组织是改善其社区发展的会员性组织。草根组织的概念相当新颖,实际上,这类组织是从传统组织和

---

* Ronald Quincy,罗格斯大学社会工作学院非营利管理与治理中心主任;Rachel Ludeke, Sidney Battle,易思来,罗格斯大学社会工作学院非营利管理与治理中心研究员。本文翻译者为美国罗格斯大学社会工作学院博士生卢霜和硕士生陈宁。

社区集体（如村委会、社团及其他社区集体组织）中演化而来的。一般非营利组织的领导层和服务对象之间关系较为疏远，草根组织往往不同于这些全国或地方性组织，它更多的成立于社区内部，更加具有地方性及社区参与性，更能吸引政府和慈善资金（Uphoff，1993）。

随着社区需求的变化，美国草根组织不断调整其关注领域。Andrews 和 Edwards 曾指出倡导团体（草根组织的别称）经常受到社会运动（民权、劳动权及妇女参政权运动等）的影响（Andrews & Edwards，2004）。它对社会运动的呼吁往往侧重于吸纳更多有志之士加入组织。不同于非营利组织以宏观效益为本（如会员费、参与程度等），草根组织通常注重以人为本，允许不同程度的参与和投入。草根组织的高社区参与度和众多的成员，无疑能够最为有效地传播信息。

二 美国草根组织的灾难救援工作

与全国约 200 万个雇用受薪员工的非营利组织相比，美国现有 750 多万草根组织（Bothwell，2002）。草根组织的发展往往与社会资本或既定社区内人们的社会关系网络相联系。Dynes 提出，草根组织的发展依赖于公民角色的扩展，尤其在灾难的善后工作中。不同于正常时期，公民的预期角色在灾害发生时有所改变，因为灾害会"产生未知的问题，并向居民提供产生更强烈社区认同的机会"（Dynes，2006：5）。此时，由于支持与保护社区的义务和责任感受到威胁，平日里疏于社区参与的普通居民会转变为灾难救援中的积极参与者。换句话说，社区越强大，其行动资源就越丰富。

灾害流行病学研究中心（The Centre for Research on the Epidemiology of Disasters）和世界卫生组织指出，在过去的十年中，中美两国均被列入自然灾害频发的国家的前五名。灾害流行病学研究中心把"灾害"定义为"超出当地能力、需要国家或国际层面的外部援助的情况或事件；无法预知、多为突发性、造成巨大损失及人类苦难的事件"（Guha - Sapir, Vos, Below, & Ponserre, 2012：7）。表 1 列出了灾害及其子群，值得一提的是，灾害流行病学研究中心也将生物性流行病列为灾害的一部分。

表1 灾害子群定义与分类

灾害子群	定义	灾害主要类型
地球物理	由地球自身变化引发的事件	地震、火山、块体运动（干性）
气象	由短暂性或小到中尺度大气运动（几分钟至几天）引发的事件	暴风雨、飓风
水文	由日常水循环偏差或风象引起的水体溢出所引发的事件	洪水、块体运动（湿性）
气候	由长期性或中到大尺度大气运动（季节内至多年代际气候变化）引发的事件	极端温度、干旱、森林火灾
生物	由生物体接触细菌及有毒物质所引起的灾难	传染病、虫害、动物踩踏

资料来源：灾害流行病学研究中心（CRED）＆世界卫生组织（WHO），年度灾害统计概览，2012。

据灾害流行病学研究中心报告，在过去十年中，美国经历了一系列毁灭性灾害，促使灾难救援工作有所发展并进一步提高。通过当地社区，受表1列出的各类灾害影响的个人得以最大限度地获得有效支持。

在多数救灾工作中，社区的响应遵循一种名为刺激－反应的可预测模型（Dodds & Nuehring，1996）。在刺激－反应模型中，"压力源"是指"产生和作用于目标系统的物理和社会环境"中的外部事件或条件（Dodds & Nuehring，1996：34），这些压力源会导致目标社区中产生持久性的压力，以及对他人帮助的需要。刺激－反应模型的回应机制侧重于压力源对个人、社区、组织及其他可能被影响者的影响。在人为灾害和自然灾害中，社区组织经常努力重建社区以及重新调整其注意力，从而使其免受继发灾害所带来的影响。无论是地方性还是中央性，社区性还是全国性的灾难救援工作，其目的都在于应对最初的压力源（如灾难事件本身），以及避免社区整体受到灾后余波的影响。由于草根组织大多以社区为基础，它们往往最先响应社区需求。

三 卡特里娜飓风：灾难救援响应个案研究

专业性的灾难救援草根组织经常创建于灾害发生时，源自帮助他人的强大责任意识。例如，2005年卡特里娜飓风的灾后工作突显了草根组织在灾难救援中的关键作用。联邦应急管理署（FEMA）无法正确估量当地居民受风暴影响的程度，明显体现出政府对于近乎被摧毁的新奥尔良市的反应失灵。Bier 指出，在基础设施基本被飓风摧毁的新奥尔良市，政府没有正确评估受灾最严重社区的需求。相反的，当地社区提供了及时、有效的救援。另一方面，在灾后 72 小时中，由于缺乏对当地需求的认识，联邦组织和美国红十字会等非政府组织（NGOs）无法组织进行有效应对。当联邦应急管理署最终有所行动以确保未及时撤离人员的安全和健康时，这些行动已经太迟、太微不足道了（Bier，2006）。

鉴于政府提供的帮助迟缓，草根组织开始承担起更多的责任，并能够为居民提供食物、水以及必要时的避难所。居民开始厌倦联邦应急管理署对其社区的重建复苏规划，于是草根组织"邻里规划网络"（Neighborhoods' Planning Network，NPN）应运而生。该组织的唯一目的是在全市范围内构建一个集体性、包容性的架构，使社区团体得以指导新奥尔良市的规划决策（Pyles，2007）。在联邦应急管理署支持下的新奥尔良市社区支持基金会（NOCSF）的社区规划过程中，团体力量的影响得到了显著体现。NPN 成员包括 200 多个社区团体、50 个非营利社区机构以及 30 多座教堂，它的活动充分体现了草根组织是如何提升社区居民的参与度的。

与非营利组织或同类政府机构相比，草根组织虽然规模小，但它们经常被请求协助参与社区恢复工作。表 2 总结了草根组织在灾时和灾后所扮演的角色。

表 2 草根组织在自然灾害发生时和灾后的作用

角 色	责 任
第一反应者	交流，救援/补给，公共服务需求评估，动员
救 援 者	交流，持续供给链，动员
恢 复 者	交流，计划，倡导
重 建 者	战略规划，协同监管，倡导

资料来源：罗格斯大学社会工作学院非营利管理与治理中心，2012。

通过扮演表中所列的角色，草根组织向受灾群众提供实地救助与服务。Carafano、Marshall 和 Hammond 进一步发现这些社区组织经常在灾害尚未发生时培育社区应对灾害的能力（Carafano，Marshall & Hammond，2007）。例如，草根组织引导教育整个社区在飓风、龙卷风或其他灾害肆虐时应如何应对，从而使社区成为第一反应者。可以肯定地说，大多数灾害发生后的

72小时内最为关键。在这个阶段，致命性的疾病和损伤必须得到遏制，同时必须提供避难所和水以尽量减少死亡几率。美国草根组织为受灾社区提供实地支持的事例向其他国家展示了如何更好地组织社区资源以成功进行灾后应对。

四 中国对国际灾难救援工作的启示

过去三十年中，中国作为一个快速经济增长体受到世界关注，在经历了一系列社会政治改革以及政策变化后，人们在公民社会中的作用受到影响。在中国，公民社会的发展影响着经济及社会福利的发展、非营利组织和社会组织的发展及合法化，以及慈善组织的成长（Da-hua，2004）。另一方面，20世纪以来不断增多的灾难经历，使帮助困难群众的草根组织和慈善组织正在飞速发展。过去十年中，美国和中国都经历了数量不断增多的自然灾害，都属于自然灾害最频发地区，同时都因灾后社区重建工作而遭受沉重的经济压力。

在中国，最具破坏性、造成数百万人死亡的自然灾害是洪灾。自1988年以来，灾害流行病学研究中心（CRED）、世界生组织（WHO）和美国国际发展署海外灾难救援办公室（USAID/OFDA）共同建立了一个名为EM-DAT的全球灾难数据库，该数据库不仅记录全球发生的灾难数量，也记录这些灾难对所在国家的影响。这些发布的数据来自包括联合国、非政府组织、保险公司、研究机构和通讯社在内的众多方面，并确定了既有灾难为受灾国家带来的总体经济损失（Guha-Sapir, Vos, Below & Ponserre, 2012）。表3列出了过去十年中国遭受的重大破坏性自然灾害的数量及灾后清理与重建工作产生的经济损耗（以美元计）。

表3　1900~2013年间中国前10大自然灾害（以经济损失为序）

灾害	日期（月/日/年）	经济损失（美元）
地震	5/12/2008	85000000
洪灾	7/1/1998	30000000
极端温度	1/10/2008	21100000
洪灾	5/29/2008	18000000

续表

灾　害	日期（月/日/年）	经济损失（美元）
旱　灾	1994年1月	13755200
洪　灾	6/30/1996	12600000
洪　灾	6/23/2009	8100000
洪　灾	6/23/2003	7890000
洪　灾	6/1/1991	7500000
洪　灾	5/15/1995	6720000

资料来源：EM－DAT：OFDA/CRED 国际灾难数据库，www.emdat.be，比利时鲁汶大学。

2008年，中国四川省汶川县发生了8.0级的大地震，超过87000人死于这场地震，造成价值8451亿人民币（约为1237亿美金）的经济损失（Gao, Faff & Navissi, 2012）。作为回应，慈善组织和企业为救灾工作提供了大量捐赠，但仅极少数非政府组织能够真正参与到救援恢复工作中。不幸的是，中国有1/3的地区属于地震高风险区，每年都有可能发生一次大地震。因此，慈善组织的一个重要角色就是灾难救援草根组织的潜在资助者。在2008年汶川地震中，广大草根组织积极参与灾难救援与灾后重建工作，创造了许多优秀的援助项目。然而，由于中国政府出台的一些相对保守的规章条例不允许社区草根组织等未授权组织申请或接受公共资助，草根组织的救灾效果在某种程度上受到了限制（Menefee & Nordtveit, 2012）。

由于政府在草根组织资金上的一系列限制，灾难救援的服务与需求之间存在明显的差距。汶川地震后，尽管中国政府在运用官办非政府组织（government-operated NGOs）进行灾难援助上获得了其他国家的高度肯定，但仍有很多需求未被满足。具体说来，官办非政府组织侧重于受灾地区的重建，但并没有借此机会对成人进行救灾教育。由于其仅仅关注灾后援助，忽略灾前准备，很多市民缺乏有效应对未来灾害的关键知识（Fayong, 2008）。

正如美国联邦应急管理局所言，中国有发达的预防、救灾和灾民迁移的应急管理体系，但与新奥尔良市卡特里娜飓风中所呈现的问题一样，中国预防和支持灾区抗震救灾工作的机制仍有很多地方有待改善。Ang指出，尽管中国正在向建立正式的应急管理体系积极迈进，但是很多重点放在了灾后救助而不是灾前预防上；并且"对社会危机的预防感非常微弱，人们的自救意识和自助能力较弱，缺少灾难应急的基本准则和技能"（Ang，2010：2403）。尽管中国有一些用于灾难援助与预防的必要手段，但简化这些方法仍存在问题，图1展示了对中国应急管理工作的建议架构。

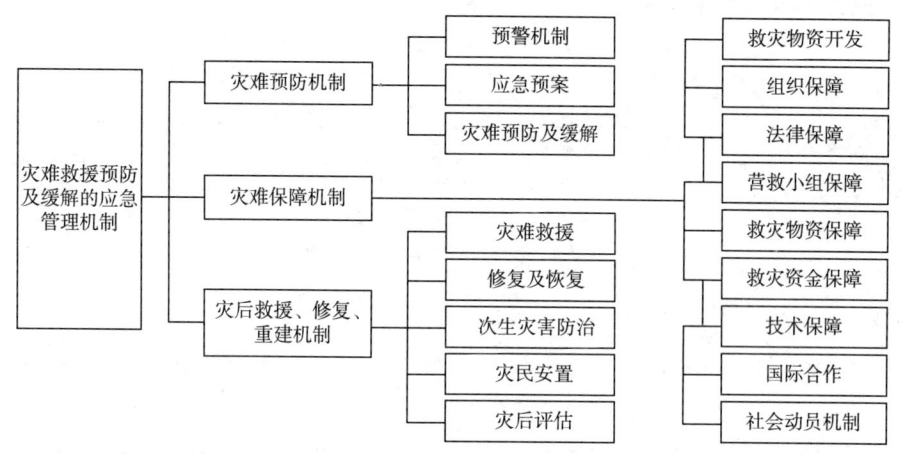

```
灾难救援预防           灾难预防机制 ─┬─ 预警机制           救灾物资开发
及缓解的应急                         ├─ 应急预案           组织保障
管理机制                             └─ 灾难预防及缓解     法律保障

                    灾难保障机制                          营救小组保障
                                                          救灾物资保障
                    灾后救援、修复、─┬─ 灾难救援           救灾资金保障
                    重建机制         ├─ 修复及恢复         技术保障
                                     ├─ 次生灾害防治       国际合作
                                     ├─ 灾民安置           社会动员机制
                                     └─ 灾后评估
```

图1　灾难预防及缓解的应急管理机制架构
资料来源：Ang, H., 2010。

尽管中国公民社会和社区组织在政府制约下仍稳步发展，但它们还需要更多改革，以使其不仅着眼于救灾，更注意灾害的预防。在灾难援助工作中，慈善家的作用应包括灾前提供培训资金及通讯设备资金，以便进行一定的准备。另外，慈善家应为社区提供一笔应急基金，在应对突发灾难时使用。最后，慈善家可为最佳实践、评估和测量成果提供资金。许多草根组织一直感到它们没有得到基金会足够的支持，它们认为，扩大基金会对草根组织的资助既是草根组织的责任，也是基金会的责任。然而，基金会对此却持不同观点（Menefee & Nordveit，2012）。

五　灾难援助中草根组织的作用：对决策者的启示

（一）灾难援助模型

罗格斯大学社会工作学院非营利管理与治理中心参与过大量的救灾工作，其中包括在海地的研究和人道主义的援助工作，以及最近在新泽西州桑迪飓风中的协助工作。很明显，中、美两国的中央和地方政府需要在灾难援助、恢复和重建阶段扮演越来越重要的角色。图2描述了目前中、美两国的灾难善后模型（Disaster Aftermath Model），它详细介绍了对灾难的最初反应（响应）以及随后的救援、恢复和重建；同时大型相关非营利组织和草根组织也应参与其中，因为草根组织与受灾害影响社区联系紧密，很可能成为灾难援助中的最先回应者之一。

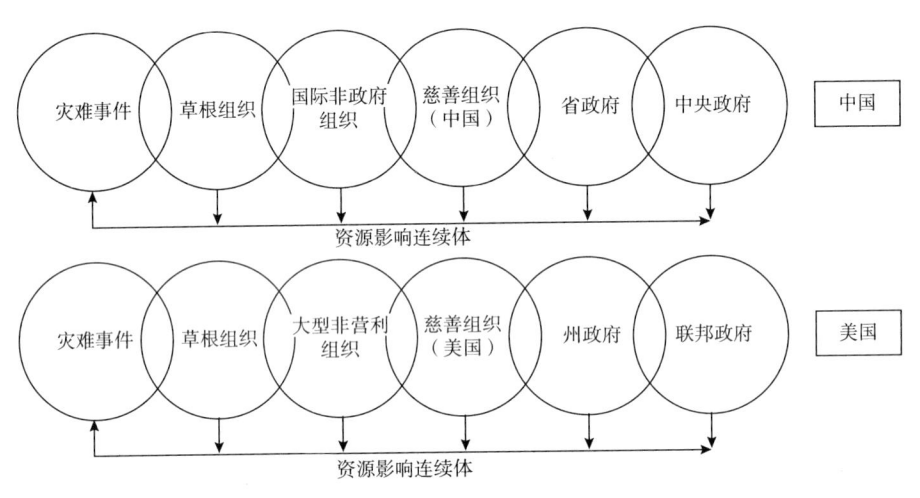

图 2　美国与中国的灾害应对

资料来源：罗格斯大学社会工作学院非营利管理与治理中心，2012。

（二）对中国决策者的启示

随着中国社区草根组织带来的不断增强的公民能力，当公众对官办非政府组织社区灾难救援工作效果不满意时，政府有必要认识到运用社会资本和集体行动的潜力与优势。发展社区社会资本能使大众产生一种帮助和保护那些受灾难影响的人的责任感。简而言之，社会资本引导着社区草根组织的灾难救援动员工作。以下提出了一些建议，供中国政府官员制订灾难救援及预防计划时参考。

（1）草根组织在灾难应对、救援、恢复和重建的过程中扮演着重要角色。因此，它们应该成为所有灾难预防计划中的积极合作者。

（2）应该动员草根组织并提供必要资源以使其投入救援工作。在这一点上，政府应加大对草根组织的资助，并提供必要的政策支持。

（3）慈善组织应与草根组织建立良好的合作关系，注重听取关于资助灾难援助项目的建议与意见。

（4）慈善组织应建立专项"草根组织灾害战略基金"，为各阶段的灾难援助工作提供资金。

（5）草根组织应意识到制度建设的重要性，关注灾前预防工作是保持组织长期稳定发展的一大重要因素。

（6）草根组织需要加强自身建设，提高合作能力与资格。不仅要与政府共同构建长期有效的合作机制，也要注重草根组织之间的交流与合作。

（7）在完善防灾抗灾相关的法律制度过程中，需要明确草根组织在灾难援助中的角色、责任、权利和义务，以保障其参与灾难救援的合法性、有效性。

参考文献

Andrews, K., Edwards, B. 2004. "Advocacy Organizations in the US Political Process." *Annual Review of Sociology* 30: 476 – 506.

Ang, H. 2010. "China's Emergency Management Mechanisms for Disaster Prevention and Mitigation." IEEE Computer Society: 2010 International Conference on E – business and E – Government 2403 – 2407.

Bier, V. 2006. "Hurricane Katrina as a Bureaucratic Nightmare." In Daniels, R. J., Kettl, D. F., Kunreuther, H. (Eds.) *On Risk and Disaster: Lessons from Hurricane Katrina.* Philadelphia: University of Pennsylvania Press, pp. 243 – 254.

Bothwell, R. O. 2002. "Foundation Funding of Grassroots Organisations." *International Journal of Nonprofit and Voluntary Sector* 7 (4): 382 – 392.

Carafano, J. J., Marshall, J. A., Hammond, L. C. 2007. "Grassroots Disaster Response: Harnessing the Capabilities of Communities." *Backgrounder*: 2 – 11.

Da – hua, D. Y. 2004. "Civil Society as An Analytic Lens for Contemporary China." *China: An International Journal*, 2 (1): 1 – 27.

Dodds, S., Nuehring, E. 1996. "A Primer for Social Work Disaster on Disaster." In Streeter, C. L., Murty, S. A. (Eds.) *Research on Social Work.* New York: Haworth Press, pp. 27 – 56.

Dynes, R. R. 2006. "Social Capital: Dealing with Community Emergencies." *Homeland Security Affairs* 2 (2): 1 – 21.

Fayong, S. 2008. "Social Capital at Work: The Dyanamics and Consequences of Grassroots Movements in Urban China." *Critical Asian Studies* 40 (2): 233–262.

Gao, F., Faff, R., Navissi, F. 2012. "Corporate Philanthropy: Insights from the 2008 Wenchuan Earthquake in China." *Pacific – Basin Finance Journal* 20: 363–377.

Guha – Sapir, D., Vos. F., Below, R. with Ponserre, S. 2012. *Annual Disaster Statistical Review* 2011: *The Numbers and Trends.* Brussels: CRED.

Menefee, T., Nordtveit, B. H. 2012. "Disaster, Civil Society and Education in China: A Case Study of An Independent Non – government Organization Working in the Aftermath of the Wenchuan Earthquake." *International Journal of Educational Development* 32: 600–607.

Pyles, L. 2007. "Community Organizing for Post – disaster Social Development: Locating Social work." *International Social Work* 50 (3): 321–333.

Uphoff, N. 1993. "Grassroots Organizations and NGOs in Rural Development: Opportunities with Diminishing States and Expanding Markets." *World Development* 21 (4): 607–622.

学用结合的困境：社会工作教育与就业问题初探

潘 屹[*]

摘 要：本文检视了促进社会工作发展的人才队伍建设、专业人才教育和人才使用三个方面的政策与贯彻。分析发现：在社会工作人才队伍建设的政策框架体系，社会工作教育领域的专业社工人员的培育有了长足进步，但社会工作专业毕业生绝大多数却转业流失。造成这种现象的关键问题是社会工作者的定岗、定位、待遇、发展和作用发挥问题都没有很好地解决。因此，需要在社会工作人才使用这个最后环节有所加强，以保证社会工作人才队伍建设的有效性，推动社会服务与社会建设。各级政府需要完善社会工作机制，制定和落实社会工作专业人才有关岗位、职责、薪金等方面的政策。

关键词：社工教育 社工人才 社工毕业生 社工就业

有关中国社会工作发展人才队伍建设的方针、社会工作教育的实施和社会工作人才的使用等一系列政策在最近10年得到了实质性的推进。但是，社会工作毕业生离校后，大都没有选择社会工作专业。当国家在大力推进社会建设，关注民生，构建和谐社会的时候，为什么被重视的社会工作专业人才流失？我们需要在社会工作人才队伍建设的政策、社会工作教育的实施和人才使用等三个方面去检视。

---

[*] 潘屹，中国社会科学院社会学研究所社会政策研究室副研究员。

一 社会工作教育的发展现状

（一）社会工作专业化建设政策稳步出台，不断出新

20世纪20年代燕京大学社会学和社会服务系成立，标志着我国专业社会工作教育诞生。可以说，中国大陆知道或者引入社会工作已经有90多年的历史。但那时社会工作概念的内涵与当今的社会工作不完全一致，其后的很长时间，专业或者说职业社会工作一直是个空缺。20世纪80年代初，在大陆学者的积极倡议和民政部的大力推动下，当时的国家教育委员会同意在北京大学等高校试办社会工作与管理专业，社会工作及其教育事业走上专业重建之路。从这个时期算起，新时期的社会工作走过了30年。但是，加快发展速度的，是最近10年的事情。

1. 社会工作人才队伍建设的宏观综合方针政策

2003年1月，民政部办公厅正式印发了《关于加强社会工作队伍专业化建设的通知》，倡导有条件的省市积极开展社会工作职业制度的试点工作。如果从那一刻算起，社会工作已经被国家正式倡导了10年。

在这10年内，社会工作人才建设被国家积极倡导。2006年，中国共产党十六届六中全会第一次提出，建设宏大社会工作人才队伍的重要决策。2007年，民政部发布《关于开展社会工作人才队伍建设试点工作的通知》。2011年，中央组织部、中央政法委、民政部等18个部委颁发《关于加强社会工作专业人才队伍建设的意见》。2012年，中央组织部、中央政法委、民政部等19个部委联合发布了《社会工作专业人才队伍建设中长期规划（2011~2020年）》。

2. 社会工作人才使用的专项政策

2006年7月20日，人事部和民政部联合印发了《社会工作者职业水平评价暂行规定》和《助理社会工作师、社会工作师职业水平考试实施办法》。之后又出台了《社会工作者继续教育实施办法》《社会工作者职业水平证书等级管理办法》，规范了社会工作者的等级管理和继续教育。

2008年，民政部与人力资源和社会保障部联合出台了《关于民政事业单位岗位设置管理的指导意见》，提出了民政事业单位原则上以社会工作岗位为主体专业技术岗位的要求，明确了社会工作专业人才的职级待遇。

2009 年民政部出台《关于促进民办社会工作服务机构发展的通知》，对于民办社会工作机构的登记管理、政策措施、组织领导等方面做了一系列规定，以进一步开拓社会工作专业人才使用空间。

3. 各地制定的地方政策

为了进一步推动社会工作者队伍的建设，各地根据当地社会服务事业的发展情况，分别制定了适合自身的社会工作人才发展规划和政策。上海市浦东区在全国率先制定社会工作人才队伍建设的社会政策，出台社会工作专业人才队伍发展规划。深圳市出台了系统的"1+7"文件，宁波市的海曙出台了"1+6"文件，广东省东莞市、浙江省嘉兴市、江苏省张家港市，以及包头市、长沙市、成都市、厦门市、无锡市、南昌市等市所属的部分地区，都出台了社会工作人才队伍建设的相关文件（赵晓明，2012）。

4. 应急情况下介入措施

除了综合、专项和地方政策，在遇到紧急灾难的情况下，各级政府和部门机构还发布了许多应用社会工作的临时办法措施。比如 2008 年汶川和 2009 年玉树地震灾害发生后，民政部制订了社会工作行动计划等，让社会工作者奔赴灾害救援实践。同时，许多地区和部门也组织社会工作专业的学生奔赴救灾一线。

从建设社会工作专业人才队伍的政策法规分析可以看出，国家正在逐步加强和明确关于社会工作人才队伍建设的方针与政策。各地政府也制定了当地社会工作人才发展和使用的具体政策，这些政策法规和措施表明，关于社会工作对国家发展的作用已经形成共识，政策在逐步发布并走向完善，并形成了初步的制度框架。

（二）社会工作人才教育实施顺利，进展很快

在社会工作人才队伍建设方针政策的推动下，社会工作教育被提上了工作日程。

1993 年，在中国政府决定建立社会主义市场经济体制并加快社会保障体制改革的历史背景下，有一批高等院校（包括非普通教育系列的成人学校和大专）开始开办社会工作专业。随后，各级民政院校及其他高等院校相继开设了社会工作专业和课程。到 1999 年底，大陆开办社会工作本科专业的学校为 27 个，另外还有一定数量的非本科院校（刘斌志，2009）。2000 年以来，随着经济全球化以及我国社会转型的加剧，社会问题也日益

复杂多变，加之高等教育扩招的政策引导，大陆的社会工作专业迅速增加，到2010年，设置社会工作专业的本科院校达260多个（李迎生等，2011）。直到目前，全国有280所高等院校开设了社会工作本科专业，中国社会科学院、北京大学等60所高校和科研机构先行开展了社会工作硕士专业教育试点。很多高等和中等职业院校开设了社会工作、民政管理、社区管理与服务、青少年工作与管理、社会福利事业管理、公共事业管理等专业（赵晓明，2012）。从1999年开始，中国高等教育的招生规模持续扩大，从过去每年招生规模极少超过1000人，发展到现在每年招生超过1万人（李迎生等，2011）。因此，社会工作毕业生在逐年大幅度上升。

社会工作教育的内容在不断完善、深入，包括社会工作的价值理念、社会工作理论、福利思想、社会工作方法、个案工作、小组工作、社区工作、青少年社会工作、家庭社会工作、医学社会工作、企业社会工作以及社会组织和社会服务等诸多的课程，社会工作教育的内容越来越充实，分类越来越细致，方法在不断创新。社会工作教育是专业教育培养与塑造的过程（向德平，2008）。由于社会工作是一个实务性职业，因此社会工作教育致力于应用，培养社会工作学生走向基层，走入实践。

当然，社会工作教育还存在着许多问题值得探索，但是总的趋势是——像有的学者总结的，我国的社会工作教育已经基本形成了"国际通则与本土经验并重，价值观教育与知识技能教育并重，知识传授与能力培养并重，学历教育与职业培训并重，专业教育与社会教育并重"的局面（向德平，2008）。

二 学用分离现状：社会工作教育与就业

社会工作人才队伍建设得到重视，并且社会工作教育正在发展完善，培养出了大批的专业社会工作者。国家每年培养的社会工作专业的毕业生达万人。这些毕业生经过社会工作职业价值观的培育、社会工作理论的学习和社会工作实务的实践，具有了专业素质。但是我们看到的现实却是社会工作专业人才学用分离的情况：一方面大力加强社会工作人才队伍建设，培育社会工作专业人才，另一方面，社会工作毕业生不去做社会工作。在国家资源欠缺的同时，造成了国家财力、人力资源的大量浪费。

（一）社会工作专业毕业生就业背景与社工需求现状

1. 专业社工毕业生不去做社会工作

全国每年社会工作专业有毕业生万人左右。但是，社会工作专业学生毕业后真正从事社会工作事业，到社会工作领域工作的比例很少。根据调查，上海市每年培养的社工专业学生近1000人，毕业后从事社会工作的不到10%，而已经就业的也在流失。深圳市专业社工流失呈逐年上升趋势，2008年为8.4%，2009年为11%，2010年为13.3%，2011年为17.6%。在2011年流失的人员中，有60%参加了公务员、事业单位考试，或转向其他行业，还有一部分人流向待遇更好、工作条件更好的城市。中国社科院研究生院的第一批社会工作硕士毕业生有60名，统计数据表明，大部分人离开了社会工作领域。

2. 社区急需专业社会工作者

从事社会建设、社会服务的社会工作者很欠缺。至2011年底，深圳市有注册社工1218人。根据深圳市社会工作发展"十二五"规划，深圳社工应有5000人。2010年，上海市有1万余人获得社工职业资格证书。上海市计划2015年社会工作从业人员达7.2万人，目前的缺口为6万。而深圳和上海均属于我国社会工作发展走在前列的地区。

3. 社区和社会服务领域的工作人员渴望成为职业社会工作者

基层不是不需要社会工作人才，而是许多地方的社会工作发展没有跟上社会建设和社会服务的发展步骤，社会工作者不配套。许多社会服务快速推进的地方，没有配备专业社会工作者。

目前，我国社会工作专门岗位上工作着大量的实际工作者。早在20世纪80年代民政部就要求对区街干部进行社会工作专业训练，并逐步持证上岗（周沛，2002）。例如，在我们调查的另一个地区——云南省云溪市，在还没有配备社区社会工作者的情况下，社区干部和基层工作者自学、报考专业社会工作师。在社会服务较为发达的上海市杨浦区等地，也大都是自学考试的社会工作者在一线工作。

4. 社会工作者大有可为

在一线成长起来的社会工作者发挥了很大的作用。在我们调查的上海市杨浦区，社会工作者积极活跃在社区。社会工作者在当地政府的帮助和指导下组成社团，并制订了具体的服务计划。当地政府购买社会工作组织服务的形式多样化、规范化，使当地的社会工作者热情饱满，用社会工作的专业方法服务老年、服务社区，非常有效。

从以上分析可以看出，当前形成了专业社会工作者非常有用、社区急需，一些街道和社区工作人员渴望成为社会工作者的局面；但是同时，也出现了专业社会工作的毕业生不愿意做社会工作的现象。确实，每个专业都有该专业培养的毕业生离开本专业干其他行业的现象，可社会工作专业与其他专业不同的是：第一，社会工作专业毕业生的流失率非常高；第二，社会工作者是国家社会建设急缺的人才，国家正大力培养社会工作者队伍，应该说是供不应求才对。例如，我们国家在经济飞速发展时期，学习经济、金融、会计、商业贸易等专业的学生，大都会投入这些领域工作。社会工作专业出现这样例外的情况，应该有特定的原因。问题出在哪里？

（二）就业问题原因探析

根据我们的调查和分析，专业社会工作毕业生离校不做社会工作者的主要原因包括以下几个。

1. 社会工作岗位不明确

在社会建设的一线缺乏社会工作人员，但社会工作人才没有专业的技术和职业岗位。或者说社会工作的岗位是随意的，很不明确，可有可无。目前，只是明确了在社区、服务机构和民间组织的建设发展中需要大量的社会工作者，但是，对于社会工作者的具体定位很不专业，也不明确。社会工作者具体的专业岗位、专业作用研究得不够，政策没有明确规定。所以，没有专门的岗位聘用社会工作者。

社工岗位设置政策尚未制定，工作职权、岗位开发设置、职务定位、待遇等相关政策没有出台。许多人通过了社工师考试，拿到了证书，但是因为没有定位，身份很尴尬，缺少职业发展空间。

2. 社会工作者在岗位上难以发挥作用

目前许多即使在社会工作岗位工作的社工专业人才，也发挥不了作用。原因是：分配到基层社区的社会工作者，遇到原来的社区干部按照习惯的观念与做法管理，不能发挥专业技能，只充当秘书、助手或者配角，听从他们的安排。这里可能会有疑问，为什么在实践中成长的再自学考试的社会工作者能发挥作用？首先，这些社会工作者原本就是基层社区工作者，或者有相关的经验，已经和当地社区融合。而启用这些社会工作者的社区也一定是对社会工作者作用领会到位并且重视的社区。

3. 社会工作机构因资金运作等困难，难以独立

目前社会工作者的主要就业方向或者是社区、机构，或者是民间社会组织。在社区以及机构工作的社会工作者遇到的主要是以上两点问题，而在民间社会组织工作的社会工作者，由于组织得不到当地政府的理解、培育和支持，在资金、机构、设备上都遇到很大的困难。扶持发展民办社会服务机构的政策还不完善。社会工作人才队伍管理涉及党群、民政等数十个部门，活动空间受到单位的条块分割影响。行政、事业单位用人制度改革相对滞后，面上缺少抓手统筹协调。社会工作管理体制和运行机制有待完善，而政府购买社会服务的机制和模式还不完善，造成了社工机构缺乏足够的运营资金而不能独立。社工机构基本上是依靠政府项目来维持，如果政府购买服务机制有问题，失去项目的机构就不能正常运转。因此，社会工作组织不可持续，社会工作者工作不稳定。

4. 社会工作者待遇低，社会保障不健全

另一个导致社会工作专业毕业生流失的原因是，社会工作者的待遇、奖励和社会保障等方面存在问题。社会工作者的薪金没有统一的标准，比较而言，收入不高。虽然上海、深圳等地对社会工作者的收入做了规定，但是相对来讲，社会工作者的薪金还是比其他职业的从业人员要少。对于许多刚离开大学校门，将来要生活养家的青年学生来说，目前社会工作者的收入不能满足他们的生活需求和渴望。他们如果在公司、企业等地方工作，收入要比到社区做社会工作高许多。还有奖励制度，也需要研究。

5. 社会工作者职称评定和考核体系欠缺及专业发展方向不明

我国还没有建立社会工作者的专业职称制度及社会工作师职业资格标准，缺乏科学合理的社工人才职称评定和资格评价体系，社工不能在技术职称上进步提升。社会工作者的职业发展方向也需要考虑。他们未来的职业上升渠道是什么，如何在社会工作领域赢得职业前景？此类问题造成近两年的社会工作者职业水平考试报名人数锐减。

6. 工作强度大，晋升空间和交流培训机会小

社会工作者负责项目的策划、宣传、动员、实施完成，甚至总结评估，一般的社会工作者要联系社区的许多人员，很多时候还要依靠社区人员开展工作。有的地方，由于社工的缺口大和机构资金不足，一个社工要承担几个人的工作，工作强度大，加班成为常态。此外，非社工专业的社工能

得到学习和培训的机会，而社工专业的社工，缺少与先进地区的专业社工进行交流和提升业务水平的机会。

7. 社会工作专业毕业生的职业素养和用人机构的关系问题

社会工作专业的毕业生对本专业的困惑也是影响就业的一个原因。社会工作岗位少，需要社会工作者去探索开拓。如果有专业社会工作者带领还好，但许多毕业生刚参加工作就开始独立工作，面对社会感到很茫然。周围环境对其信任还好，否则，非常影响社会工作者的心态。

三 社会工作人才使用政策建议

我们看到，目前的社会工作人才建设的三个环节中，社会工作专业人才教育实施并培养了大批人才后，最后一个关键的环节没有跟上，因此，造成了大量社会工作专业的本科生、硕士生毕业后流失，这不能不说是一个极大的人才资源浪费，同时造成前两项的投入落空。我们应该看到，社会工作人才的培养是逐步进行的，这也是前两个阶段发展后的结果。如果没有前两个步骤，也就没有第三个步骤。现在，我们需要着重研究解决第三个阶段的问题。

如何把社会工作教育和社会工作人才的使用很好地、有效地结合起来？

（一）社会工作者使用政策建议

1. 重视专业社会工作者就业的问题

社会工作队伍的建设，以前的重点一直是加强社会教育和培训等内容，在专业社会工作者缺乏的情况下，这非常必要。但是，当前的形势是社会工作专业人才教育已经进行了 20 年，已有的社会工作专业毕业生面临着就业和流失的问题，因此当前的工作除了建设社会工作队伍，加强社会工作教育外，要把重点转移到社会工作人才的使用，特别是专业社会工作毕业生的就业上。

2. 完善社会工作机制，探索中国式的社会工作管理运行体系

大力推进社会工作的科学化、职业化和专业化发展。政府应加大财政资金向公共服务领域投入的力度，建立领导机制，为社会工作人才队伍建设提供组织保障。把社会工作人才队伍建设列入总体规划和目标责任制考核的重要内容。加强社会事业，特别是社会服务事业的发展，只有把社会建设、民生事业提到了一个重要的地位，社会工作者的地位才能够得到相应的提高。

3. 设置社会工作岗位

借鉴发达国家和地区的经验，在各类社会管理和公共服务部门，社会福利、社会救助等社会工作者集中的领域，社区、公益性社会团体和民办社会服务等几类机构中设置社工岗位，健全职业体系，完善评价机制。实行社会工作职业准入制度，专业社会工作者持证上岗。建立培训机制，促进社工人才队伍的专业化和职业化，改善社工队伍的年龄、学历和专业结构。把社工人才纳入专业技术人才的范畴。

4. 制定社会工作者职业薪酬标准

建立科学、合理、相对统一的社工行业薪酬体系，不断提高社会工作人员的收入，改善福利待遇和工作条件。采取学历、资历、岗位等多种指标相结合的方案，以岗定薪、以绩定奖、按劳取酬。设置多层次、多类型的社工职业成长阶梯。建立可靠的社会工作经费保障体制。制定社会工作人才薪酬指导政策，确保社工人才的工资报酬不低于同等层次专业技术人员的收入水平。建立激励机制，为社工人才成长和提高队伍整体素质创造条件。

（二）政策制定实施

1. 落实社会工作者使用的政策

要逐步制定使用社会工作者的刚性政策。社会工作者在许多地方，还是可有可无的。一些地方政府，对社会工作者的作用认识不到位，习惯于用传统的做法工作。

有的地方出台了对社会工作者使用的专项政策，特别是经济和社会发展较为发达或者先进的地区。但是，即使在这样的地区，我们依旧可以看到社会工作者的流失；或者在一个区域内，有的地方社会工作者的作用发挥得很好，而不远的另一个社区，却根本没有使用社会工作者。这就是对于制定的政策，没有去贯彻执行。

2. 检查和完善相关政策

政策制定了，是否执行、执行的结果如何，需要检查监督。有的地区已经制定了社会工作者使用的政策，但缺少督促、检查措施和制度，安排与不安排、启用与不启用没有一个标准化的检查与评估制度。

社会工作人才队伍建设是社会主义和谐社会建设的当务之急，如果不制定专业社会工作者的就业政策解决现有的社会工作人才流失问题，不仅已经开展了24年的社会工作事业得不到巩固，而且大量的社会问题将堆积得不到解决，甚至会出现社会的动荡。

参考文献

高万红，2009，《社会工作专业教育与社会服务机构的冲突与调试》，《北京科技大学学报（社会科学版）》第1期。

李迎生等，2007，《英国社会工作教育发展概况及其启示》，《华东理工大学学报（社会科学版）》第3期。

李迎生、韩文瑞、黄建忠，2011，《中国社会工作教育的发展》，《社会科学》第5期。

刘斌志，2009，《20年来大陆社会工作教育研究综述——基于CNKI的文献分析》，《社会工作》第1期（上）。

行红芳，2010，《社会工作职业化进程中的矛盾与社会工作教育的回应》，《社会工作》第6期（下）。

向德平，2008，《社会工作教育的发展取向》，《社会工作》第9期（下）。

颜翠芳，2008，《从专业到职业：我国社会工作教育若干问题探讨》，《社会工作》第7期（下）。

赵晓明，2012，《为和谐社会建设打造专业人才力量——社会工作专业人才队伍建设十年综述》，《中国社会报》10月24日。

周沛，2002，《社区社会工作》，社会科学文献出版社。

赋权看护者：社会工作者的角色

Patricia A Findley *

摘　要：2009 年，超过 6500 万非正式的看护者为那些急性或慢性病人以及残疾人提供服务；大部分的看护者是家庭成员，尽管提供照顾可能变成看护者的负担。作为社会工作者，我们需要意识到提供照顾的促进因素与障碍，这样我们才可以帮助看护者。这篇论文探索了照顾关系和赋权看护的策略。在看护者与被照顾者之间固有的不平衡关系中，如果看护者缺少支持或无法与被照顾者维持健康的关系，就可能会产生职业倦怠，从而造成被照顾者与看护者的双重损失。但照顾者仍是个人能承担的最有价值的角色之一.

关键词：赋权看护者（Empowering the Caregiver）　　照顾关系

一　引言

2009 年，超过 6500 万人，也就是将近 1/3 的美国人，每周有 20 小时为慢性病人、残疾人、老年人或者生病的朋友/家庭成员提供看护服务（National Alliance for Caregiving in collaboration with AARP，2009）。提供看护服务是个人能承担的最有价值的责任之一，也是有可能最让人感到沮丧和吃力的（Lawton，Rajagopal，Brody，& Kleban，1992；Schulz et al.，2009）。

---

* Patricia A Findley，美国罗格斯大学社会工作学院副教授。本文翻译者为美国罗格斯大学社会工作学院硕士生陈宁。

作为社会工作者，我们需要了解这种看护关系，从而为看护者和被看护者提供双向的支持。这篇论文的意图是检视在非正式照顾关系和支持看护者赋权的过程中所可能产生的问题。

二　看护关系

看护者的定义是直接照顾儿童、老年人、慢性疾病患者和残疾人的人（Merriam – Webster dictionary，2012）。这个定义强调的是看护的事实，没有涉及感情上的成分。尤其值得注意的是看护的关系可能是基于家庭的联系（例如配偶、儿童和孙子），或者是不具金钱补偿的关系。有报告显示，在所有有偿和无偿的看护者中，女性占据了近80%（Grant et al.，2004）。

尽管有各种关系，正式的或非正式的，但仍然有一些基本的关系需要识别和确认。首先，看护关系的形成基于公认的目的。这个目的就是照顾被看护者，它是一种不平衡的关系——即使看护者感觉愉快，但被看护者才是照护关系的焦点。其次，很重要的一点是这个关系是带有权威的。被看护者需要人照顾，因此是脆弱的，所以，即使没有明示，层级关系也确实存在。再次，社会工作者需要记住非正式的看护关系不是临床关系，看护者没有正式接受培训。最后，除了缺乏技能培训之外，我们也需要认识到看护双方都会感觉到这种关系是双向的。Hartwell – Walker 指出这种关系是基于取与给的关系，这一点对于实现成功的看护很重要（Hartwell – Walker，2006）。我们可以通过培训使看护者掌握基本的交流技能，从而将关系焦点集中于被看护者。

三　看护的问题

尽管看护有诸多好处，但它可能是非常具有压力的工作。部分压力来自模糊的看护时间，即不确定每天需要看护的时间或一生中需要看护的时间有多长。同时，需求可能改变，被看护者的健康状况会改变，这些都导致看护需求的消长，有时可能给看护者造成巨大的负担（Degeneffe，2001；Elliott，Shewchuk，& Richards，2001）。事实上，当长期需求存在，比如照看儿童和残疾人，Murphy等人发现，这对看护者的身体不好，影响感情和功能性健康。导致健康状况不良的原因是缺乏时间，缺少控制力和社会心理能量的减少（Murphy et al.，2007）。

持续压力可能会导致看护者的倦怠。这是社会工作者在和非正式看护者工作的时候，需要意识到的非常重要的事实。非正式的看护者是非正式健康和心理看护的提供者，大部分没有受过教育和健康看护的培训。我们对非正式看护者的期待要降低，并提供支持以减少倦怠（van den Heuvel，Witte，Schure，Sanderman，& Jong，2001）。还有，鉴于看户关系具有双重作用，看护者和被看护者之间的关系需要予以特别注意，首先是家庭关系，例如父母与子女之间、配偶之间的关系；其次则是看护者与被看护者之间的关系。例如，Ybemat 等人发现当两者在婚姻关系中感到较平等时，看护者比较不会倦怠，也比较容易有正面的看护经验（Ybema et al.，2002）。

社会交换理论告诉我们，在关系中，个人追求最大回报和降低成本（Pruchno，2003）。在上面的例子中，社会交换理论也支持了这一观点，在一种关系中对一个人有益而对其他人无益将会导致负面的结果，所以在相互关系中达到一种平衡可能会减少负面效应（McCulloch，1990）。研究指出，在看护者和被看护者的关系中给予情感上的交互支持可以增加看护者的幸福感，但这个平衡需要维护，以防止职业倦怠（Pruchno，2003）。看护者有时候会陷入和被看护者的纠缠关系中，这一点在一些有发育性障碍的成年患者和其家人/看护者的关系中已有所体现（Pruchno，2003）。这种关系是困难的，因为随着家长年龄的增加，其生理机能将逐渐衰退，但是有发展障碍的成年子女却不能照看他们的父母。

四 赋权看护者

为看护者提供支持以帮助他们找到资源，能够协助他们继续扮演看护者的角色，以互惠互利的方式提供照护，并且让看护者感受到赋权。作为社会工作者，我们需要帮助看护者，让他们更客观地看待自己的照顾角色。表1列出的条款，可以用来帮助看护者了解照顾关系，知道可能会导致更多的负面情绪及可能产生更多积极情绪的因素，并让照顾者感到赋权。

表 1　关怀相对于赋权

关　怀	赋　权
同　情	同理心
为谁做	一起做
像看护者	感到有知识和有活力

我们已经讨论了在看护与被看护关系中建立平衡的重要性，我们也需要通过交换来促成积极的看护效果。这些积极的效果可以改变看护者的看法，因为在某一方面，看护者会感觉是单向的照顾，而不是双向的平衡关系。

同情，如同我们在社会工作教育中所学到的，对案主是不利的，因为在同情的过程中，消除了我们作为临床社会工作者和案主之间的界限（Miley, O'Melia, & DuBois, 2011）。有时候表达同情心是合适的，但看护者不应该以"感觉抱歉"的姿态去对待被看护者，或者过于看重自己的感觉而不是把被看护者当作独立的个体（Morse, Bottorff, Anderson, O'Brien, & Solberg, 2006）。更有效的回应方式是，以同理心去感受被看护者的问题，或试着理解被看护者本人在面对问题时的感想，但不过度地投入情感。同理心是理解和欣赏别人的感受，同理化的过程让照顾者有更多的情感能量。

表 1 中的第二个概念是为谁做与和谁一起做。在同情心和同理心之间有相似的视角，"为谁做"直接将互动关系转至被看护者身上，而没有意识到看护者的存在。为别人做可能会是累人的，因为照护者在这个互动的过程中，没有得到任何东西。然而，当"一起做"的视角被考虑到了，被看护者就会看到互惠的可能。希望积极的情感能量能够在交换中出现，并且让看护者在看护中感到更多的赋权和情感支持。"一起做"的过程包括良好的沟通，双方都清楚任务中的每一部分，建立合理期望，尊重彼此的隐私以及看护关系（Hartwell–Walker, 2006）。

表 1 中出现的第三个概念是感觉到"像一个看护者"（比如，着重于负担）。作为一名看护者，之前提到，在某些时候可能是一个沉重的角色，尤其是长久的照护。当看护者从提供看护的立场转变为被看护者的立场时，就可能会产生倦怠。也就是说，尽管看护者有必要重点关注被看护者，但完全同化为被看护者的角色会导致看护者无法持续自我支持和情感支持，从而无法成功完成看护的任务。大量的看护任务会让看护者倦怠，并影响

看护者的社会、经济和个人角色（Givens, Houston, Van Voorhees, Ford, & Cooper, 2007）。还有，当看护需求增加，看护者的负担会使被看护者的健康水平和功能下降。

避免倦怠的方法是让看护者通过教育和自我意识感到有活力。对于赋权看护者这个观点，不是说忽略看护任务，而是要关心看护者，了解看护的重担。医生也建议必须挑选没有抑郁和焦虑倾向的人来担任看护者。研究发现，18%~47%的看护者有抑郁和焦虑的症状，且有焦虑症状的看护者往往感到较大的负担（Parks & Novielli, 2000）。要使看护者具有活力和知识，不仅需要看护者对被看护者的需求和卫生保健条件有新的了解，还需要让他们有自我保健的意识。这点非常重要，因为当所有的焦点都集中于被看护者的健康和幸福时，看护者则被称为"隐性患者"（Andolsek et al., 1988）。如果看护者变成病人，会使得被看护者没有人照顾，看护者和被看护者都会处于非常危险的境地。

五 赋权策略

在看护关系中赋权一直是看护者努力实现的目标。赋权需要对各种支持类型有所了解，尤其是对看护者感到舒适的支持类型有很好的认识。看护者在赋权过程中需要考虑的因素有：良好的交流技术、建立强大的支持团队及学习设定实际工作中与被看护者间的界限。作为社会工作者，我们要强调的是看护者没必要单独看护，意思是他们没必要做这一切。若是，则会导致倦怠。

作为社会工作者，我们学习怎么样去积极地聆听，怎么样去真正地、恭敬地交流，怎样用言语或肢体语言去交流（Miley et al., 2011）。我们可以教会案主积极的聆听技能，在看护关系中，良好的交流是必需的，因为这样能确保有合适的看护。教会案主一些基本的技能，对看护者和被看护者的帮助是长远的，它使二者的感情更人性化，使二者学会妥协和倾听。

六 看护服务

看护有"直接看护"和"间接看护"（Given, Given, & Kozachik,

2001)。两者对被看护者来说都有意义，两者也有不同的目的。直接看护是亲自动手的看护，像帮助被看护者进食或者洗澡这样的服务。间接看护是代表个人行动，像付账单，开车载他们去看病和其他没有直接参与的看护（Given，Given，& Kozachik，2001）。

如上所述，看护可分为直接和间接两个方面，同样的，个人的社会支持和看护任务也可分为许多不同的领域。我们要讨论的是三个类型：情感支持、直接支持、信息或教育支持。一般来说，情感支持包括提供同理心，接受和鼓励，也包括陪伴（Thomas，Morris，& Harman，2002）和精神支持（Ka'opua，Gotay，& Boehm，2007）。直接支持是直接的实体服务，比如在房子的周围提供帮助，准备膳食，换药，协助药物管理，洗澡。信息和教育支持是给个人提供建议和指导，比如提供照顾、体检或者资源信息。表2概括了可以提供各种照顾的例子。

表2 各种支持看护任务的例子

- 情感支持（Emotional Support）
  - 聆听（Listening）
  - 鼓励（Encouraging）
  - 接受被看护者（Acceptance of the care recipient as he/she is）
  - 陪伴

- 直接支持
  - 喂食
  - 洗澡
  - 穿衣
  - 准备膳食
  - 洗衣服
  - 提供儿童看护
  - 开车送被看护者去看病

- 信息/教育支持
  - 阅读药物标签
  - 审查讨论医疗问题的网站
  - 提供建议或意见
  - 查阅书籍和咨询专家的意见
  - 协助解决问题

七 为看护者提供支持

看护关系的焦点在于恰当地对待被看护者。然而，对看护者的支持和赋权也很重要。我们已经讨论过看护者倦怠，让我们再讨论为看护者提供支持的技巧。首先，帮助看护者在看护关系中学习设置界限是很重要的。在初期需要精确地确定哪种看护服务是看护者需要提供的。之前已经列出，比如有感情、信息和教育支持。看护者应该意识到不用参与每一项。看护者只需要实际评估，哪一项他（她）准备参与，或者让其他人来帮助。同样，教导看护者应付策略能帮助看护者减少压力。事实上，Chwalisz 发现，好的应付策略比社会支持对看护者更具有调节功能（Chwalisz, 1996）。

一旦看护者扮演了看护的角色，就要学习怎么照顾自己。这包括中途休息，进行放松活动，比如锻炼、和朋友交谈，并且保证合理进食、有充足的睡眠时间，在必要时可拜访医疗服务人员。有很多支持看护的组织、医院、社区服务机构、全国或国际性利益团体来帮助看护者，看护者应自行联系这些重要的资源。

最后，如果看护者在服务的时候感到压力，并且任何放松办法都不能减少这些压力的时候，喘息看护是一个选择。喘息看护可以包括暂时性迁移到其他看护地点（例如，私人疗养院，或者其他亲属的家里）。这个休息可以帮助看护者在今后的看护中，重置他的平衡感。喘息看护也可以是看护者脱离看护的环境，用临时看护者代替日常看护者，允许看护者重置平衡。喘息看护类型的选择取决于接受被看护者的资源或者在看护环境中放松的可行性。还有，之前提到过的，看护是由很多项任务组成，任务可以被分解给一些人。共同承担任务可以减少压力。此外，记住看护者在家庭中扮演家庭成员与看护者的双重角色，会产生角色冲突（Given et al., 2001）。家庭会议对解决冲突是有帮助的。家庭成员可以一起讨论相关的议题，讨论看护的感觉，这是支持的有效方法。

照顾有病的和受创伤的家庭成员是有价值的，但同时要求也相当高，有时会导致挫折和倦怠感。随着看护需求的增加，医疗系统变得依赖于家庭成员为病患提供非正式的看护。社会工作者在支持和赋权这些看护者中扮演重要的角色，没有看护者，被看护者会在他们的健康照护中更加脆弱，也会在安置机构中面临风险。

参考文献

Andolsek, K. M., Clapp‑Channing, N. E., Gehlbach, S. H., Moore, I., Proffitt, V. S., Sigmon, A., & Warshaw, G. A. 1988. "Caregivers and Elderly Relatives the Prevalence of Caregiving in a Family Practice." *Archives of Internal Medicine* 148 (10): 2177–2180.

Chwalisz, K. 1996. "The Perceived Stress Model of Caregiver Burden: Evidence from Spouses of Persons with Brain Injuries." *Rehabilitation Psychology* 41 (2): 91–114.

Degeneffe, C. E. 2001. "Family Caregiving and Traumatic Brain Injury." *Health & Social Work* 26 (4): 257–268.

Elliott, T. R., Shewchuk, R. M., & Richards, J. S. 2001. "Family Caregiver Social Problem‑solving Abilities and Adjustment During the Initial Year of the Caregiving Role." *Journal of Counseling Psychology* 48 (2): 223–232.

Given, B. A., Given, C. W., & Kozachik, S. 2001. "Family Support in Advanced Cancer." *A Cancer Journal for Clinicians* 51 (4): 213–231.

Givens, J. L., Houston, T. K., Van Voorhees, B. W., Ford, D. E., & Cooper, L. A. 2007. "Ethnicity and Preferences for Depression Treatment." *General Hospital Psychiatry* 29 (3): 182–191.

Grant, K. R., Amaratunga, C., Armstrong, P., Boscoe, N., Pederson, A., & Willson, K. (Eds.). 2004. *Caring for/Caring about: Women, Home Care, and Unpaid Caregiving*. Aurora, Ontario Canada: Garamond Press.

Hartwell‑Walker, M. 2006. "Caregiving Is a Two‑way Relationship." Psych Central, November 23, 2012.

Ka'opua, L., Gotay, C. C., & Boehm, P. S. 2007. "Spiritually Based Resources in Adaptation to Long‑term Prostate Cancer Survival: Perspectives of Elderly Wives." *Health & Social Work* 32 (1): 29–39.

Lawton, M. P., Rajagopal, D., Brody, E., & Kleban, M. H. 1992. "The Dynamics of Caregiving for a Demented Elder Among Black and White Families." *Journal of Gerontology* 47 (4): S156–S164.

McCulloch, B. J. 1990. "The Relationship of Intergenerational Reciprocity of Aid to the Morale of Older Parents: Equity and Exchange Theory Comparisons." *Journals of Gerontology* 45 (4): S150–S155.

Merriam – Webster Dictionary. 2012. Retrieved fromhttp: //www.merriam – webster.com/dictionary/.

Miley, K. K., O'Melia, M., & DuBois, B. 2011. *Generalist Social Work Practice: An Empowering Approach* (6th ed.). New York: Allyn & Bacon.

Morse, J. M., Bottorff, J., Anderson, G., O'Brien, B., & Solberg, S. 2006. "Beyond Empathy: Expanding Expressions of Caring." *Journal of Advanced Nursing* 53 (1): 75 – 87.

Murphy, N. A., Christian, B., Caplin, D. A., & Young, P. C. 2007. "The Health of Caregivers for Children with Disabilities: Caregiver Perspectives." *Child: Care, Health and Development* 33 (2): 180 – 187.

National Alliance for Caregiving in Collaboration with AARP. 2009. *Caregiving in the United States: 2009.* Washington, D. C.: NAC and AARP.

Parks, S. M., & Novielli, K. D. 2000. "A Practical Guide to Caring for Caregivers." *American Family Physician* 62 (12): 2613 – 2622.

Pruchno, R. A. 2003. "Enmeshed Lives: Adult Children with Developmental Disabilities and Their Aging Mothers." *Psychology and Aging* 18 (4): 851 – 857.

Schulz, R., Czaja, S. J., Lustig, A., Zdaniuk, B., Martire, L. M., & Perdomo, D. 2009. "Improving the Quality of Life of Caregivers of Persons with Spinal Cord Injury: A Randomized Controlled Trial." *Rehabilitation Psychology* 54 (1): 1 – 15.

Thomas, C., Morris, S. M., & Harman, J. C. 2002. "Companions Through Cancer: The Care Given by Informal Carers in Cancer Contexts." *Social Science & Medicine* 54 (4): 529 – 544.

Turner, A., & Findlay, L. 2012. "Informal Caregiving for Seniors." *Health Reports* 23 (3): 33 – 36.

van den Heuvel, E. T., Witte, L. P. d., Schure, L. M., Sanderman, R., & Jong, B. M. 2001. "Risk Factors for Burn – out in Caregivers of Stroke Patients, and Possibilities for Intervention." *Clinical Rehabilitation* 15 (6): 669 – 677.

Wills, T. A. 1991. "Prosocial Behavior, Review of Personality and Social Psychology." In M. S. Clark (Ed.), *Social Support and Interpersonal Relationships.* Thousand Oaks, CA, US: Sage Publications, pp. 265 – 289.

Ybema, J. F., Kuijer, R. G., Hagedoorn, M., & Buunk, B. P. 2002. "Caregiver Burnout Among Intimate Partners of Patients with a Severe Illness: An Equity Perspective." *Personal Relationships* 9 (1): 73 – 88.

基于居民和面向居民：社区发展双向动力分析

孙炳耀

摘　要：如何处理社区外部与内部双向动力之间的关系是社区工作所要面对的一个重要问题。本文介绍了基于居民自身的社区发展与基于政府、商业组织、社会组织面向居民的社区发展这两个双向动力之间关系的冲突与融合，认识社会工作在城市社区中的角色定位；同时也介绍了这一双向动力结构在当前社会中的转型。

关键词：社区研究　社区发展　双向动力　居委会

在社区开展社会工作，存在如何处理社区外部与内部双向动力之间关系的问题。居民是社区的主人，通过自身能力建设，做好自我服务，具有内部性质；同时，他们又是社会工作机构的服务对象，因此，在居民看来，社会工作机构及工作人员具有外来性质。社会工作的基本理念是助人自助，对个体如此，对社区人群亦如此。社会工作者一方面作为外来者帮助社区，另一方面则组织、动员居民参与，提升居民能力，推动居民自我服务。这样将两种力量结合起来，在社区层面实现助人自助。

双向动力是社区的基本结构，社会工作关注社区环境，必须对这样的结构有所认识。不同的国家、地区，在不同体制、文化之下，城市和农村，其社区双向动力结构是不同的。中国城市社区的发展，20世纪60年代受体制影响，政府自上而下提供了很强的推动力，而居民自下而上的动力则长期不足，呈现特殊的社区双向动力结构。这种状况随着城市发展模式及住房体制的改变，开始发生变化。近年社会工作的兴起，在城市社区中的角色定位，必须从特定的社区动力结构中加以认识。

一　基于居民的社区发展

在理念上，社区首先来源于居民，是居民基于自己的需要，出现集体行动，出现居民自治组织和社区社会组织。这一点明显地表现在中国城镇社区发展的起点上，新中国成立之初就出现了城市居民自治的理念。当时在实践上，城市从乱到治，除运用政权力量外，居民自治的力量也开始出现，并得到政府的支持。新中国成立后的几年内，杭州、天津、北京、济南等城市先后建立了自治性质的居民组织，还有许多城市的居民组织了救护队、防盗队等。这些实践得到新政权的认同，与中国共产党的群众路线理念是一致的。实际上，中国共产党在多年的农村斗争中，在解放区就十分强调发挥群众的作用，领导群众进行武装斗争夺取政权后，则由村民组织起来，维护当地的治安、发展生产、支援前线。在这种传统下，这种理念也会影响到城市工作，认同居民自治。

居民自治的理念在新中国很快由法律固定下来，成为法理。杭州在1949年成立居民自治组织，第二年就由市政府文件规定了居委会的组织形式的功能。在许多城市居民自治实践的基础上，1954年出现了全国的《城市居民委员会组织法（暂行）》，其中规定：居委会是一种自治组织，是居民自我服务、自我管理的组织。在这一法律下，全国各城市普遍建立起居委会。当时这种组织在城市社会秩序维护、防火防盗等方面起了很大作用。另一个作用是群众的生产自救，出现了最早的居办经济，当时，群众参与的积极性高。这一法理一直延续下来，20世纪80年代经济体制改革之后，国家对居委会组织法进行了修订。这一法统还延伸到农村。在新中国成立初期的农村并没有形成村民自治组织，而是由政府向下延伸建立政权，通过政、民关系动员村民参与地方治理。1958年人民公社成立之后，村民在公社体制下参与当地经济、社会生活，这是基于集体经济而形成的基层治理，是另一种理念的产物。1980年人民公社解体后，农村很快移植城市居委会的经验，1983年广西出现第一个村民自治委员会，此后村民自治委员会迅速在全国铺开。1985年国家颁布了《村民委员会组织法（暂行）》，体现了与城市居委会同样的法理。

源于居民的社区的作用，在实践运行中，很大程度上取决于居民在社区中的共同事务。所谓共同事务，就是居民的共同需求，不是在私人领域通过市场获得，也不是通过公共领域从政府获得，而是通过共同的行动进行安排，进行自我服务、自我管理，满足自己的需要。

居民共同事务越少，居民的动力就越小。这一点在计划经济时期表现得十分明显。中国城市在50年代中期完成了社会主义改造，建立了国营经济为主，城镇集体经济、合作经济为辅的经济制度，计划经济对居民的经济生活和社会生活进行较全面的安排，工作单位对职工及其家属有很强的社会责任，为其生活提供服务，进行管理，从而将居民从生产到死亡的诸多事务都通过就业途径而纳入单位，而通过居住地实现的利益越来越少。这时，居民自我服务的作用在减少。

居民共同事务增多，社区的作用开始加强。这表现在城市经济体制改革之后。80年代中期城市经济体制开始改革，将企业办成真正的经济实体，减少其社会职能，进行市场竞争，优胜劣汰，单位制失去了基础，"单位人"重新成为"社会人"，人们围绕居住地而开展的社会生活日益增多。最初得到关注的是党建，由于企业的不稳定和个体经济的发展，以及越来越多的退休人员，党员的属地管理需要加强。在这一背景下，中国于80年代中期重新重视社区概念。此前，社区只是一个学术概念，而80年代中期，政府把它作为一个政策范畴，提出了社区建设的任务。90年代末城镇住房体制改革后，单位将住房出售给职工，住房成为职工的私有财产，许多单位的住房管理责任弱化，需要有社区的管理。

居民社区共同事务受多种因素影响。①制度化安排留下的空间。计划经济体制及公有住房给居民留下自我服务、自我管理的空间不大；体制的改变，社区与单位的结构变化，使居民在社区中有着越来越多的共同利益。②人口结构的改变。就业人口特别是在正规部门就业的人口，在单位有更多的利益，花费的时间也更多；而非就业人口以及在非正规部门就业的人口则相反，特别是老年人，在社区生活的时间多，各方面的利益关系多。中国正经历快速的老龄化，例如，截至2009年底，北京户籍60岁及以上老年人口226.6万人，占全市户籍人口总数的18.2%。实际上，社区中还有很多不到60岁的退休人员。中国规定女工人50岁退休，女干部55岁退休。退休人员及老年人的增加，产成了大量新的需求，例如老年教育、文化、健身、家务助理、护理等。③生活水平的提高，人们的需求也增多，社区服务的项目也就逐渐增多。

居民采取共同行动处理共同事务的形式有很多种。①居委会在其中起主导的作用。②社区社会组织或活动团队。这是非正规的草根组织，非法人团体，一般不注册，可统一由街道注册为社团，下设多个活动团队，按照文化、体育等不同兴趣组建，会员自我管理，召集活动。例如老年健身队、书画社等。③业主委员会。这是随着住房体制改革出现的组织。20世纪90年代中期之后，许多城市进行社会化的物业管理改革。2003年国务院颁布《物业管理条例》，规定了业主委员会的组织办法，由住房产权所有人组成，围绕住房的多项权利进行自我管理，并对物业公司进行监督。④临时的活动项目。这没有经常的组织形态，而是围绕某个活动，由个别或少数人发起，联络更多的居民参与，完成某项活动。例如北京回龙观社区，通过网站组织发起一些活动，包括拼车郊游，团购，以增强与商家讨价还价的能力等。

共同事务的利益强度越大，居民的自发行动就越积极。共同事务与居民的利益存在强度差异，有的事情小，有的事情大，这对居民的动力和参与积极性有影响。这种价值有客观方面的，也有主观方面的。主观方面的，例如各种活动，有兴趣者参与积极性高，相反，则不参与。更重要的是客观上的，其中围绕住房形成的共同事务，涉及的利益最大。按照物业管理办法，业主在安全、卫生、环境、住房维修等方面的共同事务，都要委托物业公司来管理。这些事务都涉及重大利益，交由一个机构来管理，成为社区中业主最大的共同利益，因此也出现最大的参与动力。当物业公司不能满足业主的需求时，矛盾就爆发出来，有时甚至很尖锐，业主的行动很激烈。

二 面向居民的社区发展

政府自上而下的公共服务，通过居民自治组织而作用于居民，在中国成为社区发展的重要动力。政府公共服务有许多是直接提供，或通过专业服务组织提供，包括学校、社区卫生机构、公安机构，也有的是通过居民组织提供。这些公共服务与居民的自我服务不同，不是由居民发起，而是政府发起，成为政府机构的职责，自上而下地确定，在实施过程中，将末端环节交给居委会去做。这些功能成为居委会的重要职能，包括：居民计划生育登记、接受居民低保申请并进行初审等。这些服务符合居民的利益，是政府的职责，借助居民组织去做，可以减轻政府机构工作负担。

政府公共服务的增多，促进服务向社区转移。改革以来，政府公共服务的内容在不断扩展，改革"企业办社会"后，政府的公共服务更多的进入社区。就业服务的发展，要求开展社区就业；养老保障的发展，要求做好老年人服务；外来人口的增加，要求社区做好外来人口管理等。因此出现了政府各部门业务机构下社区的趋势，劳动和社会保障、民政、卫生、文化、司法等部门在社区建立服务机构，出现了基层的劳动保障事务所、社区卫生服务站、社区活动中心等机构。这些机构一般设在街道层面，为了提高规模效益，并且方便居民办事，很多地方开展"一门式"服务，不同的部门在统一的办公场所中设立多个服务窗口。

商业组织也在向社区延伸，最典型的是物业管理公司。住房体制改革后，将房屋维修等服务推向市场，由专业的物业公司承担。此外，物业公司还负责社区的安保、环境卫生、停车秩序及一些活动设施的维护。在一些新建小区，配套设施也由物业公司管理。物业公司是商业性质的，通过收取物业费维持运行，其业务对居民的生活环境、家居服务影响很大。在许多新开发小区，开发商往往成为最初的物业管理者。这种从住房建设延伸到住房管理的权利，除了利益驱动外，还在于开发末期存在着管理衔接问题。在小区的形成过程中，物业管理往往成为影响住房销售的一个重要因素。因此，开发商就成为小区最初的物业管理者，为居民提供服务。当小区趋于成熟之后，居民对物业开始出现组织化的诉求，并按照物业管理法规实现自己的权利，真正做到由业主委员会选择、聘用物业管理机构时，才改变这种自上而下延伸的服务。

社区的零售、生活服务等机构是商业性质的，但并非由自上而下的动力推动，而是利用社区资源、由社区管理的自我服务机构。社区便民利民服务是社区的重要功能。在计划经济时期，居委会就挖掘社区的设施、场地潜力，利用未能到正规部门就业的劳动力，在社区开办一些小零售商店和全民服务点。这些网点完全按照市场机制运作，但不是公司向社区的延伸，而是社区自我生长起来的。其意义不仅在于满足居民生活需要，还在于创造岗位，安排非正规就业。

社区社会组织有的是自上而下形成的，有的则是自下而上形成的。一些市级、区级的社会组织，将它们的服务向下延伸到社区，在基层设立服务机构，形成面向居民的社区社会组织。例如，上海近年推进社会工作服务，建立了一个青少年社会工作服务中心，拥有员工400余人，根据市内各社区及中、小学的需要，统筹在基层设立服务点，安排社会工作者提供服务。在香港也存在社会组织向社区延伸的服务，例如香港的东华三院，是一家历史长、服务广的慈善机构，在市内许多社区设有老年服务、残疾人服务、儿童服务点。从居民角度看，这些机构都是外力推动的，不同于由居民自己发起、参与的组织。其权力来源及资源都在外部，由社区之外的上层机构负责管理。在社区社会组织中，这种自上而下形成的机构往往组织化程度更高，服务更为规范，更多的依靠专职人员的服务；而基于居民的社会组织则相反，居民本身就是组织的成员，直接参与、自我服务，因而组织化程度不高。

社区共建单位也提供面向居民的服务，在城市社区中发挥重要作用。城市规划虽有住宅区、商务区、工业区等区分，实际上各类功能是混在一起的。特别是老城区，住宅与机关、事业单位及商务机构混在一个地域之内。在计划经济时代，政府就积极推动所属的机构为居委会及居民提供帮助。这种传统在后来的社区建设中得到发扬，驻社区单位更多的为居委会及社区组织提供各种资源，将单位的一些服务设施向居民开放，动员职工参与社区发起的活动，充当志愿者等。一些规模较大的单位，不仅参与所在社区的共建，还辐射到周边地区，参与多个社区的共建。这些单位参与社区共建，有着两方面的原因。①表现企业社会责任。在计划经济下，无论是企业还是机关、事业单位，都要体现政府公共服务价值观，为居民提供服务。特别是大单位的家属住宅区，单位还直接负责社区的管理。经济体制改革之后，把企业办成经济主体，弱化社会职能，主要是对企业内部职工而言，而外部的社会责任，则越来越引起重视。②改善单位的公共关系。驻社区单位与当地存在共同利益因素，例如环境、治安、员工与居民的和谐关系等。参与社区建设，可以改善单位与居民及其组织的关系，促进共同的利益。

三 双向动力的相互关系

社区治理结构主要表现为双向动力结构，反映基于居民和面向居民两类主体之间的关系。不同的主体表现出不同的利益、组织功能、资源、权力，在这些因素上，两类不同主体分别表现出不同的特性：基于居民的治理，动力来源于居民的利益，由居民直接参与，运用社区的资源，居民具有管理权、监督权。面向居民的治理，在利益方面虽然也会满足居民需要，但其根本出发点是外部主体的利益，这些组织有其独立的功能和资源，权力来源于上级而不是居民。这种双向动力结构可以较有效地解释社区治理当中的利益关系和权力关系。

双向动力治理结构表现为平行运行，两种来源的行动、服务、资源、权力互相独立。基于居民的服务，例如民办社区网站上的居民互动、团购、二手货交易等，都是由民间发起，自我服务、自我管理。面向居民的服务，例如由政府业务主管机构在社区设立的窗口服务，由上级组织确定机构的职能和服务项目，提供资源，考核、监督服务质量，其中并没有居民或其组织的参与。窗口服务往往设有居民意见反馈簿，但它们只是作为顾客反馈意见的渠道，而不是制度化的居民参与管理。平行运行表现出两类服务的不同特点：居民发起的事务规模小，未纳入其他组织的服务视野，所涉及资源较少，完全可由居民自己完成；面向居民的业务则往往已经制度化，服务组织职责明确，能力充分，在业务上不需要居民的参与及居民组织的合作，在权力上独立规划、决策、实施，由公共权力机构负责监督，而没有规定由居民参与评估和监督。

双向动力治理结构也可能出现冲突，主要表现为三种形态：①组织职能上的冲突。居民组织与外源机构功能相同，则出现冲突。例如上海建立青少年社会工作中心，是一种非营利机构，向社区延伸，就与社区居委会产生了矛盾。社区居委会长期关注青少年工作，在孤儿寄养、保护受虐儿童、社区青少年教育等方面发挥着积极作用，与青少年服务中心的职能冲突，需要进行职能分工上的调整。随着社区社会组织的发展，这种功能冲突将越来越明显。其中核心问题是如何处理综合服务与专门服务的关系。居委会以及近年一些城市实行"居站分设"而设立的社区工作站，提供综合服务，而社会组织面向居民向社区延伸的服务，则多是专门服务，按照青少年服务、老年服务、司法服务、残疾人服务等实现业务分工。这样，专门服务与综合服务必然出现两类业务的交叉。②利益点的冲突。居民、居民组织与外源组织对某项事务有不同的价值判断，产生冲突。例如社区设施的建设或改造，小区停车位使用和管理，住房维修基金的使用，居民与物业公司可能出现不同的意见，产生冲突。在有的社区，这种冲突表现得十分激烈。③权力分立形成的冲突。社区事务的决策、实施、监督等权利往往实行外部平衡，例如政府发起的项目，往往由居民组织和社区组织实施,引进居民参与,在决策过程中听取居民意见,实施结果则听取居民意见反馈。矛盾最明显的是业主委员会的权利与物业公司管理权的分立。按照《物业管理条例》规定,物业公司由业主委员会选择、监督,实施物业管理,二者权利分离明显。但在实际运行中,物业公司强势,业主委员会监督手段不够,在必要的时候也难以变更选择其他的公司。

双向动力结构更多的是融合,两种来源在服务、资源、组织职能、权利上互补,共同增进居民的利益。这主要表现为三种形态:①业务流程的分工与合作。例如城市最低生活保障的管理,整个业务流程涉及服务对象、居委会、设在街道的民政管理部门、区民政部门等不同主体,居委会负责接受低保申请,进行初步审查,街道负责审核,最后由区民政部门批准。类似的业务流程分工合作在计划生育、就业服务等领域普遍存在。实际上,长期以来居委会的主要工作都是承担公共服务机构某些业务流程中的一部分。这些业务直接面对居民,涉及的人数往往较多,由居委会承担,可以减轻公共服务机构的工作量,也可以发挥居委会贴近居民、了解居民的优势,把工作做得更符合居民的实际。②资源的融合。为居民提供服务、维护居民的权益,改善社区环境,需要投入一定的人力、财力和物力,而这些服务绝大多数不能通过市场机制获得资源,需要有政府和社会的投入。长期以来居委会就体现了有效的资源融合,干部由居民产生,属于非受薪人员,由政府提供一定的工作补助和业务补助,表现为居民的人力资源与政府资金的结合。一些由居民参与的活动团队及活动项目,由居民自行组织,往往需要政府或社会组织提供经费资助。近年,随着居委会干部专职化及社区社会组织的发展,资源融合的形式更多。例如政府购买服务,由政府发起服务内容并出资,由社区社会组织或居民组织提供服务。再如政府购买岗位,政府把社区社会组织及居民组织中的某些职能纳入公共服务范围,对相关岗位提供支持。③权利的融合。社区事务的决策过程体现上、下力量的结合。政府发起的项目,到社区去听取居民及居民组织的意见。同时,政府还鼓励居民及居民组织发起项目,由政府决定是否予以资助。在决策过程中注重居民的权利,可以使项目更符合居民的需要。

双向动力结构的融合,是网络结构和伙伴关系的一种特殊表现。网络结构解释个人、家庭、群体、组织之间的相互关系,强调主体之间较为长期、稳定、多内容的关系。社区中的网络关系发生在各主体之间,总体上可分为两类:一是居民之间及居民与其组织的网络关系。例如各种活动团队的参与者之间的关系，再如为老年人、残疾人建立的社区支持网络中志愿者与受益人之间的关系。二是各类组织之间的网络关系。它们之间不是按契约关系仅就某事明确规定双方的权利义务，也不是按层级组织体系明确规定各机构的职权及领导、服从关系，而是多方面的合作关系，相互协调，共同实现某些功能。基于居民的组织与面向居民的组织之间，也会形成这样的网络关系。伙伴关系则是网络关系更集中的表现，反映了网络结构中不同主体之间的平等，强调共同目标，强调合作。双向动力结构的融合，就是基于居民的组织与面向居民的组织之间形成伙伴关系。

四 双向动力结构转型

社区研究长期强调基于居民而忽视面向居民，属于一元论观点。19世纪末滕尼斯在共同体意义上揭示社区的本质，采取的就是一元论。居民的地域共同体首先是一种客观存在，由地域因素而形成居民之间所特有的关系。19世纪欧洲社会的主线是阶级斗争，工人阶级已从"自在阶级"转变为"自为阶级"，但地域共同体则仍然处于"自在社区"状态。20世纪的城市化特别是城市改造唤起了居民的社区意识，出现了越来越多的居民集体行动，以维护居民的利益，早期的"自为社区"出现了。20世纪80年代之后，西方国家在新自由主义影响下，弱化政府干预，除重新重视市场的作用外，还积极探索发挥社会的作用，鼓励居民及社会组织参与社区建设，提供社会服务，使"自为社区"上升到制度化层面。政府对社区的干预出现了面向居民的社会政策和体制建设，成为社区发展的新动力，这不能为一元论社区理论所解释，需要探索二元论的社区理论。其实，中国20世纪50年代初以来的居委会，在很大程度上就是自上而下运作的，只能用二元论才能加以解释。

采取一元论还是二元论，影响到对社区治理地域范围的界定。从一元论看，社区的地域范围只能是较小的，受人们日常生活交往范围的制约。作为"自在社区"，这种小范围的地域并没有明确的边界。特别是有的城市，居民连续分布于较大的空间范围，一元论社区观点很难从中划分若干个边界清晰的社区。作为"自为社区"，非常态的居民集体行动不能成为划分社区边界的依据，而常态的行动，又必须借助居民组织或社区组织来实现。西方国家在基层并没有建立单一的居民组织，而在一定地域范围内提供社会服务的社区社会组织又有多个，服务半径并不一致，因而也难以确定社区的范围。英国城市基层按代议制政治划分出选区，单纯作为选举地域单位划分，这种出于政治因素的划分不能反映社区的本质。随着政府对社区干预的发展，英国在社区建设过程中，许多地方建立了有一定服务半径的社区服务中心，从面向居民的服务供给角度，大致明确社区的范围。中国城市社区的边界，从20世纪50年代开始就是自上而下形成的，居委会的组织和服务半径形成了最典型的社区边界。居委会在性质上定义为居民组织，反映社区本质，但实际上偏重于服务，长期以来主要是政府交办的各种事务，因此是面向居民的服务决定着社区的边界。近年城市居委会改革过程中，主要就是按照服务半径和服务组织质量的要求，扩大居委会的地域范围，从原来一般约2000居民扩大到约5000居民范围。然而，按照同样的原则，还可以对社区边界有更宽泛的理解。随着社区服务的发展，许多地方在街道层面建立了一个或几个社区服务中心，服务辐射范围跨越若干个社区居委会。一些社区社会组织的服务半径，也会超出社区居委会的范围。这些实践使人们思考从街道的范围定义社区，使社区的空间范围与城市基层行政单位吻合。

  采取二元论观点，从双向动力解释社区治理结构的变迁，可以看到，中国的社区长期呈现外源偏重的结构：基于居民的内源动力不足，面向居民的外源动力明显。在计划经济时代，高度的集权使居民内源发展力量十分薄弱，居民的事务基本上由政府和单位安排。单位承担"父爱式"责任，安排职工生活，为职工及家属提供各种福利。这种情况在改革之后得到改变。但是单位社会职能的弱化并没有同时在社区居民当中产生新的动力。相反，政府通过"社会化"政策，将单位以及政府的一些服务交给社会组织和居民组织办，因而在社区强化了自上而下的干预。二十多年来的社区建设，主要也是由政府推动的。社区服务内容的发起，项目的设立，组织机构，组织服务职能分工，财务资源，设施资源等等，都以外源动力为主。

  这种外源偏重结构有人文环境原因。其一，从资源角度看，上层组织特别是政府掌握着主要资源，居民自我动员或可供利用的社会资源有限，在我国慈善事业尚薄弱的情况下，更是如此。其二，从权力结构看，经济体制改革改变了单位与个人的关系，但政治体制改革迟缓，国家与个人的关系改变不大，政府仍然直接负责为居民提供服务，没有真正将职能和权力转移给社会组织和居民。对于双向动力结构可能出现的冲突关系，政府更是将其看作影响社会秩序的负面现象，防止自下而上的力量过强。

目前社区双向治理结构正面临新的转折，基于居民的内源因素在增加，其中一个重要的转变发生在居委会。最早出现的居委会具有双重性：一方面居民参与满足自己的需要；另一方面政府通过居委会实现公共目标，例如在治安、解决失业问题等方面，都体现着公共目标。随着社会主义改革完成，在计划经济基础上实现了经济、政治和社会生活的集权，居委会越来越成为公共工具，成为"政府的腿"。这种状况在经济体制改革之后仍然延续下来。随着单位的松解，政府公共服务越来越倚重社区，居委会在这方面的作用还在增强。这使得居委会的自治组织性质有所改变。为弱化外源动力对居委会性质的影响，许多城市采取组织权力和职能分散的办法，成立社区工作站或社区社会工作站，接手居委会的部分服务职能和管理职能，即所谓的"居站分离"。社区工作站采取政府购买服务或购买岗位的办法，完成政府规定的任务，并由政府进行绩效考核。这样，居委会弱化了"政府的腿"的角色，更能体现居民自治性质，它更多的体现为居民的民意组织，维护居民的权益，承担社区服务站的管理，对专职人员的服务进行监督，并加强对社区其他组织的监督。

心理健康个案管理的关系模式

Jeffrey Longhofer & Jerry Floersch *

摘　要：在本文，我们简要地分析了在美国精神病院破产后所兴起的个案管理员、个案管理和社区志愿服务。接着，针对服务协调、药物监控、资金管理、技术研发和资源获取的问题进行分析，我们研究它们如何支配人类精神健康的实践模式。随着资源创造和分配在个案管理中日益凸显（例如住房、交通、药疗咨询和就业），我们说明临床技能和培训如何渐被"管理"所替代，以及临床监督如何改变为"责任制"。然后，我们会证明，尽管服务协调在实现有效病案管理中必不可少，但是要想战胜病魔，同样需要探讨病患的精神世界，因为精神世界是各类康复系统的基础，常常使这些系统变得复杂化。总而言之，环境中总需要有一个"人"，无论服务如何有效，如果没有顾及"自我"，那么精神生活服务将会一直无法达到人们所期望的效果：自我和社会、精神生活及社会因素之间存在一种必然的辩证关系，如果忽略这种关系，就会导致社会供应贫乏，以及人们对"独特自我"如何寻求和接受帮助的肤浅认识。

关键词：心理健康　个案管理　关系模式

---

* Jeffrey Longhofer, 美国罗格斯大学社会工作学院副教授；Jerry Floersch, 美国罗格斯大学社会工作学院副教授，翻译者为美国罗格斯大学公共政策学院硕士生张璋。

一　历史背景

半个世纪以来，美国现行的精神病患者护理政策是"非机构化"。对于大多数人而言，大型公立精神病患医院已封存在人们的记忆里，成为历史研究具有影响力的主题。然而，在1975年，电影《飞越疯人院》（奥斯卡获奖影片，由杰克·尼科尔森主演，影片描述了"完全机构化"下精神病患者的生活）首映，对于那些在社区挣扎求生存的人来说，这部影片是现实社会的写真。如今，先前医院的"病人"必须在一个分权式、假象化的机构里吃住、旅行、工作、娱乐和求助，这个机构被称为社区；有时亦称社区护理、社区心理健康、社区服务、社区心理健康中心、社区病案管理。

然而，在从医院向社区过渡时，一个专门从事心理健康服务的执业人员出现了，那就是个案管理员。一些全新的工作惯例和专用词语也随着个案管理员和个案管理油然而生。这些工作惯例大多属于常识或经验，通常在治疗病患时就地取材，随着时间的推移，组织成为模式（Floersch，2002；Angell et al.，2006）。可是，在众多心理健康的实践模式中，只有新兴执业人员——亦称"个案管理员"保持不变。事实上，"非机构化"和"管理"具有相同的理念和历史，它们彼此依赖（Mowbray & Holter，2002：139-142）。在"完全机构化"下，管理并不是关注的焦点。在大型官僚化国立医院里，精神病患者受到高度合理化的"控制"和"监视"。医院的目的是控制和治疗，而不是满足病患的需求和愿望。总之，来医院的是病人，而不是个案。病人接受的是治疗，而不是管理。日常需求（例如食物、住房、医疗）不仅需要提供，也是规定好的（Grob，1994）。

此外，医院是一个"设防受限"的地方。我们具体指的是什么呢？首先，病人不允许在医院里自由出入。病人不仅局限在医院一间特定的病房、一处上锁的房间或周边的场地，而且也躲不过护士或护理人员那一双双保持警惕的眼睛。法国哲学家和社会理论家米歇尔·福柯将这种现象称为医学或精神病学凝视（psychiatric gaze），或圆形监狱（panopticon）（Foucault，2006）。在圆形监狱中，从中央监测点观察和监控病人，中央监测点就像一间护士室或监狱岗楼。为了方便治疗，病人的举动与位置在那里一目了然。其次，病人不得随意工作或赚取收入。再次，病人的生活在短期内变得程序化：就寝、进餐、治疗、运动、休闲。人们可以在医院里度过余生，被亲人抛弃，甚至葬于医院的地下。最终，批评家和社会改革家将这些地方视为"仓库"，里面充满了令人发指的人体试验，人类自由和自尊被无情地践踏。

总之，如果没有"完全机构化"（例如医院、监狱、学校）下的"绝对掌控"，人们就会需要管理。管理一般在社区进行，通过现有的社会保障体系［医疗补助计划、联邦医疗保险、社会保险、其他福利项目、县（市）政府、慈善机构和家庭］和市场，来满足住房以及其他基本需求。就在患者住进社区的那一刻，病人和消费者便应运而生。随着大型公立医院的倒闭，个案管理人员取代了医生和护士，在日常生活中照看那些患有严重性和持久性心理疾病的人。

回顾实行"非机构化"以来的半个世纪，我们发现了一种由坚决反对"机构护理"向"社区护理"发展的趋势。然而，社区护理并没有让机构护理由此消失，它还保留自身的特点，也许更不露声色，甚至更加严密地控制、监视，以及非人道、过度用药，仓储式监禁（Angell et al.，2006；Abramksy & Fellner，2003；Dorpat，2007）。看来，那些不大明显的墙壁，似乎取代了医院和上锁的病房。事实上，许多人认为这一举措是令人沮丧的败笔之作，由社会污点带来的障碍并没有被消除（Hinshaw，2007）。

在早期的支援服务中，个案管理人员在"行动式学"方法的基础上创建了自己的实践模式（Floersch，2002）。然而，在个案管理发展的第二阶段（1985~2000），管理员、决策者和研究员鉴于责任，尝试将社区工作标准化；他们按照单一"模式"的观点和方法，实现标准化。为了促进标准化的进程，研究员分析了管理人员的"行动式学"实践，大量科学工作显示，这些实践是"以经验为基础"（如今是"以证据为基础"）的实践。Floersch展示了在后期，如何建立"优势"病例管理的主导地位（Floersch，2002）。在整个20世纪80年代，各地都盛行"康复"（波士顿精神病康复中心）、"自信社区治疗"、"中介人"和"消费者"的模式。总之，掀起了一股强劲的新潮，脱离了临床、医疗或心理理论。因此，个案管理人员全新的实践模式，向许多利益相关者承诺协调资源获取和技术研发。国家心理健康部门、国家精神病患者联盟、联邦政策制定者和当地心理健康机构都采用一种模式（例如自信社区治疗、会所模式、家庭心理教育、药物管理），继而将个案管理人员在模式化的专业语言下进行培训。然而，人们普遍认为，心理学理论及相关的临床实践在执行精神病患者远离医院的任务中无关紧要。

另外，社会建构主义在临床实践中的应用，也有助于抑制心理健康中的临床或心理学理论。社会建构主义者寻求有效、独特的方法，针对概念、理论、分类或诊断计划，通过仔细研究它们如何构建心理健康现实，来解决精神疾病"污名化"的问题；人们希望社会工作能够避免将医学-科学语言具体化和分类。这些问题重重的话语包括心理动力学理论和实践。例如，丹尼斯·塞利彼写道：

> 在帮者-病人的互动中，我们很可能会看到，帮者，不论笨拙不堪，还是灵活敏捷，都会将职业术语强加给病人，或将病人理解的版本重铸成专业术语或规范，而非常识。这就是理论。病人放弃（或抑制）自身的想法，并接受专业人士的理论，从而更容易接纳技术和服从规则（Saleebey, 1994: 355）。

许多从事社会工作的人都采用社会建构主义，相反，社会建构主义认为个人是社会环境的缩影（Archer, 2000），由占主导地位的价值观和态度所决定。具有讽刺意味的是，这成为决定论的另一种形式：将"心理"或"自我"降至"社会"。有些人将临床语言和理论视为内在"病态"或对流行文化话语的简单映射，这种趋势致使这些人忽视临床工作的性质。一些管理理论家主张，管理人员应从"广义人群"（专业人士、大专程度级技师、学生和消费者）中选择（Rapp, 1998）。很不幸，由于没有出任何差错，这些"广义人群"只接受了最低限度的临床培训和监督，就在个案管理岗位任职。

因此，如今在缺乏心理学理论和实践的情况下，个案管理倡导者、决策者和管理人员认为，促进机构独立应成为核心目标。然而，管理理论家和从业者目前面临一些着实令人费解的问题：如果"非机构化"和社区支持服务能使病人自我管理，那么管理人员需要在哪些方面开展工作呢？管理理论在阐述自我观察、自我监控和自我调节的做法时，并未提供理论模式，也没有规定自我反思的必要条件。相反，它们往往只注重资源获取，以及社交礼仪。

最近，越来越多的决策者、活动家和从业者纷纷转向"康复"的理念。中国人也接受了这个概念，香港近期研究显示了采用这个理念后的益处。

虽然"康复"在心理健康服务中是一个新的概念，但人们对其有非常多的关注，便于我们总结和归纳。从严重的心理疾病中"康复"需要自我管理、自我控制、权力、希望、非线性方法、自担责任、合作和重建社会角色，倡导者对此已达成共识（Bradshaw，Roseborough，and Amour，2003；Jacobson and Greenley，2001；Liberman et al.，2002；Spaniol et al.，2002；Turner-Crowson and Wallcraft，2002）。"康复"的定义包含内涵与外延两个部分，从1993年至今，为了界定和构建康复实践模式，俄亥俄州心理健康部门一直在关注这项工作。携手心理健康服务中心，俄亥俄州心理健康部门开始创办严重精神病患者康复的全国性论坛，早期的研究成果为政策界定提供了基础："康复是一个内在、持续的过程，需要适应性和应对技巧，主要依靠社会支持、权力以及给予人们希望和生活的意义"（Beale and Lambric，1995）。另一种常见的定义是由波士顿精神康复中心主任威廉·安东尼界定的。他写道：

  "康复"是一个可以改变态度、价值观、情感、目标、技能和角色的较为人性化、独特的过程。它是一种满足的、有希望和理想的，战胜缺陷的生活方式。"康复"能够让人克服精神疾病带来的灾难性后果，培养新的人生意义和目标（Anthony，1993：15）。

请注意，这些定义标志着一个重要观念的转变。人们可以很容易发现这种观念如何使病人向"内在""个人"和"独特"的状态转变。简言之，这是一种"自我"的归位，或一种"人类情感自我"的归位。然而，问题仍旧是，这种自我归位如何引发人们对精神生活更为复杂的理解（例如心理动力学理论），以支持康复运动：自我管理、自我控制、自担责任、合作和重建社会角色。此外，人们也不清楚，这种照顾关系在缺乏临床理论的情况下如何进行康复工作：有意义地工作、生活。

二 临床病案管理方法

尽管医疗护理的方式趋向"管理化"和"人工化"，但是一个由执业人员和学者组成的小组不断将临床知识用于探究临床技能，顺利实现了病案管理和康复（Harris & Bergman，1993；Harris & Bachrach，1988；Kanter，1999；Surber，1994；Walsh，2000）。哈里斯和伯格曼指出，服务协调和资源获取至关重要，但管理者往往专注于"管理而非临床元素"（Harris and Bergman，1987）。沃尔什在临床病案管理的著作中，使用了自我心理学和符号互动理论。他写道："在帮助的固有权力关系中，需要疗伤理论和技能，以有效地开展六项核心管理活动：估价、规划、链接、倡导、监督和评定。"（Walsh，2000：9－16）帮助的实践经验（即临床关系）说明，人们往往不可能对专业关系进行量化，甚至对其进行充分说明。由于"帮助关系"在复杂、开放的系统中时刻发生改变（Longhofer，Floersch，& Hoy，2013），所以在管理研究中常被忽视。相反，实证研究注重那些显而易见的结果（例如减少医院的使用），因此，大多数管理研究并不能说明专业人士如何利用"自己"来帮助病人满足他们最基本的生存需求。

由于管理没有囊括治疗和临床方面的工作，对于如何在康复关系中选择、合作和自我掌控，还缺乏临床认识。虽然有许多研究人员和病人坚持认为，一个互信、持续的治疗联盟是病人康复的基础（Bradshaw，Roseborough，& Amour，2003；Chinman et al.，1999；Fenton，Blyler，& Heinssen，1997；Deegan，1996；Solomon，Draine，& Delaney，1995），但个案管理模式无法解释参与者如何在"照顾关系"中自愿建立互信治疗联盟（或合作）。此外，乔尔·坎特曾撰文指出：

> 尽管病案管理的不同模式已经强调了病案管理实践的各个方面，但个案管理人员在同病人进行持续的交流时，应遵循以下五个基本原则：①服务的连贯性；②使用个案管理关系；③厘定支持结构，响应病人需求；④干扰策略的灵活性；⑤提升病人的优势（Kanter，1996：259）。

例如，在《精神分裂症的个体化治疗》中，杰拉德·霍格特（2002：137）借用了心理动力论的语言。他写道："在过去，康复的初期大多发生在医院（收容所）里，而如今，这个担子却由门诊医师扛起，他们会在压抑的世界里营造一种'扶持环境'。"正如其他人一样（Surber，1994；Kanter，2001），霍格特也借用了客体关系理论家唐纳德·温尼科特（1966）的"扶持环境"概念，唐纳德主张执业者必须自觉营造一个安全环境，以应对变化之需。

我们在下面列出的临床病例管理，以关系为导向，符合临床病例管理传统，我们的研究强调了将安全的临床（帮助）关系视为康复之本的重要性。安全、信任是非常强大的工具，因为它们很"轻便"，可以转移到多种情景和社区环境中。临床关系通过帮助病人表达情感和欲望来发挥作用，尤其是那些意识之外、超越日常需求的东西。虽然人们并不能总是意识到自己潜在的情感，但这并不意味着它们是虚构的。否则，只有自觉表达出来的希望、需求和欲望才值得注意，而这或许是大多数管理模式最大的通病。当人类行为理论假定病人存在外部和内部特征，那么病例管理人员需要一个日常理论和语言。例如，以优势为基础的病案管理，其疗效属于社区心理健康支持服务的外部层次，管理人员需要确定病人的优势、目标、愿望和资源获取方式。然而，在实际工作中，管理人员会探讨一些较为棘手的问题。通过探讨，避免漫无目的地进行精神分析，而更加深入研究临床关系所难以避免的日常心理学问题。

三 关于心理动力论和病案管理的案例分析

我们从参与观察法中得出研究结果，并借以描述病案管理关系。在个案研究的基础上，我们阐明了参与严重精神疾病病案管理的四种方式，称其为关联性的四种形式：①为他人做（doing for）；②一起做（doing with）；③站在旁边称赞（standing by to admire）；④为自己做（doing for oneself）。这些形式与服务接受者的情绪状态有关（Spaniol et al.，2002）。对于使用康复模式的病人来说，病残折磨就是一种持续性和经常性的抑制性焦虑，它往往在疾病发生时开始，可以持续数月，甚至数年之久。"过日子就像是打心理战，甚至是血肉战。人们试着去理解和控制所发生的事，但常常一脸烦恼，变得孤立、失控，感到生活力不从心。"（Spaniol et al.，2002：328）在与病残苦苦争斗中，"人们意识到他们需要想办法来解决问题……这样才能过上令人满意的生活"（Spaniol et al.，2002：330）。根据斯潘诺伊及其同事的例证，一个更为强大的自我意念，和自信的"自我"能够让人忍受病残。在第四点即超脱病残中，一个人能感觉到"与自我、他人，不同的生活、学习和工作环境紧密相连，也体验到生活的意义和价值所在"（Spaniol et al.，2002：331）。然而，理解这些复杂的关系和过程需要心理动力理论，对于缺失的东西，也必然会要求重造（Floersch，2002）。

在康复关联区中，我们可以看到演变过程，其中，服务供应者和相关看护人紧紧围绕着关联的四种形式，以多种方式同病人交流。我们认为，这四种形式与"自我"和"内在经历"有关。Vygotsky将此现象概念化，称为外部（社会）联系和内部（精神）发展之间的关系（Vygotsky，1978：84-91）。他认为："较强的心理功能首先出现在'心理之间'，即社会层面，之后，才出现在'心理之内'，即个人层面。"在病人的外部环境中，它们可能由提供帮助的教师、父母或同辈表现出来。受助人（患严重精神疾病的人）将帮助人所提供、描述和采取的行动内化。对于维果斯基和福曼而言，自我掌控或自信是一个将外部环境转为内部环境的过程（Furman，2001）。虽然存在循环运动和复发的可能性，但是总会有康复的潜力。维果斯基和福曼向我们表明，个人活动、学习或再学习的能力如何依赖当前和以往的关系。

四 结论

将自己放在照顾受助者的位置，这一步极其关键，然而，这可能会产生令人恐惧的结果，因为受助者会变得脆弱，容易受他人的操纵和控制。我们认为，那些拒绝个案管理人员帮助的人会抗拒他人，因为他们常常不信任帮助者，很可能害怕吞并式的依赖。换句话说，出于自我保护，他们才抗拒这种依赖。许多人并不认为这种帮助关系是安全的；慎重而理智地依赖"帮助"，产生相互依赖，最后达到独立，而对这一点他们不以为然。此外，希望和信任连为一体。信任通过构建一个安全网，来缓解帮助者的外来威胁感，所以，潜在的冲突关系转变成照顾关系。如果严重的精神病患者能够理解并接受关联性的四种形式产生的积极效果，或许会尽可能地接受帮助。我们对此有信心，因为它可以在日常语言中创造一个康复环境（趋向独立的运动），每位参与康复网络的人都理解这种语言，包括帮助者和受助者（病人、看护人、服务专业人员、家庭成员、监管机构）。最重要的是，日常语言是以心理动力学和发展理论为基础的。

健康和人类服务政策的制定者及专业人士不断寻求新方式鼓励精神病患者，让他们尽可能独立地生活。由于独立能力因人而异，因此这成为一个具有挑战性的任务。康复关联区提供专业服务人员，他们具有与病人建立持续关系的能力，用以帮助精神病患者发展和恢复自我的信心，完成日常生活任务。心理动力学理论将帮助专业人士了解心理健康帮助的复杂性。随着康复关联区的潜能被纳入病人记录，监督人可以将康复关联区作为一个工具来跟踪专业人员（通常是个案管理员）的干预策略和专业方向。这样的发展将重新引入适当的临床理论。我们推测，当专业护理人员感到有太多的活动而不堪重负时，他们已经精疲力竭了。因此，康复关联区为监督人提供了一个检视一线从业人员与病人之间关系的机会，即从两方面寻找他们精疲力竭的原因。例如，如果个案管理人员独自忙于活动设计和执行时，他们可能会感到工作压力重重。例如，如果管理者不断为病人设计活动，而不去执行或者停下来欣赏，他们可能被无用的依赖所鼓励。从另一个角度看，监督人可能使用康复关联区帮助管理者理解为何病人会抗拒与他们相处。仔细分析病人的人际交往历史可能会发现，那些保持依赖的病人积极性很低。

由于病人很难理解病案管理及其专业术语，而且管理者未曾从临床角度考虑照顾关系，许多病人仍旧漠不关心或者保持依赖性。康复关联区使用的语言将最大限度地提高病人和家庭的参与度，这将有望促进治疗联盟合作关系的产生。虽然康复关联区出现在日常用语中，但它并不能消除抽象的、特定学科的心理动力学理论的合理使用。康复关联区是脱离于现象学的，因此所得到的常识性语言根植于心理动力学理论。通过从照顾者和病人的"临近"经验着手，康复关联区让专业人士使用他们的专业语言，但在特殊情况下保留使用，例如，他们与其他专业人士、照顾者和病人谈话，使这些人能够了解抽象、专业理论的细微性和复杂性。

参考文献

Anthony, William A. 1993. "Recovery from Mental Illness: The Guiding Vision of The Mental Health Service System." *Psychosocial Rehabilitation Journal* 16 (4): 11 – 23.

Archer, Margaret. 2000. *Being Human: The Problem of Agency*. New York: Cambridge University Press.

Beale, Velma, and Tom Lambric. 1995. "The Recovery Concept: Implementation in The Mental Health System." A Report by the Community Support Program Advisory Committee. Columbus, Ohio: The Ohio Department of Mental Health.

Bradshaw, William, David Roseborough, and Marilyn Amour. 2003. "Recovery from Severe Mental Illness: The Lived Experience of The Initial Phase of Treatment." Paper Presented at the Meeting of the Society for Social Work Research, Washington, D. C.

Chinman, M., M. Allende, P. Bailey, J. Maust, and L. Davidson. 1999. "Therapeutic Agents of Assertive Community Treatment." *Psychiatric Quarterly* 70 (2): 137-162.

Deegan, Patricia E. 1996. "Recovery as a Journal of the Heart." *Psychiatric Rehabilitation Journal* 19 (3): 91-97.

Fenton, W. S., C. R. Blyler, and R. K. Heinssen. 1997. "Determinants of Medication Compliance in Schizophrenia: Empirical and Clinical Findings." *Schizophrenia Bulletin* 23 (4): 637-651.

Floersch, Jerry. 2002. *Meds, Money and Manners: The Case Management of Severe Mental Illness.* New York: Columbia University Press.

Furman, Erna. 2001. *On Being And Having A Mother.* Madison, Connecticut: International Universities Press.

Harris, Maxine, and Helen Bergman. 1993. *Case Management for Mentally Ill Patients: Theory and Practice.* Langhorne, PA: Harwood Academic Publishers.

Harris, Maxine, and Leona Bachrach. 1988. *Clinical Case Management.* San Francisco: Jossey-Bass.

Harris, Maxine, and Helen Bergman. 1987. "Case Management with the Chronically Mentally Ill: A Clinical Perspective." *American Journal of Orthopsychiatry* 55 (2): 296-302.

Jacobson, Nora, and Dianne Greenley. 2001. "What Is Recovery? A Conceptual Model and Explication." *Psychiatric Services* 52 (4): 482-485.

Kanter, Joel. 2001. "Being There: The Transitional Participant in Case Management." Paper Presented at the National Membership Committee on Psychoanalysis in Clinical Social Work, Conference on Dynamic Social Work, Arlington VA.

Kanter, Joel. 1999. "Clinical Issues in Delivering Home-Based Psychiatric Services." In *Psychiatric Home Care: Clinical and Economic Dimensions.* Edited by Menikoff San Diego: Academic Press.

Kanter, Joel. 1996. "Case Management with Long Term Patients: A Comprehensive Approach." In *Handbook for the Treatment of theSeriously Mentally Ill.* Edited by S. M. Soreff. Seattle: Hogrefe Huber Publishers.

Liberman, Robert P., Alex Kopelowicz, Joseph Ventura, and Daniel Gutkind. 2002. "Operational Criteria and Factors Related to Recovery from Schizophrenia." *International Review of Psychiatry* 14: 256-272.

Rapp, Charles. 1998. *The Strengths Model: Case Management with People Suffering From Severe and Persistent Mental Illness.* New York: Oxford University Press.

Solomon, Phyllis, Jeffrey Draine, and Mary Ann Delaney. 1995. "The Working Alliance and Consumer Case Management." *Journal of Mental Health Administration* 22 (2): 126-134.

Spaniol, LeRoy, Nancy J. Wewiorski, Cheryl Gagne, C., and William A. Anthony. 2002. "The Process of Recovery from Schizophrenia." *International Review of Psychiatry* 14: 327–336.

Surber, Robert W. 1994. *Clinical Case Management: A Guide to Comprehensive Treatment of Serious Mental Illness.* Thousand Oaks: Sage.

Turner-Crowson, Judy, and Jan Wallcraft. 2002. "The Recovery Vision for Mental Health Services and Research: A British Perspective." *Psychiatric Rehabilitation Journal* 25 (3): 245–254.

Vygotsky, Lev Semenovich. 1978. *Mind in Society: The Development of Higher Psychological Processes.* Edited by M. Cole, V. John-Steiner, S. Scribner & E. Souberman. Cambridge, MA.: Harvard University Press.

Walsh, Joseph. 2000. *Clinical Case Management with Persons Having Mental Illnesses: A Relationship-based Perspective.* Pacific Grove, Calif.: Brooks-Cole Publishing Co.

社会工作专业的社会研究方法教学特点探讨

李 炜[*]

摘 要:"社会研究方法"是社会工作专业教学中的一门重要课程。笔者根据讲授"社会研究方法"课程的8年教学经历(其中针对社会工作专业硕士的讲授有2年),总结出面向社会工作专业的学生,讲授这门课程有以下几个特点:第一,着重提升社会工作专业学生的问题意识和问题的辨识能力;第二,着重训练学生综合、灵活运用各种研究方法来进行研究设计;第三,着重培养学生的行动能力。

关键词:社会研究方法 社会工作专业硕士

"社会研究方法"是社会工作专业教学中的一门重要课程。这门课程旨在培养学生对社会科学研究的兴趣,和发现、理解、分析问题以及应用研究方法解决实际问题的能力。按照中国社科院MSW(Master of Social Work)教育中心的教学要求,"社会研究方法"课程通过课堂讲授、案例分析、教学实践、课堂讨论等多种教学形式,要使得学生在课程结束后系统掌握社会科学研究中的基本原理与方法,并能够在学习、研究与实践中加以运用。让学生掌握研究套路,学习论文写作,锻炼研究思路,具备从社会现象中寻找问题并解决问题的基本技术。这门课程属于专业基础课,目前是60学时,3学分。

此门课程从方法论、研究法和具体方法技术三个层次,结合大量实例,对社会科学研究方法进行全面、系统、详实的介绍与评析。具体而言,课

---

[*] 作者单位:中国社会科学院社会学研究所。

程重点围绕社会科学研究的原理和程序，详细阐述社会研究导论、确立课题、研究设计、资料收集、统计分析、理论解释、报告撰写、成果应用等理论和研究环节。

笔者讲授"社会研究方法"课程有8年的经历，其中针对社会工作专业硕士的讲授有2年。根据笔者的感受，社会工作专业的特色是其有高度的实务性，要求社会工作者具有解决现实问题的能力，因此在社会研究方法课程的开设中，要特别注重问题意识和行动能力的培养。这应该成为贯穿社工专业研究方法教学的理念。与面向社会学专业学生的讲授相比，针对社会工作专业的"社会研究方法"，有以下特色。

第一，着重提升学生的问题意识和问题的辨识能力。虽然从广义的层面来讲，所有的研究方法都是要实现求解疑惑、增新知识的目的，但社会工作的研究方法有更加鲜明的问题解决（Problem-solving）取向，这和社会学研究中侧重对社会现象的分析解释有所不同。

这首先表现在社会学和社会工作对各自领域所要求解问题的旨趣不同。在社会学研究中，研究者关注的学术问题往往是增量递进的，即"发前人之所未发"。一类社会事项只要前人已做了详细的研究，后来者往往不再会认为是要关注的问题，即便在现实中它真是重要的。而社会工作的研究者则是从解决问题的重要性角度来判断何者为问题的。例如，笔者曾指导社会学和社会工作的硕士生做农村养老机构的研究。学生们通过调研发现，阻碍农村老人选择社会养老机构的最大因素，在于传统的养老观念。当地人认为，只要有儿有女，就要靠儿女养老，子女送父母到养老院是非常"不孝"之举。社会工作的学生的关注点较多聚焦在采取何种策略帮助案主来改变这种观念；而社会学的学生则认为这一问题已是人所尽知，前人已有较多的研究，更关注于还有什么新的因素影响了农村居民对社会养老机构的选择。从此比照来看，社会工作研究的问题是以对象的问题为自己的问题，而社会学研究的问题往往是研究者自己的问题。因此在社会工作研究方法的教学中要特别强调如何将对象的问题和自己的兴趣相结合。

其次要注意到，社会工作者在实际工作中所遇到的问题往往是具体的、本地化的、错综多样的。因此在教学中要侧重训练学生去辨识哪些是基础性/宏观性问题（如制度问题），哪些是实作性问题；哪些是长期性的问题，哪些是短时期可以着手解决的问题；哪些是更为广泛的社会领域的问题，哪些是本地性的问题。这对于社会工作的介入，寻找切入点甚为重要。例如，在进入社区开展"以老养老"① 模式的研究中，看到在人口老龄化问题不断加剧的状况下，发动低龄老人作为志愿者来关照高龄老人，的确是社区养老的一种新途径，有的社会工作专业的学生就把研究关注点放在低龄老人与高龄老人情感交流的便利上，但却忽略了"以老养老"模式推广的障碍。比如在一个社区内低龄老人志愿者与高龄老人的数量比是多少？——这决定了养老服务供需双方的缺口。比如低龄老人出于何种动机来充当养老服务的志愿者，这种动机能否持续？——这决定了"以老养老"模式能否大规模地推广。比如低龄老人如何提升养老服务的专业化水平？——这决定了"以老养老"模式的服务质量。相比而言，对这类问题的剖析更具有社会工作的对策性。因此，在社会工作研究方法的教学中，教师要善于引导学生从实践中辨识问题，聚焦问题，切中研究的要义。

最后，社会学和社会工作的研究在问题表述方式上也有所不同。虽然同属于经验研究的范畴，社会学的研究更多采用了"假设—检验"的模式，即把研究问题细化为假设陈述，然后收集经验资料来验证之。比如将研究问题细化为如下的形式"假设 A：养老观念越传统的家庭越不倾向于选择社会养老机构；假设 B：教育程度越高，越容易接受社会养老机构"等。对于社会工作的学生而言，这种假设形式对于解答问题通常过于间接，他们往往问到这样的假设成立了，又会问"so what"？因此，远不如这样的提问方式："乡镇养老机构有足够的接纳能力，为何农村居民还不选择呢，是知晓不够吗，是观念障碍吗，是经济上不能承受吗？……"对他们而言，问题的细化和筛选，要比假设的明晰更为贴切实用。因此在社会工作研究方法的教学中，教师应该更多采用问题导向的方式来拓展学生的研究思路。

第二，着重训练学生综合、灵活运用各种研究方法来进行研究设计。社会工作以解决现实问题为导向，往往会采用实地研究（field study）的方式，因此社会工作者不能拘泥于定性与定量研究方法的分野，而是要根据问题研究的实际需要，综合地运用不同的社会研究方法、资料收集方式来推进研究。比如笔者曾指导一批社会工作专业的学生开展一项旨在改善社区家政服务的研究，学生们原初的设计大多局限于单一的研究方法，或

---

① 以老养老就是让身体健康的老人照顾身体不健康的老人。这一模式最早起于浙江省宁波市北仑区的紫荆社区。具体做法是鼓励低龄老人与高龄老人结对，为独居或空巢高龄老人提供接力式的亲情服务。2013 年全国"两会"上，全国人大代表、山西省脑康复医院院长郭新志提出了"以老养老"的概念。

设计采用问卷法发若干份问卷进行居民调查，或设计进行一系列访谈、座谈。其实实地研究面临的问题是多样的，相应的研究方式也应是高度综合的。经过对研究问题的明确，项目组对调研方式进行了调整改进。按照"要解答什么问题——解答问题需要什么样的信息——这些信息来自哪些研究对象——如何从这些对象处获得信息"的思路和流程，整合了调研方式。最终在此项目中，学生们不仅采用了定量的统计调查法（如用问卷调查方式收集社区内家庭对家政服务需求的数量、类型、偏好等），也采用了现场实验的研究方式（如对比用户家庭直接向家政人员付酬和向家政公司付费两种方式对家政服务管理的影响），还采用了访谈、座谈（如对家政服务机构、家政服务员等的深度访谈，焦点小组座谈会）、观察（如旁听家政服务机构对家政服务员的入职培训、岗位技能培训）等质性研究的方式。这种实地研究往往会涉及多类型的研究对象、多阶段的研究步骤、多次的设计调整。这对目前社会研究方法的教学提出了更高的要求。

第三，着重培养学生的行动能力。和社会研究中科学主义的方法取向截然不同的是，社会工作不能在实地研究中秉持"价值无涉"的准则，不能将研究对象仅仅视为"资料提供者"，不能谋求与研究议题保持"客观距离"。社会工作中的研究方式是"知行合一"，在对所关注的研究主题深入了解的基础上，社会工作者要对社会情境加以干预，对社会现象施以改变，并要调动研究涉及的对象参与到这一改变之中。

在笔者带领学生参与的一项有关村务公开的调研中，项目组就采用了"参与式民主"（Deliberative Democracy）的研究范式。第一阶段，在村民中开展了民意调查，获得了村民对于村务公开、村务民主管理、村委会工作等方面的基本评价。第二阶段，项目组就村委会打算村财务账公开（在地方又称为"晒账本"）的举措向村民征询意见。在实地研究中召开了多次由村民代表和村委会干部参加的恳谈会，项目组以专家的身份，协助设计恳谈会的议题、规则，并主持具体的流程。通过为期半个月的恳谈和沟通，村民与村委会就村账务公开的内容、方式、周期、审核监督方式达成了较为一致的意见，最终形成了该村"晒账本——村务公开"执行方案。第三阶段在村务公开后3个月，项目组又一次对村民开展民意调查，再次考察村民对于村务公开、村务民主管理、村委会工作等方面的评价。这一调查结果和项目开展前期的基线调查结果相比，村民对村委会7项工作中的5项评价幅度都有了较明显的提升，这就可以反映出村务公开对于基层民主状况改善的效应。

通过上述案例可以看出，大量的利益关联者介入的参与、恳谈、协商、建议、推行等组织化行动，成为社会工作研究中的一项特色。社会工作者集研究者与行动者为一体的角色要求，迫使社会工作研究方法教学要更加侧重研究和行动能力的综合培养，这也是目前社会工作研究方法教学中面临的一个亟待开拓的领域。

参考文献

郭伟和、徐明心、陈涛，2012，《社会工作实践模式从证据为本到反思性对话实践——基于"青红社工"案例的行动研究》，《思想战线》第 3 期。

刘媛媛、王丽云，2011，《社会工作研究方法教学与实践模式探讨》，《社会工作》第 5 期。

张姝，2009，《多元性、异质性的社会工作研究方法》，《兰州交通大学学报》第 5 期。

实行社会福利政策减轻贫困：
对亚洲国家的启示

周镇忠（Julian Chun – Chung Chow）*

摘　要：本文描述了当前社会的扶贫政策及项目，首先描述了以政府为主导的扶贫政策和项目；然后，描述了以市场为基础的私人措施，其为弱势人群参与市场竞争而消除障碍；最后，本文描述了以社区草根团体为例的基层扶贫项目。

关键词：扶贫政策　国家控制的政策　私人措施　基层项目

一　导言：扶贫政策的途径

西方或东方社会，不管它们的经济条件如何，一直都在努力地推动扶贫工作。在过去数十年中，许多扶贫政策和项目已经启动，其目的在于减少贫困和促进就业。在这些项目中，有成功的例子，也有很多失败的例子。本文将回顾一些扶贫政策，通过分析它们的特征、优势和劣势来探讨这些政策。学习西方的经验，尤其是了解其局限性，将有助于亚洲国家发展适合本土的社会福利和社会工作实务。

一般来说，扶贫政策有三种。首先是以政府为主导的政策和项目，其主要作用在于为弱势群体谋求利益。这些政策包括提供现金资助、收入支

---

* 周镇忠（Julian Chun – Chung Chow），加州伯克利大学社会福利学院副教授，本文翻译者为美国罗格斯大学社会工作学院硕士生陈宁。

持项目［比如，补充保障收入（SSI），贫困家庭临时援助（TANF）］，税收信贷政策［例如，劳动所得退税补贴（EITC）］，最低生活工资政策以及现金转移计划［例如，有条件的现金转移（CCT），无条件的现金转移支付（UCT）］。

其次，以市场为导向的（私人）措施，为参与市场的弱势人群消除障碍。这些项目包含资产建设的方法［例如，个人发展账户（IDAS）］，小额信贷和微型企业方案（MEPS）及建立社会企业［工作整合社会企业（WISEs）］。

最后，以社区草根团体为主，通过启动基层项目，以满足当地的需求，发展公众社区的资产，其中包括互助协会，小额贷款、小额保险办法。

基于上述各种扶贫战略，运用社区社会发展的方法，可以进一步发展人力资本，整合经济增长和社会福利，改善社会环境，鼓励生产行为，对于亚洲国家尤其重要（Midgley，1995）。

二 当前扶贫项目概述

（一）公共/政府举措（Public/State Initiatives）

1. 收入支持

在西方社会，现金援助在政府干预减轻贫困中发挥了重要的作用。一些集中的、政府控制的政策和项目带有一定特征，其收入支持策略包括资产审查的社会援助计划、税收信贷计划以及最低工资政策。

首先，补充保障收入（Supplemental Security Income，SSI）是一项美国联邦现金补助计划，它由一般税收（不是社会保障税）支持。它的目的是帮助低收入或没有收入的老年人、盲人和残疾人，它通过提供现金来满足人们基本的衣、食、住所需。残疾儿童也有资格领取补充保障收入。

其次，在美国，临时救助贫困家庭（Temporary Assistance for Needy Families，TANF）是一项需要通过资产审查的方案，它是由联邦政府援助，州政府管理的现金援助计划。TANF 在 1996 年由克林顿总统以"个人责任和工作机会协调法案"订立，并且取代原有的"对有依赖子女家庭的补助"（Aid to Families with Dependent Children，AFDC）。该计划的主要变化包括五年的终生领取期限、参与工作的要求、对不遵守工作要求的制裁、对非美国公民的移民者受益限制。根据 TANF 案件的数据，自从该计划全面启动后，福利个案数量急剧下降（U. S. Department of Health and Human Services，2011）。

劳动所得退税补贴（Earned Income Tax Credit，EITC）是美国最庞大的反贫穷计划之一（接近2500万人受惠），中低等收入的个人和家庭都可获联邦退还所得税。这项政策的主要目的是提供工作的动力。当劳动所得退税补贴额超过所欠税款的金额时，政府会将差额退给申报人。其不仅适用于残疾人，也适用于有孩子或没有孩子的家庭。在2010年，劳动所得退税补贴已使540万人脱贫（U. S. Census Bureau，2010）。大部分劳动所得退税补贴支付给有孩子的家庭和收入接近或者处于贫困线以下的人。更重要的是，劳动所得退税补贴对有孩子的单身母亲参与劳动有重要的影响。Hotz 和 Scholz 的研究发现劳动所得退税补贴对就业有增加的效果（Hotz & Scholz，2003）。

然而，其他研究报告有不同的结果，因为劳动所得退税补贴只提供给那些有工作收入的人，结果，失业的人未能得到帮助。就业的标准需求和供给模型表明，劳动所得退税补贴在劳动供给上的增长将降低平均工资。有资格获得劳动所得退税补贴的人可能获得更高的基本收入，但是劳动所得退税补贴可能给那些没有资格或者仅有中等劳动所得退税补贴者（主要是在美国无子女的夫妇和个人）带来负面影响，Rothstein 研究发现，每一美元劳动所得退税补贴为没有技术的单身母亲减少0.3美元的薪资；每一美元的劳动所得退税补贴使没有技术且没有资格领取该补贴的工人的薪水减少0.43美元（Rothstein，2008）。

最后，最低工资政策是给工人支付最低工资来提高他们生活水准的政策，是一项重要的扶贫政策。在美国有很多城市也实施最低生活工资政策，来满足员工的基本需求。这些政策通常要求接受市政府合同或补贴的企业，支付高于全国最低工资水平的最低工资。Neumark 发现许多有生活工资政策的城市，要求企业支付高于全国最低工资水平30%的工资（Neumark，2002）。在一些城市，比如加州的 San Jose，生活工资比全国最低工资高出80%。尽管生活工资政策增加了低收入工人的工资，但其也显示出受到影响的工人就业人数在减少。

2. 现金支付转移项目

（1）有条件现金转移（Conditional Cash Transfer）

有条件现金转移通过提供现金资助来减轻贫困者急切的生活困难，并且通过达到某些条件来建立他们的"人力资本",比如让孩子上学或者定期送他们去做身体检查。在 2007 年,纽约市设立了第一个发达国家的有条件现金转移项目——家庭奖励,并在纽约市最穷的 6 个社区进行试点研究。这个项目由一个私人的非营利中介组织运行。通过随机对照实验,4800 个家庭和 11000 名儿童,其中一半能接受现金的奖励,另一半被分配到不能接受奖励的对照组(Riccio,2010)。

对家庭奖励的有效性评估包括四个方面。首先,在贫困和困难方面,家庭奖励减少了目前的贫困和经济困难,包括难以取得足够食物的家庭以及在住房和医疗保健方面有困难的家庭。项目增加了家庭有银行账户和存款的可能性,也减少了对其他非银行机构的使用(如支票兑换)。其次,在就业方面,家庭奖励对就业结果的影响是复杂的。早期结果显示,得到全职工作的可能性和平均收入增加,但这些工作并没有被失业保险覆盖。再次,在教育方面,家庭奖励大幅度提高了高中学生在参与项目时的成就,然而并没有在一些重要的教育机会上产生影响(比如小学和中学生的教育成就)。最后,在健康方面,家庭奖励适量地提高了家庭的健康保险覆盖面,减少了对医院急症室的依赖,并增加了医院治疗的比率,也大幅提高了预防牙科护理的使用率(Riccio,2010)。

(2)无条件现金转移(Unconditional Cash Transfer)

在美国,家庭自立计划(Family Independence Initiative)是由加州奥克兰的一个非营利组织发起,有 16 个来自旧金山的低收入家庭参加。在 18 个月以后,另外 200 个低收入家庭加入家庭自立计划。家庭被要求制定自己的目标并采取相关行动,他们必须互相帮助和支持。家庭自立计划的目标是协助低收入家庭走向更稳定的中产阶级家庭,减少他们及其孩子重新落入贫困的可能性。

家庭自立计划有三个创新:(1)强调优势:强调激发家庭潜能来促进低收入家庭的技能和资源增加。(2)鼓励互相支持:家庭自立计划促进愿意互相帮助的家庭相互了解、一起工作。(3)提供资源和机会:参加者被要求在线报告执行计划的情况,通过定期小组会议发放季度奖金给进步者,支付新兴领导人奖学金,为其提供所需服务或机会,提供资金协助购买居所、开创事业或教育进修。

16 个家庭的初步评估结果表明,每月的平均收入增加了 20%,平均债务下降了 1625 美元(Family Independence Initiative:San Francisco Two – Year

Progress Report, 2009)。家庭自立计划已经扩展到其他城市, 一个全国的家庭自立计划组织已经形成。

(二) 市场/私人措施驱动 (Market/Private – driven initiatives)

最近, 扶贫的替代方法聚焦于去除阻止穷人参与市场的障碍, 包括生产者和消费者的障碍 (Cooney, 2010)。具体而言, 有三种以市场为导向的扶贫策略: 资产建设战略、小额信贷和社会企业。由于国情的差异会产生以市场为导向的反贫困战略的不同, 因此, 本文将以美国福利实践的经验来讨论这三个策略, 并且回顾形成这些策略的实例。

1. 资产建设战略 (Asset – building strategy)

以资产为基础的策略包括消除申请领取福利的资产限制, 使其与低收入家庭的储蓄相匹配; 建立以穷人为对象的资产账户; 强调储蓄和信用管理 (Schreiner & Sherraden, 2007)。资产建设战略的目标是资产累积, 这将导致某种程度的金融福祉 (Sherraden, 1991)。

在美国, 自从1990年以来, 个人发展账户 (Individual Development Accounts) 是资产建设战略中最常使用的工具。现有超过1000个个人发展账户项目和将近5万个个人发展账户。从1997年到2003年, "美国梦示范方案"首次对个人发展账户进行大规模评估调查。根据各种评估调查, 一些研究者支持了个人发展账户对特殊群体的积极影响, 而其他研究者则指出了负面影响。

在积极方面, 如果给予适当的奖励, 穷人是能够储蓄的。Lombe 等人的报告指出, 个人发展账户促进弱势群体 (比如残疾人) 储蓄 (Lombe, 2010)。Zhan 主张, 单身母亲在个人发展账户项目中能节省金钱 (Zhan, 2003)。研究者发现提供个人发展账户的财务教育会增加参与者的金融知识, 帮助其做出财务决定 (Richards & Thyer, 2011)。另一方面, 尽管个人发展账户参与者有能力储蓄, 储蓄的总额却是有限的, 而且没有证据显示参与者能够完成任何一项个人发展账户项目的三个主要目标 (自置居所、接受高等教育、开办微型企业) (Richards & Thyer, 2011)。Sherraden 等人的储蓄结果研究表明, 大量的日常收入不会使个人发展账户的储蓄额有所增加, 个人发展账户储蓄率更随着收入增长而下降 (Sherraden, 2003)。

2. 小额信贷/微型企业 (Microfinance/Microenterprise)

小额信贷策略的前提是, 如果参与者有机会以较低的利率借少量的钱,他将能够用借来的资金投资小企业并累积财富,以打破债务循环(Cooney,2010)。1980年以来,当新自由主义变得更有影响力时,微型企业和小额信贷项目就变得更突出(Midgley,2003)。

最知名的小额信贷计划是孟加拉国的格莱珉银行(Grameen Bank)提供的。它成功的经验具有以下几个特点:贷款给小团体而不是个人;拥有比商业银行高很多的还款率(95%),频繁地面对面与客户互动,而不是以书面交易为主;把女性当做客户;有7000多个小额贷款机构,为2500多万贫困人口服务(Yunus,1999)。

美国1996年福利改革法案鼓励了这个策略,并给了州政府把小额贷款纳入政策体系的自主性。从那以后,约有300~400个促进穷人个体经营的微型计划被建立,其填补着贷款的空缺,繁荣着社区经济发展(Sanders,2002)。与格莱珉银行的模式不同的是,美国的小额信贷方案从集体贷款转向个人贷款。Sanders的研究结果表明,在整个研究样本(N=431)中,有58%的样本没有达到贫困线的150%以上,比较三组参与者(自我就业者、低收入的工人、小额信贷参与者),他们在摆脱贫穷的统计概率上没有差异。

小额信贷政策有利有弊。其利的方面是小额信用贷款减轻了复利债务的负担。一些研究指出小型借贷对穷人比对其他群体更有利,但是另外一些研究却不这么认为,其结果因国家而异(Cooney,2010)。此外,在美国,微型企业作为反贫困战略的功用可能被夸大了(Sanders,2002)。这个项目需要发达的资本主义经济,它能提供大量的资本,它比发展中国家更能实现市场渗透。

3. 社会企业(Social Enterprise)

在20世纪90年代,英国和美国首次出现了社会企业。社会企业的出现伴随着下面的背景:(1)政府提供的服务减少;(2)社会文化强调自力更生和个人责任;(3)在社区中,志愿活动和非营利部门改变(从资金赞助到公开投标),以及全球性福利国家的私有制与放松管制的发展趋势(Bull,2008)。

在美国,社会企业联盟把社会企业定义为"利用创业的劳动收入提高社会使命的组织或企业"。相比欧洲,社会企业在美国接受了企业家的文化,个人与企业家专注于集体的或者社团的利益(Chell,2007)。商学院在理论探讨上起了很大的作用,主要有两个思想流派(Dees & Anderson,

2006；Defourny & Nyssens，2010）：收入增长和社会创新。收入增长流派着重于"商业非营利的方法"，他们通过分配利润去履行社会使命。另外一个流派认为，应将社会企业家精神动力嵌入非营利或者营利事业中，并且把革新过程面向社会变革。

在各种社会企业家中，工作整合社会企业（Work Integration Social Enterprises）在创造就业岗位上起了重要的作用。工作整合社会企业帮助符合条件的低收入劳工就业，特别是那些有可能永久被排斥在劳动市场以外的贫困工人。在美国福利改革和劳动力发展变迁的背景下，工作整合社会企业因为弱势工人的增加而大量增加。

同时，一些对社会企业的批评不应该被忽视。过度强调竞争的环境和追求利润是具有破坏性的，特别是当满足社区需要的目标有可能被牺牲和忽略（Bull，2008）。

（三）基层创始计划（Grassroots Initiated Programs）

在南半球许多人面临贫困加剧的风险，他们生活条件恶劣、营养失调、健康不佳、教育程度低并且遭受社会压迫（Midgley & Hosaka，2011）。而正规社会保障计划往往未能服务于最贫困的群体，因此，互助协会被普遍认为更有可能满足穷人的需求，在东南亚，一些有效的基层项目已经启动，为社会保障制度填补了空白。

1. 菲律宾：农业和农村发展中心

农业和农村发展中心（Center for Agriculture and Rural Development）促进了小额保险的发展，它被认为是菲律宾的主要基层战略。小额保险通过提供特殊的危机保护对弱势者在面临危难或者不幸的事件时提供保险（Midgley，2010）。农业和农村发展中心强调小额保险成员自我管理的重要性。

1980年，农业和农村发展中心以NGO方式运行，它采用了改良的格莱珉银行模型，通过提供生活补助帮助失地农民工。如今，它已经发展成一个庞大的、正式的金融机构，为百万贫困妇女服务。它也演变成向经济和社会上弱势的人，提供财政和非财政服务的社会发展组织。农业和农村发展中心为案主提供贷款保障，设立丧葬援助公共资金，并且很快延伸到退休金等其他项目。1999年，互惠基金成为农业和农村发展中心互助受益协会的一部分，这是第一个拥有基层成员、被国家正式承认的管理小额贷款的组织。

菲律宾小额保险战略有弊有利,有利的方面是,作为一个有效的商业模型,它能够处理保费收取、道德风险管理和逆向选择的许多复杂的问题。就是说,有效的专业管理对农业和农村发展中心的成功很重要。它同样能确定穷人的需要和为穷人提供适当的、能够负担得起的服务。因此,小额保险是一个重要的扶贫工具,帮助穷人降低风险和应付各种危机与逆境。然而,自我管理的小额保险需要专业的技术和完善的体制,如精算模型和专业管理。可是很多小额保险缺乏对金融体系稳定性的评估,甚至缺乏对相关利益者(监管者、从业者和公众)的评估标准。

2. 泰国:社区福利基金

在泰国,只有20%的人口受保于正式的社会保障计划。大部分没有受到保障的城镇职工是在非正规部门工作,农民和渔民占到非参保人员的56%(Midgley & Hosaka, 2011)。在这种情况下,政府支持社区发起的以发展为导向的社会保护方案不单是一个可行的替代方案,更可能实现全民社会安全保障。同时,由于95%的公民是佛教徒,互相帮助是社会上一个非常悠久的文化传统。社区组织发展研究所(Community Organization Development Institute)有着举足轻重的作用,作为政府成立的实体,它延长对组织的支持,给低收入社区提供贷款。社区组织发展研究所积极支持当地的互助微型保险计划,并启用了大量的非正规部门的工人——这些工人原本被排除在正式的社会保障之外,制定了各种社区社会保障规定,如丧葬补助、医疗保险和医疗补助、奖学金、残疾或失业援助以及资助艾滋病毒呈阳性的成员。2000年,社区组织发展研究所创建了老年人福利基金,为贫困老人提供各种适合当地社情的社会服务。

根据社区组织发展研究所指出的对试点方案的评价,它产生了积极的效果,并且社区居民已经推出了种类繁多的福利项目。在泰国,城乡的半数社区已经参与了社区组织发展研究所的活动,社区组织发展研究所帮助当地社区建立自己的储蓄团体,为其提供社区网络,引导其到有种子资本的地方去开展这些活动。结果,社区组织发展研究所认识到设立社区管理福利基金是解决当地福利需求的重要途径。基于需求的评估,结合当地的社会和文化环境,当地人民应团结起来建立他们自己的社区福利资金以回应社会需求。这与传统的以项目为基础的社区发展模式相比,更容易获得资金,且有巨大的运行灵活性。总之,对于自治的社区而言,社区福利基金已成为一个重要的工具。

然而，社会安全系统尚未普及，一些基金的可偿退能力是有疑问的。着重社区福利的自负盈亏系统的扩张也降低了政府为公民提供社会安全的责任。构建一个新的社区福利基金三方系统（中央政府资源、地方当局资金和当地社区贡献）或者把政府和社区福利相连接的路还相当长远。

西方经验表明，单独的福利项目不足以扶贫，需要集体合作。另外，复杂的福利系统是破碎的，而不是整合的，政策、项目的目标与需求往往是不匹配的。也因此，我们仍然对穷人在经济上和社会上的福祉了解不多。

三 在实践中发展社会福利：社区观点

要提高效率，扶贫政策必须通过制定方案框架来指导实践。社会发展提供了一个可行的方案框架和研究方法来应对多方面的社会问题（Midgley, 1995）。社会发展最不同的特点是它企图整合社会福利政策与经济发展。社会发展具有三个关键特征：（1）它整合了社会福利和经济发展，把经济和社会政策项目之间连接起来。经济和社会政策是两项重要组成，它是一个可持续的和变化的发展过程。（2）社会发展运用经济政策来实现社会目标。经济发展总的来说应当促进大众的幸福。比如，增加就业和公平分配。（3）社会政策和项目对经济发展产生积极影响。社会投资鼓励推广更多提高生产力的经济政策，总体上有利于人民以及传统的社会福利服务的接受者。

在实践上，社会发展为社区提供了可行的策略来实行改革创新，扶贫计划通过以社区为基础的服务来提供系统服务，以此来提升社区服务的可及性和利用率，从而提高效率和质量，控制经济成本。通常情况下，这些社区位于农村或市区内，工作机会和人口流失、公共设施和公共服务减少，具有较高的犯罪率，社会秩序崩溃。传统的措施对处理失业、贫穷和社会动乱问题几乎不能发挥作用。作为回应，社会发展方法具备使用整合方法处理这些问题的潜力，通过社会资本的投资和在社区整合经济与社会资源恢复社会秩序。

推动以社会发展为基础的社区实践，可以考虑应用下列几个原则：

（1）设置基本原则。行动的目的在于改善某一特殊社区的条件，并根据当地条件调整方案。（2）以资产为目标的原则。行动的目标是利用当地居民与组织的技能、才能和资源来努力改善条件。（3）公共参与。行动的目标是要鼓励大众参与，不管是集体的还是个人的参与。（4）居民决策。居民有机会影响决策，影响他们的邻居及其生活；居民是计划者和决策者。（5）集体行动。居民能确定他们的长久目标并制定解决方案，朝着共同的愿景努力。（6）建立关系。行动的目标是发展社区成员之间的网络并使其与较大社区建立关系。（7）综合和配套的原则。识别其他社区计划，确定潜在的协调合作对象。

总之，以社区为导向的社会发展扶贫战略，主要在寻求社会资本投资，促进关系建立，积累社区资产。此外，它的主要目标是促进当地经济发展。这些策略包含创建新的本地企业，构建社区支持，提供信贷的机会，通过当地企业发展带动就业，创造就业转介网络，促进当地的经济发展，吸引外部投资。同样，社会发展提供了整合国家、市场和社区扶贫努力的独特实施框架。

参考文献

Bull, M. 2008. "Challenging Tensions: Critical, Theoretical and Empirical Perspectives on Social Enterprise." *International Journal of Entrepreneurial Behavior & Research* 14 (5): 268 – 275.

Chell, E. 2007. "Social Enterprise and Entrepreneurship: Towards a Convergent Theory of the Entrepreneurial Process." *International Small Business Journal* 25 (1): 5 – 26.

Cooney, K. 2010. "New Approaches to Old Problems: Market – based Strategies for Poverty Alleviation." *Social Service Review* 84 (1): 29 – 53.

Dees, J. G., & Anderson, B. B. 2006. "Framing a Theory of Social Entrepreneurship: Building on Two Schools of Practice and Thought." *Research on Social Entrepreneurship ARNOVA Occasional Paper Series* 1 (3): 39 – 66.

Defourny, J., & Nyssens, M. 2010. "Conceptions of Social Enterprise and Social Entrepreneurship in Europe and the United States: Convergences and Divergences." *Journal of Social Entrepreneurship* 1 (1): 32 – 53.

Family Independence Initiative: San Francisco Two – Year Progress Report. 2009. Oakland, CA. www.fiinet.org.

Lombe, M., Huang, J., Putnam, M., & Cooney, K. 2010. "Exploring Saving Performance in an IDA Program: Findings for People with Disabilities." *Social Work Research* 34 (2): 83 – 93.

Midgley, J. 1995. *Social Development: The Developmental Perspective in Social Welfare*. London: Sage.

Midgley, J. 2003. "Poverty and the Social Development Approach." In K. L. Tang & C. K. Wong (Eds.), *Poverty Monitoring and Alleviation in East Asia*, New York: Nova Science Publishers, Inc., pp. 153 – 176.

Midgley, J. 2010. "The Role of Social Security in Poverty Eradication: An International Review." In J. Midgley & K. L. Tang (Eds.), *Social Policy and Poverty in East Asia: The Role of Social Security*, New York: Routledge, pp. 16 – 44.

Midgley, J., & Hosaka, M. 2011. *Grassroots Social Security in Asia: Mutual Aid, Microinsurance and Social Welfare*. New Work: Routledge.

Neumark, D. 2002. *How Living Wage Laws Affect Low – wage Workers and Low Income Families*. San Francisco, CA: Public Policy Institute of California.

Riccio, J. et al. 2010. *Toward Reduced Poverty Across Generations: Early Findings from New York City's Conditional Cash Transfer Program*. New York: MDRC.

Richards, K. V., & Thyer, B. A. 2011. "Does Individual Development Account Participation Help the Poor? A Review." *Research on Social Work Practice* 21 (3): 348 – 362.

Rothstein, J. 2008. "The Unintended Consequences of Encouraging Work: Tax Incidence and the EITC." CEPS Working Paper, No. 165 Princeton University.

Sanders, Cynthia K. 2002. "The Impact of Microenterprise Assistance Programs: A Comparative Study of Program Participants, Nonparticipants, and Other Low – Wage Workers." *Social Service Review* 76 (2): 321 – 340.

Scholz, J. K. 2010. *The Earned Income Tax Credit and the US Low – wage Labor Market*. Madison: University of Wisconsin.

Schreiner, M., & Sherraden, M. W. 2007. *Can the PoorSave? Saving and Asset Building in Individual Development Accounts*. New Brunswick, NJ: Transaction.

Sherraden, M. 1991. *Assets and Poor: A New American Welfare Policy*. Armonk, NJ: M. E. Sharpe, Inc.

Sherraden, M., Schreiner, M., & Beverly, S. 2003. "Income, Institutions, and Saving Performance in Individual Development Accounts." *Economic Development Quarterly* 1 (17): 95 – 112.

U. S. Department of Health and Human Services. 2011. Administration for Children and Families: Office of Family Assistance, TANF Caseload Data.

U. S. Census Bureau. 2010. http://www.offthechartsblog.org/government-programs-kept-millions-out-of-poverty-in-2010.

Yunus, M. 1999. *Banker to the Poor: Micro-Lending and the Battle against World Poverty*. New York: Public Affairs.

Zhan, M. 2003. "Savings Outcomes of Single Mothers in Individual Development Account Programs." *Social Development Issues* 25: 74-88.

中国的老龄化与社会发展

——一项社会政策分析

房莉杰

摘 要：我国已经于21世纪初进入了老龄化社会，日趋加重的老龄化给我国的社会发展带来了重大挑战，同时社会发展受限反过来制约了老年群体生活质量的提升。本文具体分析了社会发展给老年群体所带来的收入、健康服务、交流与社会参与的提升；同时也分析了老龄化给我国社会发展（如就业与收入分配、收入保障、医疗卫生以及社会管理等）所带来的一系列挑战。同时本文分析了欧、美、日等国家的福利政策，结合我国实际，分析了老龄化给我国社会发展所带来的压力与机遇。

关键词：老龄化 社会发展 社会政策

一 概念与分析框架

（一）概念：老龄化、社会发展和社会政策

1. 老龄化

在分析老龄化与社会发展的关系之前，首先要对这两个概念有所了解。老龄化的概念相对简单，它是指老年人口相对增多，在总人口中所占比例不断上升的过程。国际上的通常看法是，当一个国家或地区60岁以上老年人口占人口总数的10%，或65岁以上老年人口占人口总数的7%，即意味着这个

国家或地区进入老龄化社会。从20世纪80年代开始，大部分发达国家都相继进入了老龄化社会，而发展中国家的老龄化进程也正在加速进行。因此，可以说老龄化是一个全球性现象，且影响深远，当我们在讨论任何一个国家和地区的经济、社会等领域的发展的时候，都会发现老龄化的身影。

从我国的情况看，我国在2000年65岁以上的人口已经达到7%，即意味着进入了老龄化社会，而且老龄化正在日趋加重。

表1 我国历年人口年龄构成

年份	0~14岁		15~64岁		65岁及以上	
	人口数	比重（%）	人口数	比重（%）	人口数	比重（%）
1982	34146	33.6	62517	61.5	4991	4.9
1987	31347	28.7	71985	65.9	5968	5.4
1990	31659	27.7	76306	66.7	6368	5.6
1995	32218	26.6	81393	67.2	7510	6.2
1996	32311	26.4	82245	67.2	7833	6.4
1997	32093	26.0	83448	67.5	8085	6.5
1998	32064	25.7	84338	67.6	8359	6.7
1999	31950	25.4	85157	67.7	8679	6.9
2000	29012	22.9	88910	70.1	8821	7.0
2001	28716	22.5	89849	70.4	9062	7.1
2002	28774	22.4	90302	70.3	9377	7.3
2003	28559	22.1	90976	70.4	9692	7.5
2004	27947	21.5	92184	70.9	9857	7.6
2005	26504	20.3	94197	72.0	10055	7.7
2006	25961	19.8	95068	72.3	10419	7.9
2007	25660	19.4	95833	72.5	10636	8.1
2008	25166	19.0	96680	72.7	10956	8.3
2009	24659	18.5	97484	73.0	11307	8.5
2010	22259	16.6	99938	74.5	11894	8.9

数据来源：《中国统计年鉴2009》，国家统计局网站，http://www.stats.gov.cn/。

2. 社会发展

再说社会发展。发展是一个比较抽象的概念，而这个概念本身也是出自"发展"。发展问题在学术界被正式提出和作为一个主题进行研究，始于二战之后,一般认为它主要经历了下述三个阶段。

在最初阶段,发展被等同于经济增长,其中美国经济学家刘易斯的《经济增长理论》颇具代表,这类观点认为,发展,尤其是发展中国家的发展问题就是经济增长,而发展的途径就是加速工业化进程,把经济馅饼做大。因此,他们把国民生产总值和人均国民收入的增长作为衡量发展的首要标准(庞元正、丁冬红等,2001)。

但是现实很快就证明这一观点的片面,因为在世界很多国家,经济发展并没有带来相应程度的社会进步,如拉美诸国,在经济迅速增长的同时,伴随的却是贫富差距的拉大和诸多社会问题的恶化,有学者将这种经济和社会发展的失衡状态称为"扭曲发展"(米奇利,2009)。因此,社会发展开始受到重视,广义的社会发展观代替经济增长观成为主流。其主要观点是,发展并不仅仅意味着经济增长,而应该是包括经济增长、政治民主、社会转型、文化变迁、自然协调、生态平衡等多方面的综合。正如佩鲁在《新发展观》中论述到的,经济只是发展手段,发展目的是满足社会和人的需要,而且这种需要不仅是物质的,还包括与每个民族的价值及传统相一致的社会文化和精神的需要(童星,2006)。

而20世纪90年代以来,对于发展的理解再次"发展",开始从人的角度进行理解。这类观点认为,发展即意味着人的发展,从宏观层面上则是社会福祉的提高,以及所有社会成员平等分享经济增长的成果。在这种发展观下,社会发展成为均衡分配社会资源,实现人的发展的必要条件。例如,森认为,"扩展人们享有的真实自由"是发展的目标,为了实现自由的目标,经济增长、经济和社会制度以及公民权利等都是必不可少的手段(森,2002);米奇利认为,作为发展目标的社会福祉可以从互相关联的三个方面去衡量——控制社会问题、满足需求和增进机会,任何特定社会如果满足了这三方面的需求,那么就可以说该社会享有令人满意的福祉水平。

改革开放以来的经验和教训使我们亲身验证了发展不等于经济增长的结论,正是在这种情况下,进入21世纪以来,我国的发展战略作了相应调整。事实上,不论是"和谐社会"的发展目标,还是"以人为本"的发展原则,背后都隐含着"人的发展"的发展观。从逻辑上讲,社会都是由众多个人构成的,心理学认为,人的最低层次的需求是生存,而最高层次的需求是自我实现,即充分的发展(马斯洛),因此一个社会的发展目标无非是促进其社会成员的充分发展。而作为政府,则有义务保障公民的生存权和发展权。

从这个角度上说,本文倾向于将发展观界定在"以人为本"原则下的"人的发展"上。广义的整个社会的发展目标是社会福祉的提高和个人发展权的实现,而狭义的社会发展是与经济发展、政治发展、文化发展等相并列的,这几个互相关联的方面都是广义的社会发展的组成部分。在这几部分中,经济发展和政治发展是基础,它们解决的是资源总量和基本权利问题;社会发展在上述基础上解决社会资源的具体分配问题。本文使用的"社会发展"概念是其狭义定义,即通过社会手段使各个社会群体公平、合理地分享社会资源,其中所谓的"社会手段"主要指社会政策,包括社会保障、教育、医疗、社会服务等。而这些社会政策的发展和完善程度反过来又可以作为衡量社会领域的发展程度的重要指标[1]。

提到"社会政策",鉴于它对社会发展的重要作用,在此有必要作一简单介绍。正如社会发展与经济发展同属一个层次,社会政策也是相对于经济政策而言的。对社会政策的一个宽泛的定义是"影响福利的政策行为"(希尔,2003:11)。主要的社会政策包括社会保障、卫生政策、就业政策、教育政策等。可以看出,这些政策的目标指向是促进社会公平和增进社会福利,而这正是社会发展的目标。

(二) 分析框架:老龄化与社会发展的关系

本文讨论的是老龄化与社会发展的关系问题。而"关系"这一词则隐含着"双向"的含义。结合上述对社会发展和老龄化的定义:一方面,由于发展的目标和本质是"人的发展",老年人群体与其他社会群体享有同等的发展权利,因此,社会发展要满足老年人的发展需要,尤其是在老龄化背景下,要探索如何满足日益增长的老年人的发展需要;另一方面,社会发展不是孤立的,是嵌入在一定的客观环境中,受到环境的影响的,而老龄化则是不容忽视的客观环境之一,因此应该分析老龄化对社会发展的具体影响。

1. 社会发展如何满足老年人的发展

正如上文所述,社会发展的目的在于促进所有社会成员的个人发

---

[1] 事实上,社会发展的程度可以通过两类指标进行测量——第一类是诸如基尼系数等反映社会公平程度的指标,这类指标是用来衡量社会发展程度的结果指标;第二类就是对各种社会政策的评价指标,这类指标可以被认为是实现社会发展的过程指标。

展。而对于老年人来说,他们有相对独立的需求。"三M"需求观,是欧美学者及发达国家的老龄学专家,针对老年人的共同需求而提出的最初供求观念。由于是三种需求,且又是以M字打头,故得此称谓。这三种需求即物质需求、医疗需求和精神需求(Money、Medical、Mental或Mind)。具体而言,如下所示,针对每个层次,都有相应的社会政策与其对应。

第一个层次是收入保障。包括衣、食、住、行等在内的基本需求,需要最起码的资源予以保障,在商品经济社会,收入保障是最基本的保障形式。而已经退出劳动力市场的老年人,自然就失去了以劳动换取收入的机会。除了家庭提供保障资源外,还有很多的社会政策针对这类需求,如现金形式的养老金、老年津贴、最低生活保障金等。这些保障政策有的是针对老人,也有的是面向所有社会弱势群体。

第二个层次是健康服务。现代社会无疑是个高风险社会,尤其在医疗条件发达和社会分工细化的情况下,健康服务变得既昂贵又非常专业。因此就健康政策而言,一方面政府要承担部分医疗服务的筹资责任,也就是建立所谓的医疗保障制度;另一方面要保证所提供的健康服务是合格的和合适的。老年人显然是更容易受到疾病侵袭的高风险群体,他们对医疗服务的需求也明显高于其他群体,因此对于卫生政策也更加敏感。

第三个层次是交流与社会参与。除了生理方面的需求外,人还是社会性动物,需要通过沟通与交流参与社会,以满足人类最基本的心理和社会需要。在交流与社会参与中,人获得最基本的安全感和归属感;而离群索居,缺乏正常的社会交往,则会令人感到恐惧、孤独、没有安全保障等。对于大部分从属于一定工作单位的人来说,至少在日常的工作中可以与周围的人沟通和交流,以此参与社会;而对于老年人来说,离开了工作岗位,则意味着失去了交流和参与社会的重要途径。针对这方面的社会政策,主要是利用社会工作者提供社会服务,与服务对象交流,以及帮助他们融入社会;除此之外,也需要促进新的组织形式的构建,以作为老年人交流与社会参与的途径。

上述三个层次都是作为个体的老年人的基本社会需求,需要注意的是,当我们提到"老龄化"的时候,也就是说一个社会有大量的老年人存在,他们都有着上述三个层次的需求,因此从宏观角度讨论社会政策的时候,我们要分析需要多少社会资源用于满足这些需要；以及如何在有限的资源范围内，提高资源的利用效率，更好地满足需要。

2. 老龄化对社会发展的影响

在老龄化的背景下，老年人口数量增加，需要针对日益增长的老年人的社会需求实施必要和充分的社会政策。然而这些变化并不是孤立的，作为社会领域的一部分，上述变化必然会对社会领域的其他方面产生重大影响，进而影响社会发展目标的实现。

进一步的，正如上文所述，社会发展是通过社会政策实现的。也就是说，老龄化及其应对政策会给其他的社会政策带来挑战。举例来说，老龄化引起的人口结构的变化必然会改变整个社会的劳动力结构，这就要求就业政策做出相应的调整；老年人的增加必然带来对医疗和社会服务需求的增加，也会带来卫生费用的大幅上涨，这会影响到整个卫生体系的可持续发展，进一步对卫生政策改革提出要求；进入老年也就意味着要逐渐退出劳动力市场，转而依赖社会保障维持收入，针对老年人的收入保障的增加，将会影响这个社会的收入分配格局，如此种种。而这些被涉及的社会政策如何发展和完善，能在多大程度上应对上述挑战，也就决定了社会发展的程度如何。这便是老龄化影响社会发展的具体路径。

党的十七大报告中强调"加快推进以改善民生为重点的社会建设"，并将实现途径归纳为六个方面，即"优先发展教育，建设人力资源强国""实施扩大就业的发展战略，促进以创业带动就业""深化收入分配制度改革，增加城乡居民收入""加快建立覆盖城乡居民的社会保障体系，保障人民基本生活""建立基本医疗卫生制度，提高全民健康水平"以及"完善社会管理，维护社会安定团结"。统观这六个方面——教育、就业、收入分配、社会保障、卫生制度、社会管理，我们可以发现，它们都没有脱离传统的社会政策关注的内容。在这份重要文件的界定下，我国社会领域的发展要通过上述六个方面社会政策的完善来实现。因此，当我们在分析我国的老龄化对社会发展的影响的时候，实际上是要聚焦于老龄化是如何影响上述六类社会政策的。综上所述，我们可以得到图1所示的分析框架。

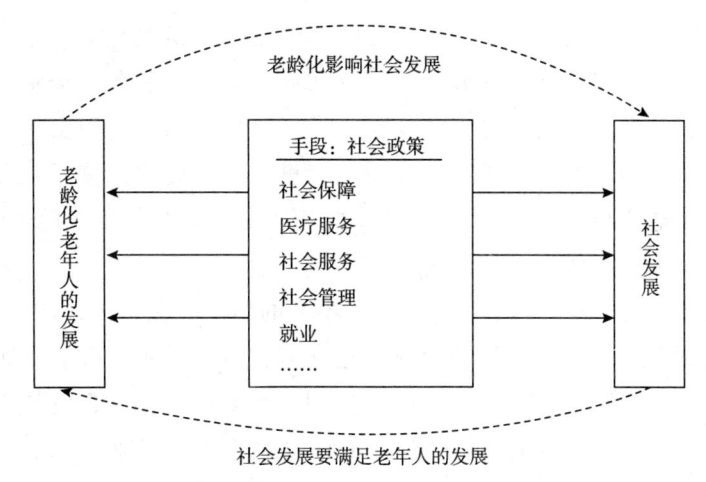

```
           老龄化影响社会发展
   ┌─────┐   ┌──────────────┐   ┌─────┐
   │老   │   │手段：社会政策│   │     │
   │龄老 │   │社会保障      │   │社会 │
   │化年 │←→│医疗服务      │←→│发展 │
   │人的 │   │社会服务      │   │     │
   │发展 │   │社会管理      │   │     │
   │     │   │就业          │   │     │
   │     │   │……            │   │     │
   └─────┘   └──────────────┘   └─────┘
         社会发展要满足老年人的发展
```

图1 老龄化与社会发展的关系分析框架

在上述框架图里，包含了两个方面的意思。

（1）老龄化与社会发展是双向的关系。一方面，在老龄化的背景下，社会发展要满足日益增长的老年人的发展需要；另一方面，老龄化及其应对政策的实施是社会领域的内容之一，反过来会影响到相关的其他社会领域的发展。这种双向关系甚至形成了一个因果圈，位于圈上的这两个因素实际上处于持续的互相影响之中，因此应该用动态的视角观察和分析两者的关系。

（2）社会政策是连接老龄化与社会发展的桥梁。社会发展在满足老年人的发展需要时，利用的工具就是社会政策；而当老龄化影响社会发展时，其影响途径是对现有的相关社会政策提出挑战，而社会政策的应对程度决定了社会发展目标的实现程度。

因此在下文的具体分析中，将分"社会发展如何满足老年人的发展"和"老龄化对社会发展的影响"两个方面展开；此外，两部分的分析重点将集中在相关社会政策上，而最后得出的结论和建议也将是针对社会政策领域的。

二 社会发展如何满足老年人的发展

（一）收入保障

在一个商品经济的社会，收入可以说是生存的基础。老年人由于体能的下降，会逐渐退出劳动力市场，无法继续用劳动换取收入，在这种情况下老年人一般会有三种选择继续获得收入：一是依靠子女或亲属的经济支援，二是由政府或社会提供经济支持，三是依赖老人自己的资产，包括积蓄或投资所得等。在过去很长的一段时间里，家庭资源，包括老人自己的资产一直是老人的主流收入来源，这种情况在进入工业社会后逐渐改变，在今天的大多数国家，"养老"已经非常"社会化"。

养老社会化的趋势首先是家庭资源不足的结果。在我国目前的情况下，也可以看到家庭的收入保障功能的日趋衰落。众所周知，由于计划生育政策的实施，我国的很多家庭已经呈现"421"的代际结构，也就是说一对年轻夫妇要赡养双方4位老人，普通夫妇的家庭收入自然难以承受。表2显示，城市老年人收到子女给钱的情况，在2000年时，平均有38%的老人收到子女给钱，随着老年人年龄的升高，自立和自理能力逐渐变弱，个人储蓄可能也逐渐耗尽，而子女则处于经济能力上升的过程中，因而子女给钱的比例升高，85岁以上老人收到子女给钱的情况已经占到一半以上。然而到2006年，所有年龄段的比例都大幅下降，平均比例降到4.4%，而即使85岁以上的高龄老人，收到子女给钱的情况也只有16%。这可能受两方面原因的影响，一方面是养老保障制度的发展，使得老年人能够从社会性养老制度里面获得收入保障，而无须再依赖子女；另一方面也反映了年青一代养老资源和养老意愿的下降。但是两方面的原因各有多大解释力，目前没有相关的权威研究。

表2 城市老年人收到子女给钱的情况

单位:%

年份	60~64岁	65~69岁	70~74岁	75~79岁	80~84岁	85岁及以上	合计
2000	32.5	36.2	41.1	43.9	47.8	55.8	38.0
2006	1.4	1.7	4.1	6.6	11.3	16.1	4.4

资料来源：中国老年人状况一次性抽样调查（2003），2006年中国城乡老年人口状况追踪调查。

表3显示，无论城市还是农村，从2000年到2006年，将子女养老作为第一选择的老年人的比例都在减少，全国平均数据从2000年的64.5%下降到2006年的39.3%，农村高于城市，而城市的比例甚至只有1/5。这说明在这六年间，社会环境发生了深刻的变化，尽管变化的具体内容和影响路径并不明确。

表3 老年人选择依靠子女养老的分布

单位:%

	2000年			2006年		
	全 国	城 市	农 村	全 国	城 市	农 村
第一选择	64.5	49.1	79.1	39.3	20.5	58.1
第二选择	22.9	30.1	16.1	26.2	28.6	23.8
第三选择	7.9	3.4	2.7	23.1	35.0	11.2
第四选择	4.7	7.4	2.1	11.2	15.6	6.8
其 他			0.2	0.3		0.1

资料来源：中国老年人状况一次性抽样调查（2003），2006年中国城乡老年人口状况追踪调查。

再如表4和表5所示，在城市，老人对子女的经济帮助一直大于子女对老人的经济帮助，从比例和绝对值上看均是如此，也就是说这几年来，城市的"啃老"多过"养老"，2005年和2000年相比这一情况更为明显；在农村，情况与城市恰恰相反，则是"养老"多过"啃老"，而且2005年与2000年相比，资金在代际的流动更为频繁——无论是资金从子女向老人流动，还是从老人向子女流动，比例和绝对值上都有明显提高。这两组数据中，城市的数据在一定程度上再次印证了子女对父母经济供养水平的相对下降；然而另一方面，无论城市还是农村，尽管存在家庭结构核心化、空巢家庭增多等趋势，但是父母和子女之间风险共担的传统家庭价值并没有改变。从这个角度上说，传统意义上的家庭并不全是在衰落，它在未来养老保障中的作用是值得思考的。

表4 城市老年人家庭内部资金代际转移的变动情况

		60~69岁	70~79岁	80岁及以上	总体平均	年人均（元）
子女对老人的经济帮助	男性2000年	28.3%	36.3%	44.1%	31.9%	1570.2
	男性2005年	29.5%	32.7%	38.4%	31.4%	1993.7
	女性2000年	45.4%	54.8%	62.0%	50.0%	1532.8
	女性2005年	38.6%	44.3%	53.4	42.3%	1944.6
老人对子女的经济帮助	男性2000年	69.7%	65.4%	46.9%	66.9%	2387.3
	男性2005年	63.1%	66.8%	52.7%	63.4%	3196.8
	女性2000年	64.2%	48.7%	33.2%	56.2%	1509.7
	女性2005年	63.4%	56.3%	36.7%	57.9%	2234.6

数据来源：张恺悌、郭平主编《中国人口老龄化与老年人状况蓝皮书》，中国社会出版社，2010，第88页。

表5 农村老年人家庭内部资金代际转移的变动情况

		60~69岁	70~79岁	80岁及以上	总体平均	年人均（元）
子女对老人的经济帮助	男性2000年	56.0%	62.9%	69.0%	59.4%	784.0
	男性2005年	54.5%	66.5%	69.9%	59.8%	1106.7
	女性2000年	65.6%	68.7%	68.4%	67.1%	677.9
	女性2005年	67.9%	74.4%	75.2%	71.2%	792.1
老人对子女的经济帮助	男性2000年	39.2%	29.5%	20.4%	34.4%	589.7
	男性2005年	43.4%	33.4%	27.8%	38.7%	513.4
	女性2000年	34.2%	24.8%	20.1%	28.7%	414.2
	女性2005年	38.5%	30.0%	24.8%	33.7%	244.9

数据来源：张恺悌、郭平主编《中国人口老龄化与老年人状况蓝皮书》，中国社会出版社，2010，第94页。

在工业化社会，家庭资源日益不足以满足保障需求，与之相伴随的自然应该是社会化的收入保障制度的建立。从我国目前的情况看，由政府支持的老年人收入保障的主体由三部分构成：机关事业单位的养老金制度、城镇职工基本养老保险以及新型农村养老保险。除此之外，各地还有独立的农民工养老保险、计划生育夫妇养老保险、失地农民养老保险等。尽管养老保障制度种类繁多，但是总体保障面却不大，目前70%以上的公民没有被养老保险所覆盖（郑功成，2008：83）。而且从被保障者来看，保障面最大的是机关事业单位的养老金制度，它几乎覆盖了所有的机关事业单位正式职工；2007年，参加城镇职工基本养老保险的总人数为20136.9万人，其中职工15183.2万人，离退休人员4953.7万人，被该制度所覆盖的，主要是在规模较大的正规企业工作的正式职工，而灵活就业者、无业者、农民工等却只有少数被制度覆盖在内；就农村养老保险而言，由于制度正处于起步阶段，因此覆盖面也是相当有限的，截至2007年，农村领取养老金的人数只有391.6万人。从这一点上不难看出，养老保障制度本是一项收入分配制度，但是它保障的大部分却是老年人口中经济条件相对较好的群体，而将大多数老年人口中的弱势群体排斥在外，至少在老年人之间的收入分配作用有限。而且即使被制度覆盖的老年人，由于保障制度过于庞杂，保障水平不一，也是导致矛盾的风险因素。

(二)健康服务

1. 我国老年人的健康服务需求

2008年第四次全国卫生服务调查的相关情况如下。

表6 老年人口的健康状况

单位:%

	两周患病率		慢性病患病率	
	2003年	2008年	2003年	2008年
调查人口平均情况	12.8	15.0	10.3	11.1
60岁以上老年人	32.1	43.2	38.2	43.8

注:调查人口平均情况所用的数据是年龄标准化数据。
数据来源:卫生部统计信息中心编《2008中国卫生服务调查研究》,中国协和医科大学出版社,2010。

老年人口是疾病高风险人群,一般来说,随着年龄的增加,慢性病和失能的风险迅速加大,第四次全国卫生服务调查的数据证实了这一点。如表6所示,首先,横向比较,老年人口的健康状况与调查人口的总体情况相比,差距非常大,2008年,老年人口的慢性病患病率是平均情况的4倍;其次,纵向比较,从2003年到2008年的5年间,老年人口的两周患病率和慢性病患病率都有显著增加,到2008年,接近一半的老年人受到慢性病的侵害。单就这项数据来看,老年人的健康状况呈现下降趋势。还有一种可能的解释是,因为医疗保障制度的实施和对健康的更加关注,老年人更多的利用卫生服务,这样过去处于隐形状态的疾病因诊断出来而成为显性。但是无论何种原因造成,老年人如此之高的两周患病率和慢性病患病率都是需要引起重视的,这也意味着老年人卫生服务需要量有持续、显著的增加趋势。

除了疾病状况之外,这次调查还有对老年人口失能状况的调查设计。从调查数据看,有8.2%的被调查者在行走方面处于失能或半失能状态,有7.3%的被调查者在听力方面有严重问题,有4.3%的被调查者在视力方面有严重问题。我们尚不清楚上述各类失能人群在多大程度上有重合,单就最高比例的行走方面的失能者计算,全国在这方面失能的老年人就达到900万。这些失能老人都需要长期照护服务。

从卫生服务的利用情况来看,老年人对服务的利用也是明显多于总体情况;但是从趋势上看,老年人的情况与总体情况没有太大差异,都是两周患病就诊率基本没有变化,而住院率有明显提高。这可能是因为2003～2008年的5年间,我国的社会医疗保险体系不论在覆盖面还是在保障水平上都有非常大的提高,而几乎所有的医保制度都是主要报销住院费用,因此可以理解住院服务利用率的显著上升。这种上升当然有服务需求释放的因素在起作用,也就是说过去因为费用问题应住院未住院的一些患者,在加入医保后可以利用住院服务了;但是也不能排除制度鼓励导致对住院服务的过度使用。

表7 老年人口的卫生服务利用情况

单位:%

	两周患病就诊率		住院率	
	2003年	2008年	2003年	2008年
调查人口总体情况	12.2	12.2	3.1	6.1
60岁以上老年人	27.1	28.3	7.6	13.8

注:调查人口平均情况所用的数据是年龄标准化数据。
数据来源:卫生部统计信息中心编《2008中国卫生服务调查研究》,中国协和医科大学出版社,2010。

综上所述,从数量上看,老年人需要大量的健康服务,尤其是随着老龄化的日趋严重,老年人卫生服务的需要量将会持续增加。从种类上看,老年人需要多种健康服务。首先,老年人的两周患病率和慢性病患病率都非常高,因此针对慢性病和其他老年病的治疗是必不可少的;其次,健康服务并不等同于治病,没病的意义要远大于治好病,尤其对于慢性病而言,老年人最常见的高血压、糖尿病、心脑血管疾病等,都跟生活习惯有一定的关系,在一定程度上是可以预防或者控制病情加重的,在这一方面,慢性病预防和管理,以及健康教育都是非常必要的;再次,大多数时候,老年人体质的下降是不可逆的,就像上文提到的失能状况,针对这些老人需要提供长期的、不间断的日常照护,这也是健康服务非常重要的一项内容。

2. 我国的政策现状和差距

应该说,进入21世纪以来,我国在医疗服务方面的发展还是很大的,其中最显著的就是医疗保障制度的发展。城镇职工医疗保险进一步扩大覆盖面；新型农村合作医疗于2003年开始试点，目前已覆盖绝大部分农村人口；城镇居民医疗保险也已开始试点，正处于发展之中。以上述三项社会医疗保险为主要内容的全民医保框架已经基本搭建起来，未来将在这个框架下整合三项制度，并完善制度设计。如表8所示，第四次全国卫生服务调查数据显示，2003年被调查的老年人中，有66.6%没有参加任何医疗保险，而到2008年这个数据降低到了8.7%。

表8 （60岁以上）老年人口的社会医疗保险参加率

单位：%

	城镇职工医保	公费医疗	城镇居民医保	农村合作医疗	其他社会医疗保险	没参加
2003年	17.6	3.4	0.0	7.7	3.8	66.6
2008年	24.3	2.8	3.1	60.5	0.5	8.7

数据来源：卫生部统计信息中心编《2008中国卫生服务调查研究》，中国协和医科大学出版社，2010。

然而，在针对老年人的健康服务方面，制度的终点并不在于筹资，而在于服务提供。如上所述，老年人需要多种健康服务。但是目前的情况是，我国卫生服务资源仍主要集中在医院，集中在治疗环节上，而针对慢性病的预防保健受到忽视，慢性病管理刚刚开展，专业的长期照护服务则几乎没有。具体来说，首先，尽管我国2003年启动了新型农村合作医疗，这可以作为新一轮医改的先声，但是至今的7年间，除了医疗保障制度外，卫生领域的其他方面并没有取得实质性进展。而且就现有的医疗保障制度而言，都是以住院补偿为主，这种制度设计，以及其他服务的欠缺，必然会鼓励对住院服务的利用，以及住院服务的提供。其次，自2009年以来，各级政府开始承担每人15元的公共卫生筹资责任，健康教育、疾病预防、慢性病管理等都列入公共卫生工作，由上述资金支付。但是由于这项工作刚开始实施，服务、管理、支付方式等都处于探索中，目前还没有明确的制度经验。再次，就长期照护而言，尽管我国一直都有城市福利院、农村敬老院等养老机构，近几年私立的养老机构也有很大发展，但绝大部分养老机构提供的服务并非专业的长期照护，而且机构照护的数量和适用性都非常有限，跟老年人的实际照护需求之间有很大差距。随着老年人口的增加，近几年学界对于长期照护研究持续升温，但是具体的制度设计和实施还处于初级阶段。此外,从国际上看,大部分发达国家早已进入老龄化社会,从近30年的经验看,各种服务类型的整合是满足需求的最重要的经验。然而就中国目前而言,各种服务类型尚不健全,更谈不上服务的整合。通过对我国老年人健康服务需求和卫生政策的分析可以发现,目前的健康服务并不能满足需求;尤其是在老龄化背景下,以现有的政策安排来看,健康服务需求与供给之间的差距甚至会拉大。

(三) 交流和社会参与

这一部分将主要讨论老年人的心理和社会需求的满足,这两者也是人类的基本需求,满足心理需求的主要途径是人际沟通和交流,以及通过专业的手段排解心理问题,而社会参与则主要通过一定的组织实现。

1. 老年人的日常交流和心理状况

在心理方面,一般认为,心理健康与周围的环境关系密切,这里提到的环境是一个广义的概念,既包括物质性的,又包括社会的、人文的、人际的环境。综合起来,老年人对于生活状况的评价,是衡量其与周围环境协调性的重要指标。从2006年我国城乡老年人口追踪调查的数据来看(如图2所示),我国城乡老年人对目前生活状况满意度的评价还是比较高的,

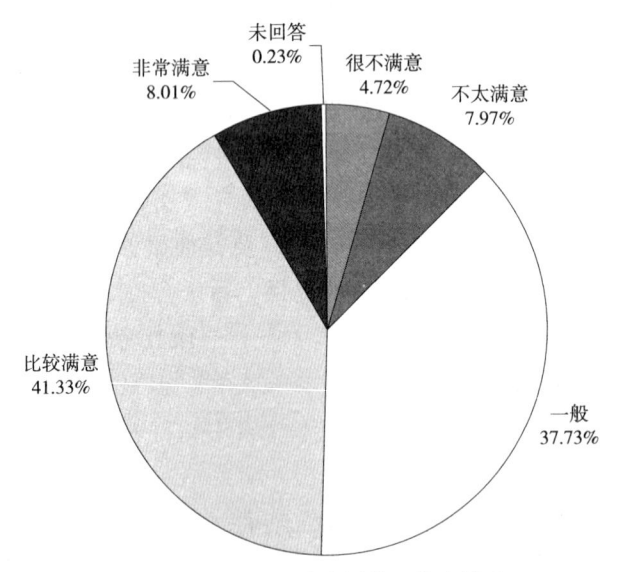

图2 老年人对目前生活状况满意情况

数据来源:郭平、陈刚编著《2006年中国城乡老年人口状况追踪调查数据分析》,中国社会出版社,2009,第239页。

对生活状况不满意的老人只占 12.7%，而对生活状况比较满意和非常满意的占近一半（49.3%）。

但是，纵向对比来看，2006 年老年人对目前生活满意的比例均比 2000 年下降，评价一般的比例上升，不满意的比例变化不大。

老年人的心理健康表现为与环境的协调，那么老年人的心理疾患则可以从环境中的不和谐因素，尤其是环境的变化中寻找原因。众多研究显示，老年人的心理问题主要是孤独和抑郁。在影响老年人心理健康的因素方面，最显著的因素是婚姻状况，丧偶和离异的老人更容易感到孤独和抑郁。同时，由于家庭规模缩小，老人与子女同住的比例降低，且子女与老年人之间有一定的"代沟"，这样老年人同子女进行沟通交流、依靠子女排解心理问题的机会变得有限。在这种情况下，是否有稳定的社会人际关系网和频繁的朋友间交流就变得十分重要（林明鲜、刘永策等，2010）。从这些研究里面我们可以发现，老年人需要通过交流满足心理需求，但是只有老年人的自发途径满足需求——或者跟老伴交流，或者跟朋友交流。但是随着年龄的增长，要么老伴去世，要么朋友去世，要么自己的体能下降而无法跟朋友保持频繁的交往，这些都是潜在的对老年人心理造成负面影响的风险因素。

现有的调查数据证实，随着年龄上升，老年人的心理问题更加严重：第四次全国卫生服务调查数据显示，有 13.2% 的老年人感到焦虑或抑郁，而且随着年龄的增加，有这方面心理问题的老年人更多——60~69 岁为 11.1%，70~79 岁为 15.1%，80 岁以上为 19.4%（卫生部统计信息中心，2010：91）。2006 年的调查也显示，随着年龄的增长，老年人的孤独感增强。城市老年人感到孤独的比例由低龄组的 15.1%，70~79 岁组的 19.1%，上升到高龄组的 30.3%；农村老年人从低龄组到高龄组有孤独感的比例也逐渐增加，由 28.0%、33.3% 上升到 38.8%。

但是现有的制度安排，鲜有考虑到老年人这方面的需求。首先，一定的活动场所可以促进老年人的日常交流和活动，在国外一般都有社区活动中心，其中包括专门供老年人活动的场所，但是国内的情况是，2006 年的调查显示，50.6% 的老人表示附近没有老年活动室，即使有老年活动室，经常参加活动的老人也只有 16%（郭平、陈刚，2009：136-138）。其次，目前老年人的心理问题只能自己消化，并没有专业人士，比如社会工作者提供帮助。

2. 老年人的社会参与情况

如同生理和心理需求一样，人类在本性上是群居的动物，有参与群体活动和社会交往的需求，而这种需求最主要的实现载体是组织，但是目前对这部分的研究和关注非常少。

就有限的数据来看，其反映的是老年人较高的参与意愿和较少的参与途径。

从表9可以看出，老年人参与社团的意愿在城乡和年龄之间差别很大，城市低龄老人参与社团的意愿非常高，城乡的差距非常显著。原因可能包括有劳动能力的农村老年人还从事农业劳动等日常劳动，因此闲暇时间较少，而没有劳动能力的老年人通常也没有参与社团的能力和意愿；此外，农村社会由于经济发展水平还比较低，可资利用的公共资源也比较少，因此农村老年人的兴趣爱好、权利意识等可能都较城市老年人弱；此外可能也跟农村老年人对"社团"的理解有关，事实上农村也存在红白理事会、民事调解小组、民间借贷组织等，在这些组织中，德高望重的老年人往往起着主要作用，但是农村老年人未必会把这些组织跟"社团"相联系。

表9 老年人愿意参与社团的情况

单位:%

	城 市			农 村		
	总计	男	女	总计	男	女
60~69岁	79.9	81.2	78.7	7.7	9.7	5.7
70~79岁	71.4	70.6	72.1	5.1	5.7	4.5
80岁及以上	60.6	61.7	59.8	3.5	3.9	3.2
总 计	75.1	75.9	74.4	6.4	7.9	5.0

数据来源：张恺悌、郭平主编《中国人口老龄化与老年人状况蓝皮书》，中国社会出版社，2010，第237~239页。

从表10社区组织的情况看，供给的数量是非常不足的。然而除了数量之外，我们的调查显示，很多的社区老年组织名存实亡，能够真正起到"组织老年"的作用的非常少。

通过调查我们发现，从老年组织的推动者和组织者的角度出发，可以将老年人社区组织分为三类。

表10 老年人社区组织情况

	社区老年协会		社区老年人维权小组		社区民事调解小组	
	城市	农村	城市	农村	城市	农村
有	5277	3078	3736	1445	6343	6598
没 有	1560	4419	2024	5193	822	1406
不知道	3098	2127	4140	2902	2797	1702
未回答	81	307	116	391	54	225
合 计	10016	9931	10016	9931	10016	9931

数据来源：郭平、陈刚编著《2006年中国城乡老年人口状况追踪调查数据分析》，中国社会出版社，2009，第122~125页。

一是依托于社区，由社区或政府支持和推动的组织。老年协会、社区老年人维权小组、民事调解小组等社区组织一般都是由政府推动和支持的。除了上述提到的以协调关系为主要目的的组织外，还有类似秧歌队、合唱团等兴趣团体，这些组织也会得到政府和社区的鼓励与推动，以及或多或少的资金支持，但是由于资金和关注都非常有限，所以组织活动开展得往往并不顺利。实际开展活动的老年协会只是少数，大部分都名存实亡。

二是宗教组织。除了西方宗教外，中国的一些庙宇也起着宗教的作用。对于合法的宗教组织来说，地方政府在进行监管的情况下，是支持其发展的，它虽然在心理安慰方面具有优势，但是由于宗教组织的思想性和意识形态太强，组织活动的内容也相对单一，所以作为"组织"来讲，它们能够满足的"组织需求"有限，更何况宗教组织在中国的发展也是相当有限的。

第三种情况则非常负面，是由邪教组织和敌对势力支持与推动形成的团体。在我们调查的很多地方都发现了这样的组织。这种情况在边远地区较为常见，经常有国外的非法组织渗透进去发展会员。"原本社区的职责之一就是多搞一些群众活动，把群众组织发动起来，但是社区没有精力去搞，边远地区尤其顾及不到，因此在那些地方尤其容易受到邪教和国外非法组织的渗透。"社区干部如是说。

这三类老年组织有一个共同点，即并非自发成立，都是受到外界支持，或者依附于更大的组织。由于种种原因，目前我国的民间自组织的发育很不成熟，而城乡居民的自组织意识和能力也较弱，深受计划经济和集体经济影响的城乡老年人尤其如此。因此尽管老年人的组织需求较强，但是老年组织的发展却需要外界的支持和引导,而这种支持和引导是否正确和得当,关系到的不仅是老年社会参与的需求能否得到满足,还有更高层次的社会稳定与和谐。

三 老龄化对社会发展的影响

党的十七大报告曾将社会发展归纳为六个方面——教育、就业、社会保障、收入分配、医疗卫生以及社会管理,老龄化对社会发展的影响可以进一步具体化为对这六个方面的影响。需要说明的是,老龄化对教育的影响相对比较间接,所以本文不作讨论。此外就收入分配而言,它实际上是就业和社会保障等调节收入政策的实施结果,因此本文将收入分配分别结合就业和社会保障两部分进行讨论。这样本文接下来关于老龄化对社会发展的影响的分析将分四部分展开。

(一) 对就业和收入分配的影响

老龄化对就业的影响可以从两个方面考虑,一方面,老龄化的概念也就是说整个社会人口结构的变化,与之相伴随的自然是劳动力供给的变化;另一方面,老年人的增加意味着相关的消费需求的增加,进一步创造出相关的劳动力需求。上述这两个方面将会影响到未来的整个就业结构,并进一步影响到收入分配。

1. 老龄化对劳动力需求的影响

通常来说,老年人口的边际消费倾向显著高于劳动适龄人口,人口老龄化将提高社会的整体平均消费倾向,从而促进社会总消费的增长。除此之外,每个年龄群体的消费需求都会有各自的特点,而人口老龄化则会促进所谓的"老年产业"的发展。老年产业是一个较为笼统的概念,在国外称为"银色产业",是为老年人口提供产品和服务的企业和部门,涵盖了满足老年人口衣、食、住、行、乐、医等各方面需求的多种行业。随着人口老龄化进程的加快,老年人口的消费需求和服务需求将会极大增加,如老年护理、老年娱乐和老年产品等,以满足老年人的多样化需求。在市场经济发达的国家,伴随人口老龄化而来的"银色产业"已经有了显著发展,并形成了新的经济增长点。老年服务业大多属于劳动密集型行业,劳动力需求量比较大,也为社会创造了大量的就业机会。人口老龄化对产业结构的影响主要体现为，使老年产业在产业结构中的地位上升。

老年产业的发展对我国社会就业的影响可以分为下述三个层次。

第一个层次是，老年产业的发展主要会促进第三产业就业人数的增加。老年人的生理和心理特点决定了他们更多的需要第三产业提供直接服务于他们的各种劳务，而不是第一、二产业提供的一般消费品，因此尽管老年产业是一种综合的非独立的产业，它包括第一、二、三产业中的多个行业，但以第三产业为主。也就是说，人口老龄化将促进老年产业的发展，重点是带动第三产业的大发展。就目前而言，如表11所示，我国的第三产业与发达国家相比还有较大差距，我国城乡针对老年人的服务提供都是不足的。因此未来如果考虑到人口老龄化程度加深，老年人的服务需求继续增加，要满足这部分需求，则要大力发展第三产业，这也就意味着第三产业将吸纳更多的劳动力。

表11 按产业类型划分的就业构成

单位:%

国家和地区	第一产业		第二产业		第三产业	
	2000年	2006年	2000年	2006年	2000年	2006年
美国	0.6	1.5	23.2	20.8	74.3	77.7
德国	0.6	2.3	33.7	29.8	63.6	67.8
英国	0.5	1.3	25.2	22.0	73.0	76.4
加拿大	0.3	2.6	22.5	22.0	74.1	75.3
日本	0.1	4.3	31.2	28.0	63.1	66.6
韩国	0.6	7.7	28.1	26.3	61.2	65.9
中国	6.3	42.6	17.3	25.2	12.7	32.2
巴西	8.5	19.3	21.2	21.4	59.1	59.1
墨西哥	7.3	14.1	27.0	27.4	55.3	57.8

数据来源：国家统计局网站，国际统计数据2009，http://www.stats.gov.cn/tjsj/qtsj/gjsj/2009/。

第二个层次是，老龄化带来的第三产业的发展，可能会改变不同群体的就业率，促进中老年群体，尤其是农村中老年群体和中老年女性群体的就业。近几年，我国的东部沿海地区出现了"民工荒"现象，与此同时，我国的"人口红利"问题在人口领域引起热烈讨论，很多人口学家都认为中国的劳动力市场进入了一个调整期,劳动力由无限供给向有限剩余转化。在一个具体的时期,劳动力的供给是由劳动年龄的人口和他们的劳动参与率共同决定的。从劳动年龄人口的供给看,根据中国人口与发展研究中心的预测,在今后若干年内,15~64岁的人口还将增加,到2013年左右达到最高值72.1%,之后将处于逐年下降的趋势中;从绝对数量上看,劳动年龄人口在2016年左右达到最高值,为9.97亿人左右,随后逐年下降(蔡昉,2006:149)。从劳动参与率上看,如表12所示,我国各年龄群体的劳动参与率都呈逐年下降趋势,而16~24岁的年轻劳动力的劳动参与率的下降趋势最为明显,其原因很大一部分在于年轻人受教育年限的增加。如果考虑到这个因素,未来的人均受教育年限仍将处于上升趋势中,因此16~24岁群体的劳动参与率还会降低。综上两个因素,很多人口学家对我国未来劳动力供给状况的担忧是不无道理的。

但是从表12的数据中我们还可以发现,我国的45~64岁的年龄群体,尤其是这一阶段的女性群体的劳动参与率一直比较低,这说明在目前的产业结构下,中老年群体不占优势。再结合表11的数据我们可以发现,这跟第三产业的欠发达不无关系。因此在未来16~24岁人口的劳动参与率继续降低,25~44岁人口的劳动参与率已经非常高的情况下,这两部分年龄群体可能无法大量转移到第三产业,因此第三产业的发展需要45~64岁人口的劳动参与率的提高。中老年妇女可能无法从事劳动强度较大的工作,但是经过培训后承担一部分老年服务工作,是可以的。此外,表11还显示,目前我国的第一产业还吸纳着42.6%的就业人口,这一数据不仅跟发达国家有巨大差距,甚至远远高于很多发展中国家。因此未来第一产业的就业人口转移出来是大势所趋,也不排除其中一部分被吸纳到老年服务业的可能性。

表12 城镇劳动参与率的变化

单位:%

类别	年份	劳动参与率		
		16~24岁	25~44岁	45~64岁
总计	1982	79.54	94.66	64.23
	1990	69.80	94.18	58.26
	2000	60.96	88.33	56.74

续表

类　别	年　份	劳动参与率		
		16~24岁	25~44岁	45~64岁
男　性	1982	78.56	97.91	82.95
	1990	69.94	98.45	76.79
	2000	61.17	96.39	72.88
女　性	1982	80.61	90.73	41.29
	1990	69.64	89.34	36.98
	2000	60.76	80.03	40.37

数据来源：转引自蔡昉主编《中国人口与劳动问题报告7：人口转变的社会经济后果》（人口与劳动绿皮书2006），社会科学文献出版社，2006，第24页。

第三个层次是，通过政府的财政支持，提高老年人的购买力，变潜在需求为有效需求，变潜在就业机会为实际就业岗位。目前的很多研究都显示，老年服务的欠发达在很大程度上跟老年人购买力比较低有关。我们的调查也发现了这种情况普遍存在，尤其是很多欠发达地区，老年人的服务需求非常迫切，但是因为老年人经济条件都比较差，所以根本没有多余的资源购买老年服务，这些地区也往往因为购买力差而缺乏老年服务的提供。这种现象在农村地区更为严重。我国的老龄化程度农村比城镇严重。按2000年的"五普"数据，我国65岁及以上的老年人67%生活在农村。按照2005年1%人口抽样调查数据测算，我国65岁及以上的老年人约有6703万生活在农村。针对上述情况，应该由政府提供专项资金支持，资助老年人购买服务，变潜在需求为有效需求。

在上述相互联系的三个层次中，政府对老年人购买服务进行资金支持是最基础的环节，老年人有了购买力就可以购买相应的服务，然后第三产业就会有比较大的发展，与此同时，第三产业发展产生的就业需求就会促进中老年群体，尤其是女性中老年群体，以及农村劳动力的劳动参与率的提高。值得强调的是，政府的转移支付是进行收入再分配的重要手段，这样通过政府资助老年人购买服务，不仅使老年人的收入提高，而且使原来就业率比较低、收入也相应比较低的中老年群体和农村转移出来的劳动力的收入提高。因此，政府的这项转移支付不仅是满足老年人服务需求的基本条件，同时也将是一个非常有效的收入分配手段。

2. 老龄化对劳动力供给的影响

人口老龄化改变了劳动力供给的年龄结构，从而使得劳动力供给在数量和结构上发生了变化。

首先，从数量上看，人口老龄化将带来劳动力供给的相对减少，尤其对于年轻劳动力来说，他们是受低生育率影响最敏感的群体，而且他们的劳动参与率也处于持续下降的趋势中，因此这部分群体的减少趋势将最为明显。尽管未来短期内可能在绝对值上仍会增加，但是增加趋势将会变缓，然后逐渐过渡到减少趋势。在这一方面，人口经济学家已经达成共识，未来必须改变依靠源源不断的低廉劳动力促进经济增长的方式，产业结构的调整和升级将是必然趋势，而中国在目前经济、科技、教育水平均不发达的情况下经历这一巨大转变，无疑将面临巨大压力[①]。

其次，从结构上看，人口老龄化提高了劳动力的平均年龄。与人口老龄化相伴随的是人口出生率的下降，这降低了新增劳动力的增长速度。当劳动力新增数量低于退出数量、新增速度慢于退出速度时，劳动力市场上年轻劳动力的数量将越来越少，这必然使得劳动力的平均年龄越来越大。1999年我国劳动适龄人口中45岁以上的比重为24%，据预测，这一比重到2040年将上升至37%左右，从而成为劳动力资源的主要组成部分。

而且，随着人口预期寿命的提高，健康预期寿命也在提高，也就是说，个人能够提供劳动的期限在延长。为了解决社会保障压力，同时也为了增加劳动力，很多发达国家都将老年人的退休时间推迟。据日本、韩国、德国和美国的调查，各年龄组老年人继续参加各类社会劳动的人数占本年龄组人口数的比重依次为：60~64岁为81.5%，65~69岁为65.2%，70~74岁为45.0%，75~79岁为29.3%，80~84岁为17.9%，超过85岁的为10.1%，东南亚各国的低龄老人从业率也均在60%~75%。如果按照上述比例换算，中国60岁以上的老年人可从业的人口资源规模，2010年为10100万人，2015年为12900万人，2020年为14300万人，2025年为17200万人，2030年为20400万人，在2035年达到峰值的21600万人。针对城镇老年人口，特别是那些受教育时间长，具有较高文化水平和科技知识的脑

---

① 在老龄化影响到劳动力供给方面，从人口经济学的角度讨论的已经非常多。因为就业本身既是经济问题也是社会问题，所以限于篇幅和论述的重点，关于经济学方面的探讨本文不再展开介绍。

力劳动者和低龄健康城镇老年人，鼓励他们退休后重返劳动力市场，增加人力（人才）资源的供给，可以缓解可能出现的劳动力供给不足的情况。

上述两个方面，无论是产业结构的调整，还是老年人口就业率的提高，都将带来收入分配方面的变化，而且影响是复杂的。

（二）对收入保障和收入分配的影响

老龄化给收入保障体系带来了巨大的财政压力，同时也严重影响了经济发展。目前国内对老龄化和社会保障的研究主要集中在经济领域，围绕上述挑战展开分析，但是从社会发展方面进行研究的比较少。尽管如此，从相关的研究中，我们还是可以通过老龄化对社会保障体系的挑战，进一步推出它对收入分配和代际关系的影响。

发达国家的今天将会是我们的明天，尽管目前中国的社会保障还没有因老龄化而进入危机，但是熟悉发达国家的相关经历是非常必要的，因此本部分社会保障和下部分医疗卫生都从发达国家的经历入手，然后得出对我国的启示。此外，虽然医疗保障是社会保障的一部分，而且也深受老龄化影响，但是它作为医疗服务的主要筹资手段，跟医疗卫生关系更为密切，所以本文在医疗卫生部分讨论医疗保障，在本部分不再重复。

1. 发达国家的历程：老龄化带来的财政压力及应对

随着老龄化的到来，发达国家共同面临的压力是社会保障支出的增加。以 1995 年为例，社会保障支出占 GDP 的比例，瑞典为 35.8%，德国 33.9%，美国为 33.2%，法国为 32.9%，芬兰为 32.7%，丹麦为 32.3%，英国为 29.8%，日本为 25.8（穆怀中，2003），如此之高的社会保障资金支出已经给各国政府带来巨大压力。在社会保障支出中，养老金是社会保障支出的最主要部分，各国基本上都占到 30% 以上，很多国家超过 40%（养老金和医疗保障支出相加一般占到社会保障总支出的 70% 以上）。所以应对社会保障压力必然要重视养老金改革。各国的应对手段主要包括以下四项。

（1）提高缴费率/税率。德国的养老保险费由 20 世纪 80 年代初占工资收入比例的 18.5% 提高到 1999 年的 19.5%。但是考虑到缴费率过高会增加企业负担，进一步会增加失业率，以及影响经济发展，而且增加就业人员的负担也会造成代际矛盾，因此发达国家在缴费率方面都没有比较大的调整，其对控制养老金增长的作用也非常有限。

（2）延长退休时间。随着老年人健康寿命的延长和养老金压力的增大，很多国家都提高了养老金的起付年龄,如表 13 所示。但是这项跟就业有关的措施要视当时的就业形势而定,因为养老金起付年龄的提高会增加就业人口,如果本身失业率就比较高的话,这样会存在两方面的问题:一是老年人在劳动力市场上大多处于弱势,如果不加以保护和支持,在有限的就业机会下,很可能沦为失业人口,从代际平等和老年人权利保护的角度说是非常不合适的。二是如果实施促进老年人就业的政策,则会挤占年轻人的就业机会,会进一步加深代际矛盾,也不符合代际平等的原则,还有可能降低整个社会的劳动生产率。

表 13 部分国家支付养老金年龄变化情况

国 家	1995 年支付年龄		新支付年龄	
	男	女	男	女
美 国	65	65	67	67
日 本	60	58	65	65
德 国	63	60	65	65
英 国	65	60	65	65
瑞 士	65	62	65	64

数据来源:转引自曹信邦主编《社会保障学》,科学出版社,2007,第 352 页。

(3) 降低保障水平,增加私人责任。德国将法定养老金的替代率从 80% 下调到 60%~70%;西班牙将原先缴费 10 年领取养老金 60%、缴费 30 年领取全额养老金的规定改为缴费 15 年领取养老金的 50%、缴费 25 年领取 80%、缴费 35 年才可领取全额养老金。对于这样做带来的老年人收入的减少,很多国家着手建立多层次的养老保险,包括建立企业补充养老保险,发展商业保险等。但是这一改革如果幅度过大的话,很可能威胁到老年人的正常生活,而且会加重老年人之间的收入不平等。

(4) 实行基金制或部分基金制的模式。基于就业人口的减少,现收现付制的养老金模式已经无以为继,因此有的国家开始实行基金制或部分基金制。但是从长期看,基金制必然暴露于通货膨胀、基金贬值、投资失败等风险中。以亚洲最早进入老年社会的日本为例,这个善于精打细算的国家在养老金的投资运作上也出现了巨额亏损。根据厚生劳动省公布的养老基金投资运作数据,2002 年日本养老基金的收益率为 -8.46%,已连续 3 年出现赤字,截至 2003 年 3 月,养老金亏损总额已高达 60617 亿日元(童星，2007）。

上述手段都有一定的效果，但是也各存弊端，迄今并没有非常完善的经验供其他国家分享。而且由于福利的刚性，不论降低福利水平还是加重福利成本都是相当困难的，因此尽管有上述改革，但是每一步改革都很艰难和谨慎，甚至会牺牲执政党的政权。

2. 对我国的启示

福利国家之所以会造成今天这种局面，跟其过高的福利水平不无关系，而这种高水平的福利又跟其福利制度建立时的社会背景有关。二战后，工业化国家先后开展了福利国家的建设，那时的社会背景是：经济已经发展到了较高的水平，且仍保持着较快的发展速度；人均期望寿命较低，人口老龄化程度也不高；经济政策和社会政策方面，凯恩斯主义占据主流，相信福利支出能够刺激经济增长。但是20世纪80年代以后，经济增长停滞，人口老龄化到来，同时出现了凯恩斯主义解释不了的福利支出和经济发展相矛盾的现象。但是较高的福利制度已经建立起来，福利的刚性使其难以下调，而政治制度和社会制度也非常稳定，缺乏灵活性。

因此在我国未来养老保障制度完善的过程中，一方面要将基本的保障制度建立起来，将所有老年人都纳入保障；另一方面更要进行比较细致的制度设计，福利水平的提高应该循序渐进，同时使福利制度保持一定的灵活性。

除此之外，东亚文化跟西方文化的差别之一在于家庭的作用。即使今天，家庭在我国的养老体系中仍扮演着最重要的角色。因此未来养老保障的发展要避免对家庭价值观的负面影响，反而要更加利用家庭的作用，为家庭保障提供支持。

（三）对医疗卫生的影响

1. 发达国家的相关经历

老龄化是一个客观、必然的趋势，它会对卫生体系产生影响；然而影响卫生体系的不仅是老龄化本身，还包括应对老龄化采取了何种措施。从发达国家的经历看，老龄化本身对卫生体系的影响主要是"卫生体系的公平性和可持续发展问题"。老年人对卫生服务的需求远大于其他年龄人口，老年人口的增加意味着对卫生服务需求的大量增加，在老龄化的背景下，福利国家就面临着两难选择——要么维持福利水平不变，根据服务需求的增加而不断增加卫生服务的提供，这就需要财政支出的大量增加，会给政府造成比较沉重的财政负担，进而影响到其他方面；要么控制用于卫生服务的财政支出，由于服务的需求量在增加，这样做的后果必然是平均福利水平的降低，如果满足老年人的服务需求的话，其他年龄群体所享受的服务水平必然下降。

20世纪70年代，福利国家先后结束了其经济和社会发展的"黄金时期"，进入经济停滞状态，而老龄化也在80年代相继到来，加重了福利负担和对经济的压力。因此，很多西方福利国家一度削减福利开支，以应对危机。但是这种应对措施却带来了收入差距的拉大和社会的不稳定，社会各界对政府和这种政策导向的批评日益增加，使得90年代中后期以来，大部分国家的政策再次转向。

除了削减福利外，西方国家也尝试改革福利制度，提高福利资金的利用效率。就卫生体系而言，之前的卫生保障也是围绕医院展开，而其他卫生服务欠缺，这样就造成了患慢性病的老年人对住院服务的大量使用。因此发达国家这一阶段对卫生体系的改革重点就转向控制费用和整合服务上，各国不约而同地通过调控将卫生资源向初级卫生保健和公共卫生倾斜。一方面，公共卫生的地位有所上升，同时由于疾病谱的改变，公共卫生的重点相对转移为对饮酒、吸烟、肥胖的控制，人口健康筛查，事故预防等；另一方面，医院虽仍是卫生服务体系的核心，但是诸如康复机构、日间照护机构、长期护理机构等有了较大发展，各国政府开始通过调控使卫生资源向初级保健倾斜，并协调各种保健方式，使患者能够在各种服务之间顺畅转换，这样就减少了对昂贵的住院服务的利用。尽管成本控制和改善服务两个目标之间经常存在冲突，但是很多国家的实践表明，对公共卫生和初级保健的投入可以有效减少患者对住院服务的利用，在改善卫生服务的同时，反而使卫生费用获得了一定程度的控制。

发达国家的这些经历表明，卫生发展不仅会受到老龄化的影响，还取决于采取了什么样的应对政策。

2. 案例：日本的经验

在此有必要对日本的经验做一特别介绍。这主要是因为，一方面，如表14所示，日本的老龄化程度是相当高的，人均预期寿命是83岁，60岁以上人口达到28%，是全世界老龄化程度最高的国家之一；然而另一方面，如表15所示，与其他发达国家相比，日本的人均卫生费用并不高，更重要的是，其总费用得到了有效控制，在 2003 年到 2006 年期间，卫生总费用占 GDP 的比例只提高了 0.4 个百分点，而 2006 年的人均卫生费用是主要发达国家中最低的。而且，从世界卫生组织对各成员国的卫生公平性的排名看，日本居于前列。从这些数据我们可以看出，日本是在一个比较高的老龄化程度上，维持了一个高公平性，可持续发展的卫生体系，因此日本的经验非常值得借鉴。

表 14 部分国家人口、健康和经济指标（2007 年）

	预期寿命	健康预期寿命	60 岁以上人口	人均 GDP
世　　界	68	59	11%	9872
低 收 入	57	49	5%	1534
中低收入	68	61	9%	4461
中上收入	70	61	12%	11926
高 收 入	80	70	20%	36292
瑞　　典	81	74	24%	36590
英　　国	80	72	17%	33800
德　　国	80	73	25%	33530
美　　国	78	70	22%	45850
日　　本	83	76	28%	34600
韩　　国	79	71	15%	24750
中　　国	74	66	11%	5370
墨 西 哥	76	67	9%	12580
巴　　西	73	64	9%	9370
印　　度	64	56	8%	2740

数据来源：世界卫生组织《2009 年世界卫生统计》，世界卫生组织网站，www.who.int。

表 15 各国卫生总费用情况

	卫生总费用占 GDP 比例（%）		政府支出占卫生总费用比例（%）		个人支出占卫生总费用比例（%）		政府卫生支出占政府总支出比例（%）		按平均汇率（美元）计算的人均卫生费	
	2003 年	2006 年	2003 年	2006 年	2003 年	2006 年	2003 年	2006 年	2003 年	2006 年
全　　球	8.2	0.7	56.6	57.6	43.3	42.4	13.7	14.3	473	716
低 收 入	4.2	0.3	33.3	36.2	66.7	63.8	5.4	5.9	14	22
中低收入	4.5	0.5	39.2	43.2	60.8	56.8	7.9	8.2	38	74
中上收入	6.1	0.3	52.9	55.1	47.1	44.8	9.1	9.8	235	412
高 收 入	10.0	1.2	59.8	60.7	40.0	39.3	16.0	17.1	2629	4012
中　　国	4.6	0.6	38.3	40.7	61.7	59.3	11.1	9.9	44	94
日　　本	7.7	0.1	81.3	81.3	18.7	18.7	16.0	17.9	2827	2759

数据来源：世界卫生组织《2009 年世界卫生统计》，世界卫生组织网站，www.who.int。

20世纪70年代之后，日本进入高龄化社会，独居和空巢老人增加，而患病长期卧床的老人、痴呆老人在家中无人照顾等成为社会问题。家庭结构的变化和社会扶养意识的变迁，使得家庭成员不愿意放弃工作，从事家中护理照顾事务。因此，大量老年病患者涌入医院，造成了医疗资源的紧缺和医疗费用激增等现象。这一"并非需要治疗而因需要接受照顾而住院"的现象被称为"社会性住院"。为解决老人照顾及"社会性住院"所带来的一系列社会问题，20世纪80年代以来，日本政府作了中长期规划，主要包括：1983年颁布《老年人保健法》，纠正医疗为主的老年人医疗保障模式；1986年修改《老年人保健法》，增加老年保健设施，加强居家养老为主的保健、早期疾病预防工作；1989年开始实施"老年人保健福祉推进10年战略"，即"黄金计划"，准备用10年时间，集中建设一批与居家养老相配套的社会性护理服务设施，并增加家庭服务员数量；之后的10年基本实现了老年医疗模式向护理模式的转型；2000年开始实施针对老年照顾的"护理保险制度"，以保险的形式解决老年人长期照护的筹资问题。

日本现在的医疗体系跟过去相比，或者跟大多数其他国家，尤其是发展中国家相比，其筹资和服务在两个方面更为侧重。一是护理，正如上文所言，日本的老年健康服务已经完成了从医疗模式向护理模式的转型，日本除了全面和完善的延伸到家庭的照护服务外，34万张疗养病床和72万张看护病床，占全部病床总数的45%，这样老年人对医院住院服务的利用就可以大大减少。二是预防保健，日本政府通过对死亡谱的分析认为，因生活习惯病死亡的人数约占总人数的60.1%，因此将应对生活习惯病的综合对策作为重点干预手段，在医疗制度改革中，从预防生活习惯病的观点出发，引入由医疗保险运营机构实施的体检及保健指导制度（从2008年度开始实施）。日本政府认为，这种针对生活习惯病的综合干预，短期效果不一定十分显著，但是从中长期角度来看会成为延长健康寿命、减少医疗费的关键手段（宫岛俊彦，2010）。

在上述综合手段下，日本的医疗费用得到了有效控制，如图3所示，从1995年到2006年，不论是医疗费的绝对值，还是医疗费占GDP的百分比，都上涨得比较缓慢，在2000年甚至出现下降；老年人的医疗费在2000年后更是得到了有效控制，而2000年正是日本开始实施"护理保险制度"的时间。

图 3 历年日本医疗费情况

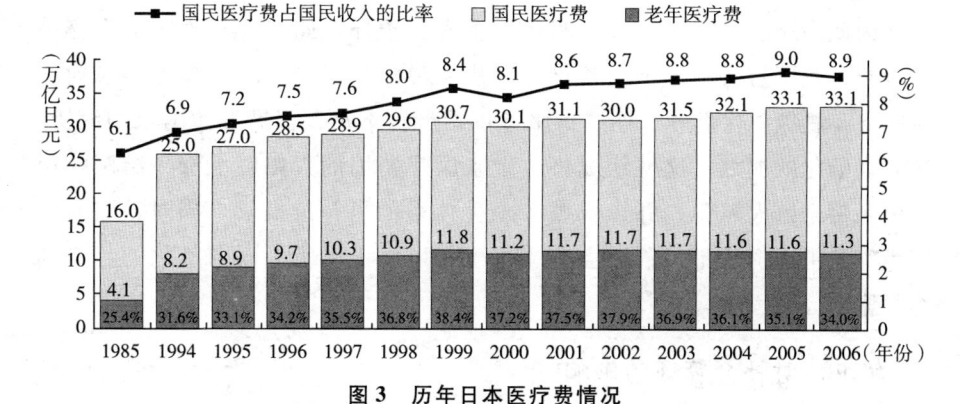

数据来源：宫岛俊彦《超老龄化社会的地域保健》，中国计生委"中日韩老年保健高层论坛"，北京，2010 年 4 月 29 日。

3. 对中国的启示

尽管中国 60 岁以上人口的比例和预期寿命都远低于发达国家，但是需要注意的是：一方面，中国正在经历比过去发达国家快得多的老龄化过程，国际社会大多用 65 岁以上老年人口比例从 7% 增长到 14%，即翻一倍的时间来衡量人口老龄化速度的快慢，从各国情况来看，法国用了 115 年，瑞典用了 85 年，英、德、美用了半个世纪，而中国预计用 27 年左右就可以达到（国务院第五次全国人口普查办公室，2006：70）。另一方面，中国的老龄化是在经济发展水平不高的情况下发生的，欧美发达国家在进入老年型社会时，人均 GDP 一般在 5000 至 1 万美元之间，而我国人均 GDP 才刚刚迈上 1000 美元的台阶。因此，要解决卫生体系的公平性和可持续发展之间的矛盾，压力更大。

但是跟压力并存的是机遇。尽管中国经济发展的绝对值并不高，但是目前仍保持着较快的经济增长速度，这一趋势要优于发达国家 20 世纪 80 年代左右的情况。中国的卫生体系正处于整体转型过程中，目前可供选择和设计的空间比较大，不同于发达国家，福利结构非常稳定，不利于大幅度调整。发达国家应对老龄化已经走过了 30 多年的路程，这些经验和教训也能为中国所用，即所谓的"迟发展效应"。中国目前的普通劳动力成本比较低，"4050 群体"更是如此，且缺乏就业机会，如果大力发展长期照护，充分培训和利用这些普通劳动力的话，可以以较低成本的长期照护代替昂贵的住院服务，有效控制医疗费用的上涨，同时缓解"40、50 群体"的就业压力。这些都是目前中国卫生体系发展的有利条件。

因此问题的关键在于如何利用这些有利条件。如本文对我国卫生体系的分析，我国目前的健康服务仍是以疾病治疗为主，保障资源过多投向住院服务，且预防保健和长期照护服务供给严重不足，根据发达国家的经历，随着老龄化的加重，这种状况将会带来医疗费用的大幅度上涨，给医疗保障体系带来巨大风险，并影响整个卫生体系的可持续发展。同时，政府在卫生筹资中的责任不足，也会造成卫生领域的不公平，而老龄化的趋势则会加剧不公平程度。

(四) 对社会管理的影响

社会是由人构成的，所以社会管理从本质上说是对人的管理。从功能论和社会分工的角度而言，如果社会上的大部分人都能扮演好自己在社会中的角色，那么社会就能有条不紊地向前运行；如果某个群体处于不稳定状态，这个群体的社会功能就无法正常发挥，那么其他群体也会受到牵连，而且很可能整个社会就会处于不稳定的状态中。对于老年人群体来说，尽管他们已经退出劳动力市场，但是仍是社会的组成部分，而且随着老年人比例的日益增大，他们的作用将会益发重要。老年人群体的稳定状况会影响到社会管理和社会稳定，而老年人是否稳定则取决于对他们如何管理，所以存在这样两种可能，老年人与社会管理的良性互动、老年人和社会管理的恶性互动。

从性格特点和价值观上看，老年人群体偏向于保守，不喜欢快速的社会变化，因此天生就是社会的稳定剂；其次，许多老年人在群众中享有很高的威信，受到人们的尊重与推崇，很多退休的机关事业单位的干部、知识分子等，在实际工作中积累了很多宝贵经验，这些老年人在协调人际矛盾方面具有独特优势；再次，就我国而言，经历过计划经济时代的城市老年人和在集体经济体制下生活过的农村老年人，多年来形成了一种很强的集体观念，这种集体主义精神为老年人参与社会，发挥余热奠定了基础。上述老年人的种种特点都使得老年人如同一个社会的"稳定剂"。

但是老年人同时是社会的弱势群体，是容易被忽略的群体。由于体力和智力的逐渐衰退，退出生产领域，失去了往日的经济支配权，经济收入也很可能因此降低；对政治和社会生活的参与和影响也在减少，因此在各个方面，老年人都很容易被边缘化。

老年人退出劳动力市场之后，尤其是城市的老人退休之后，往往分散为社会上原子化的个人，这时候他们会产生强烈的组织需求——一方面作为弱势群体，需要组织维护他们的权益；另一方面，老年人更怕寂寞和冷落，需要组织给他们提供安全感，以及通过组织活动跟别人交流、参与社会。

如果这时候有合适的组织形式提供，那么老年人就可以很好地组织起来，安居乐业，以及发挥他们的优势。从我们调查的情况来看，在为数不多的老年协会和社区组织中，退休教师、干部发挥了很大的作用，他们组织老年人开展活动，承担社区的治安、民事调解等工作，很大程度上弥补了社区工作人员不足的情况，并且他们在民事调解等工作上表现出很大的优势。而在这些社区中，社区活动的开展主要依靠这些无业在家、时间充裕的老年人，很多政策的落实也是通过老年人实现的。

然而在大部分地区，并没有合适的组织提供给老年人，或者环境也不利于老年人自组织。但是老年人的组织需求是客观存在的，因此正如上文所述，有一些敌对势力或邪教支持的组织就会乘虚而入，而老年人教育水平偏低，相对较容易受到这些势力的影响。就我们了解的情况，在这类组织中，老年人成员占大部分。

除此之外，大部分老年人还是原子化的，散落在社区的角落，由于不归属于任何组织，社区往往也顾及不到，使得基层政府对这些老年人的情况并不了解，这不得不说是社会管理的较大隐患。从社会的角度看，社会群体既是人们生活的基本单位，又是社会的重要构成要素。试想，如果社会由一个个原子化的个人直接构成，那无异于一盘散沙，难以整合和管理；相反，如果原子化的个人首先归属于群体，通过群体规范进行整合，再由群体构成社会，那么社会管理和社会整合则容易实现。因此，群体是连接个人和社会必不可少的桥梁，而构建"和谐"社会的目标，也需通过众多健康的"群体"予以实现。

在就老龄化讨论社区的作用的时候，目前讨论较多的是其照护功能，但是其组织功能对老年人同样重要。

目前在中国社会中，社区组织，也就是说基于地缘关系形成的群体正在变得日益重要。这是因为，新中国成立至今，中国社会经历了巨大变化。改革开放之前，在行政命令的强力作用下，城乡居民被强制纳入正式组织体系中——城市的"单位"和农村的"集体",而城乡的这两种计划体制结构都给各自成员提供了起码的组织保障。改革开放之后这种情况逐渐改变,城市和农村各自进入"后单位"时代和"后集体"时代——城市"单位制"瓦解,尤其是90年代的国企改革后,不仅单位保障不复存在,而且下岗失业工人和灵活就业者大量增加,由于没有固定的工作单位,原有的群体(单位)归属感也随之逝去;农村"集体经济"逐渐衰落,村集体对农民的控制力和保障能力也随之减弱。在上述情况下,需要有新的组织和群体形式出现,以弥补原有组织形式的消逝。由于新形势下社会的构成单位由"城市单位"和"农村集体"变成"城乡社区"①,尤其对于老年人来说,体能的下降使得他们的活动半径缩小,在这种情况下,老年人组织形式的最佳载体莫过于社区,因此应该通过社区加强对老年人的组织管理。

参考文献

庞元正、丁冬红等,2011,《当代西方社会发展理论新词典》,吉林人民出版社。
詹姆斯·米奇利,2009,《社会发展——社会福利视角下的发展观》,上海人民出版社。
童星,2006,《发展社会学与中国现代化》,社会科学文献出版社。
阿马蒂亚·森,2002,《以自由看待发展》,中国人民大学出版社。
亚伯拉罕·马斯洛,2007,《动机与人格》(第三版),中国人民大学出版社。
迈克尔·希尔,2003,《理解社会政策》,商务印书馆。
郑功成,2008,《中国社会保障30年》,人民出版社。
蔡昉等,2006,《中国人口与劳动问题报告7:人口转变的社会经济后果》(人口与劳动绿皮书2006),社会科学文献出版社。
林明鲜、刘永策等,2010,《城乡人口老龄化与老龄问题研究》,山东人民出版社。
卫生部统计信息中心编,2010,《2008中国卫生服务调查研究》,中国协和医科大学出版社。
郭平、陈刚,2009,《2006年中国城乡老年人口状况追踪调查数据分析》,中国社会出版社。

---

① 在一般的称呼上,社区往往只是针对城市而言,而农村则称为"村庄",但是我国农村的"村庄"形态也符合学界对社区的一般界定。而且民政部近几年的文件中强调"农村社区"的概念,所以本文,甚至本课题涉及的社区,除非特殊说明,一般泛指城市和农村社区。

穆怀中，2003，《社会保障水平发展曲线研究》，《人口研究》第2期。
国务院第五次全国人口普查办公室，2006，《世纪之交的中国人口（全国卷）》，中国统计出版社。
宫岛俊彦，2010，《超老龄化社会的地域保健》，中国计生委"中日韩老年保健高层论坛"。
童星，2007，《社会转型与社会保障》，中国劳动社会保障出版社。

宏观与微观双重视角下中国社会福利制度的路径选择[*]

赵一红[**]

摘　要：中国作为"后发型"现代化国家，社会福利发展语境建立在社会福利供给的宏观与微观的对立统一基础之上。一个良性循环的社会需要一种符合自身社会发展的福利视角。从何种角度来看待社会福利发展，在一定程度上决定着社会福利承担何种角色；每一种福利视角都将提供不同的福利目标。传统与现代、政府与社会组织、社区服务与社区照顾等看似不同范式的结构，但却能够共同给予福利视角以不同解释。从这些不同范式结构考察福利供给主体、福利供给对象、福利供给目标、福利供给模式等，将透视出中国社会福利发展的特点，同时也体现出中国社会福利制度本土化的发展路径。

关键词：视角　中国社会福利　路径

一　问题的提出与福利视角

目前，中国社会福利制度改革面临着诸多问题。一方面是中国社会福利制度创新过程中的发展视角，另一方面是中国社会福利制度创新过程中的"责任结构"，这是亟待探索和研究的问题。从政府角度，应积极制定有

---

[*] 此论文发表在《社会科学》2013年第1期，略作修改。
[**] 中国社会科学院研究生院教授。

关福利制度的法规、政策、规划，发挥其引导和监督作用；从社会组织角度，应大胆创新组织和体制，发挥其功能和作用；从社区、家庭等角度，便是充分发挥其参与社会福利的积极性，上述可归纳为各方责任。但在责任结构中，中国福利制度改革在就业服务、教育服务，住房、医疗、养老等社会服务方面以什么为主体、为基础、为取向，采取何种福利发展模式等，既是中国福利制度发展的视角，也是其发展的路径。

英国学者艾伦·肯迪在《福利视角》一书中，针对当前英国和美国福利改革中的争论进行了概述，其中之一便是在良性社会形成中，社会福利将扮演什么样的角色。本书概述了福利的五个不同视角，每一个都提供了关于福利视角及其目标的不同构想，"福利是利他主义的表现。这一视角假定：一个更加公平和整合社会的建立，有助于培养公民间的相互责任感，帮助他们实现其道德潜能……福利是追求个人利益的一个渠道。这一视角假定：绝大多数的福利申领者将采取理性的行动来改善他们自身及其家人的境遇。福利的任务就是提供激励机制……福利是权力的行使。这一视角假定：相当比例的福利申领者缺乏追求他们自身利益的能力，其结果导致他们无法对如前一种视角假定的激励性制度变革做出反应。因此，福利改革的任务是迫使这部分人采取有助于长期境遇改善的行动方式，从而实现公共利益。福利是走向就业的过渡。这一视角是在回应前两个视角中发展起来的。这一视角假定：仅仅通过现金津贴的福利不可能缓解贫困问题。……福利必须担当起向有偿工作转变的角色。福利是道德再生的一种机制。这一视角假定：人们受责任感的驱动，同时承认他们对其生活的社会共同体有义务。因此，福利的任务在于培养和提高这种责任感……"（肯迪，2011：2）

上述关于福利视角的五种分类，大概可以概括为两个方向，一个是认为福利政策面临的核心问题是不平等，因此，福利的首要任务就是资源的重新分配。另一个是认为福利政策面临的核心问题是福利的依赖性，因此，福利的首要任务是引导人们向着既有利于公共利益又有利于他们自身福祉的方向行动，基本可概括为政策研究法和意识形态研究法。

本文认为，福利视角的研究除了上述几种类型外，还可以从如下三个方面进行概括和研究：发展取向、结构取向、模式取向。

（一）理解福利视角之一：发展取向

发展取向的福利视角解释基于社会发展理论的兴起。从学科上看，社会发展理论最早源于经济学界，以研究发展中国家如何使人均国民总收入快速增长赶上西方发达国家为主要内容，之后扩展到相关学科。在二战结束之后，贫穷落后的发展中国家更加深刻地认识到自身的落后，希望通过经济增长摆脱贫穷的困境；发达国家物资匮乏，也想致力于研究经济的发展，因此，经济增长与经济发展成为发展中国家发展的主要目标。这一目标是建立在只要经济发展，社会其他问题便迎刃而解的假设上。但是之后，发展中国家片面追求经济增长的结果，使人们对单纯追求经济发展产生了反思与怀疑。例如，一些国家的经济恶增长，并不能自然而然给人们带来普遍的福祉，相反，引发了社会分配不公、社会腐化、贫富两极分化现象。至此人们认为经济增长并不等于社会发展。如果一个社会没有包含减少贫困、失业和不平等现象的目标计划，这个社会就很难发展。一个社会发展的基本标准应该是减少贫困、增加就业、扩大福祉、促进平等。

发展中国家由传统向现代转变，单靠经济发展是实现不了的。与此同时，一个国家的福利发展本身就可以被看做现代化的发展。因为社会福利的发展，是对民众的基本保障，健康、就业、教育、住房、医疗、养老等方面的关注，这应该是社会现代化的一个重要指标。长期以来，人们一直从资源和再分配的角度去界定社会福利，将社会福利视为国民经济成果的二次分配。有些学者认为应该从社会发展和经济增长的互动关系视角去研究社会福利的功能（梅志里、邓广良，2011：26）。那么发展社会福利到底如何界定，尤其是后发展国家社会福利制度如何改革与发展，便是福利视角的发展取向。

（二）理解福利视角之二：结构取向

结构取向的福利视角解释与上述研究视角的一个直接反差便是，不在强调再分配、平等和利他主义，而是强调政府和社会组织、社区、家庭的福利责任对于社会福利改革与发展的直接作用；强调的是在社会合力的情境下，国家、社会组织和群体如何运筹帷幄、制造福利。这便是国家与社会组织关系中的结构性福利视角。

(三) 理解福利视角之三：模式取向

模式取向的福利视角解释在于选择一种什么样的福利发展实践模式。这一视角重视的是社会福利发展的微观领域，也即福利发展过程中的具体服务方式，这便有社区照顾与社区服务之分。社区照顾作为国家社会福利的一种实践模式最初源于英国，它的直接背景是英国及一些西方国家掀起的"反院舍化"运动和公民权利观念的兴起，同时伴随着福利国家面临的困境。由此，20世纪70年代英国政府便开始了对国家福利制度的改革，改革限于社会服务方式的调整以弥补福利国家的种种缺陷和不足。由于社区照顾作为一种福利的实践模式，减轻了地方政府作为服务提供者的负担，被欧美许多国家效仿。而在中国，当前社会福利体制改革的重点主要集中在宏观层面的政策调整，缺少英国"反院舍化"运动的社会背景，因此，社会福利发展的视角并没有集中在具体服务方式的深入探索，而是在更宽广的层面上提出了社区服务的概念。这便有了在福利政策主导上的两种实践模式，即福利视角之三，模式取向。

二 后发展国家社会福利制度的视角

后发展国家在由传统社会向现代社会转型的过程中，应该如何发展社会福利，其发展的主体和切入点是什么？

（一）后发展国家的发展语境

后发展国家的发展语境是建立在传统与现代的对立和转化基础上的。现代化理论是在结构功能主义理论的基础上发展起来的，结构功能主义理论的中心内容是社会结构的分化与整合，以此类推，现代化理论的中心内容是传统与现代的对立和转化；发展理论的中心内容是后发展国家在面对"早发型"国家现代化已具有的发展状态时，如何解决发展与贫困的问题，如何实现由传统向现代的转变。

发展理论在现代化理论、依附理论和世界体系理论的争议与探讨中，在经过由"经济增长"到"综合发展"的转变过程中，终于达成了共识，这是发展观的一种深化。

发展观的深化不仅在于承认发展的目标和过程是综合的，更在于新发展观确定了发展多重目标中的基本目标。这个基本目标就是减少贫困、增加就业、促进平等,并提出了生存的自尊和自由等核心价值观。美国政治学家塞缪尔·亨廷顿认为发展应该包括五大目标:增长、公平、民主、稳定、自主(孟宪忠,1995)。法国哲学家弗朗勃·佩鲁在《发展新概念》一书中,也强调新发展观应该是整体的综合的,而非单纯的经济增长(佩鲁,1988)。因此单一的经济结构已经无法应对发展实践,经济发达国家也存在贫困,纯粹的经济发展解决不了贫困问题。

伴随着发展观的不断深化,后发展国家在政治和经济发展方面体现了自身特点。对后发展国家政治特征研究的比较深刻的是美国历史学家布莱克与美国政治学家亨廷顿。布莱克认为后发展国家与早发展国家的差别在于几个方面:现代化启动时间、来源因素、背景、体制成熟程度等(孙立平,1992)。亨廷顿特别关注后发展国家普遍存在的政治不稳定问题。亨廷顿认为与早发展国家稳定而有效的政治系统相比,后发展国家政治系统往往处于极不稳定的状态。有人将这种状况归结为现代化程度低的缘故,但亨廷顿的看法则与此完全相反。他认为这种政治动荡"是社会急剧变革、新的社会集团被迅速动员起来卷入政治而同时政治体制的发展却步伐缓慢所造成的"(亨廷顿,1989:4)。亨廷顿用大量的事实和材料证明,贫困和政治不稳定之间没有直接的因果关系。他认为政治动荡最容易发生且频率最高的是已经开始进入现代化过程,经济上有相当程度发展的国家和地区。由此他得出结论,政治动荡根源于一个国家进行了现代化而又未取得现代性(亨廷顿,1989:48-51)。

对后发展国家经济特征研究较多的是美国著名的经济史学家格尔申克隆。他主要从后发展国家的工业化问题入手,提出了在工业化过程中后进国家并不是步先进国家后尘的命题。他认为正是由于落后,后进国家的发展过程许多方面将会根本不同于先进国家。他援用凡勃伦的"借用技术"概念,认为后进国家无法自己建立技术,但是可以"借用技术"(孙立平,1992:94-95)。

上述后发展国家的发展语境,决定了后发展国家有着自身的福利制度视角。

(二) 后发展国家福利制度视角

在当代社会福利思想体系中,除了有马克思主义、民主社会主义、新自由主义和"第三条道路",还包括女权主义和生态主义观点。其中影响比较大的是社会发展理论的福利观。

社会发展理论的主要代表人物是美国加州大学伯克利分校社会福利学院院长詹姆士·梅志里（Jamos Midgley）,其主要观点是以社会发展为取向,以福利与经济的互动为切入点,主张福利与经济互为动力。其理论背景是福利国家陷入危机与新自由主义的兴起,这一状况形成对传统福利国家的批判。福利国家批判者共同倡导的改革措施有几个方面:削减政府的福利开支、引进竞争机制、反对国家干预、实行私有化或公私合作等。但是,当国家干预力量被削弱而不断强调市场作用时,将会带来一定的社会风险,同时也难以普遍提升公民的社会福利水平。特别是在全球化浪潮冲击下,市场竞争表现出的有限性,使每个国家都面临着更大的风险。因此,每个国家都面临着改革福利制度,提升福利水平,促进社会和谐的任务。发展社会福利应该着重建立积极的福利制度,而不能单独依靠政府或市场,应使社会各成分充分发挥自己的作用,这就是多元福利模式。目前,各国政府都已接受了这种观点。但是在具体实践中,政府的作用在福利制度的提供方面往往是有限的,尤其在就业和缩小收入差距方面,针对此种问题,梅志里等社会发展理论家们便提出了关于福利制度改革的一些政策主张。为了进一步促使社会经济和社会政策紧密结合,他们提出三项原则:第一,建立一个国家主义部门,全面协调经济和社会政策,促进可持续和以人为本的发展;第二,采取促进就业,以人为本的宏观经济政策;第三,社会计划应以投资为导向,采取"生产主义"促进经济参与,产生较高的经济回报（梅志里、邓广良,2011:24-25）。

梅志里的社会发展理论对当代西方社会福利界,尤其是美国社会福利界的影响比较大。其中对后发展国家的福利制度最有启示的就是,在强调经济政策和社会政策融合的基础上,制订将福利资源用于投资为导向的社会计划,从而提高社会成员的经济参与能力;使社会各界都充分发挥自己的作用,强调个人、非营利组织以及国家和市场共同作用的观点。这种视角改变了后发展国家在过去大多存在的补救和救济式的福利模式,降低了人民在福利方面对政府的过度依赖。通过建立福利制度,以政府为主导,增强社会组织、社区、家庭、个人积极参与到社会与经济发展中的责任与意识,这种福利制度的发展趋向,符合发展中国家福利制度的视角。

三 政府与社会组织结构性的福利视角

社会福利如果作为一种意识形态，它强调"社会公平"和"人道主义"价值观，如果作为一种社会制度，"是满足社会中个人、群体和社区的福祉"（王思斌，2010：76）。如果作为一种行动，它强调反贫困，通过广泛的社会服务，使穷人分享更多的社会财富并增加参与社会活动的机会，以提高穷人摆脱贫困的能力。这样一种福利目标需要社会发展的综合力量来完成。如何在国家与社会关系视野下研究福利制度、如何看待政府与社会组织关于福利的结构性视角，将有助于实现上述福利目标。在此，笔者不打算过多论述国家与社会、政府与社会组织的关系，只想研究政府与社会组织关于福利的结构性视角。

什么是社会福利，王思斌教授的定义是："社会福利是各国社会制度建设中不可或缺的重要组成部分。从广义上来说，社会福利是指同改善公民生活素质，促进社会发展与提高社会总体文明水平相关的一切物质、活动与相关服务。从狭义上讲，社会福利则是指国家（或政府）针对社会中有特殊需要的个人和群体提供的津贴、物质和社会服务。"（王思斌，2010：76）

政府与社会组织有关福利的视角可以从结构解释来分类。

（一）政府关于福利的结构性视角

首先，经济视角。政府对于福利的解释，首先表现在经济指标体系中，主要叙述的是一种贫困状态，一般针对某些经济资源（工资）匮乏的状态，也即人们用于维持最基本生存状态的食物和设施消费的资金缺乏状态，例如，购买不起食品、住房、衣物和交通设施。其中，国家是以贫困线作为划分标准。政府制定的贫困线是以人均收入为指标，从而界定出某些地区和某些人群在贫困线以下需要福利支持，它是由政府以指向性、政策性的方式来界定需要福利支持的人群。因此，对于这种福利支持，政府更多的采取的是经济上扶贫与济贫的福利供给方式。

其次，政策视角。政府对于福利的解释除了经济解释之外，还有许多相应的政策性解释。政策性福利解释一般表现为针对全社会的就业、住房、养老、健康、医疗卫生服务、教育服务等方面，政府通过提供社会服务和资金直接影响公民福利和行动。因此，对于这方面的福利支持，政府更多的是采取改善国民物质文化生活，提高生活质量，依法向国民提供各种津贴补助、公共设施和社会服务的福利供给方式。

再次，意识形态视角。意识形态的社会解释也是政府常用的一种福利解释视角。关于意识形态的福利视角，在历史上和国内外有种种理论阐述。在当代社会福利思想体系中，从马克思主义、民主社会主义、新自由主义、"第三条道路"、女权主义、生态主义等福利理论，到社会冲突论的福利观都应该算是对于社会福利的意识形态解释。

冲突论关于福利的视角认为：社会福利制度的产生是社会矛盾和阶级冲突的产物。社会福利服务具有重要的社会控制功能，有利于维持社会秩序和稳定，便于政治统治。马克思、恩格斯在《共产党宣言》《资本论》《哥达纲领批判》等著作中，寻求全人类的解放和达到共产主义，揭示了资本主义的矛盾运动以及社会主义代替资本主义的必然趋势，马克思的社会福利思想基本通过这些著作反映出来。此外，西方社会福利思想的三大支柱：民主社会主义、新自由主义、"第三条道路"的社会理论，包括女权主义和生态主义的福利理论都表现出强烈的意识形态视角。意识形态福利视角强调的是福利的利他主义、平等主义、责任和救助精神，以人为本促进社会和谐。西方国家对于此方面的福利支持，通常采取的是救助、倡导和增权的福利供给方式。

总之，政府是社会福利供给中最重要的主体。政府在社会福利中的作用不容忽视。政府角色与责任的合理界定是社会福利发展的基础。目前在我国，社会福利供给模式已由从前政府统揽发展到由政府主导，各方福利责任分担的格局。因此，对于政府来讲，如何主导福利发展，其结构视角非常重要。

（二）社会组织关于福利的结构性视角

社会组织是社会福利的重要供给者。社会组织中的非营利组织具有公益性、民间性的特点。从国际经验来看，一个国家的福利供给政策取决于社会组织的发展程度。作为政府与民众之间的中间组织，社会组织具有开发福利资源和提供多样化服务的功能。

社会组织关于福利的结构性视角表现在以下几个方面。首先是服务视角。社会管理体制改革客观上要求社会组织提供福利性社会服务。而福利性社会服务是以传统的扶贫救助为主,以解决贫困所导致的社会问题为主要内容,以生存扶贫与发展扶贫为主要范围,提供经济资源,开展各种培训,提供小额信贷。作为政府与民众的中介组织,社会组织协调相关扶贫政策,确保落实,在一定程度上改善了贫困人口的生存状态。此外,还提供企业化的社会服务,包括社会康复与辅导,社会维权与支持,以专业化的手段为社会服务,直接面对社区居民和弱势群体,为服务注入人性化的内涵。在资源上,组织大量志愿者开展服务项目,节约服务成本,包括直接为贫困者及其家庭服务,从而表现出服务的福利供给方式。

其次,价值视角。社会组织的价值理念在于助人自助,在于奉献和利他精神,这些高尚的精神可以抵制社会不正之风,从而起到弘扬社会正气的作用。在社会组织中涌现出大量的志愿者,他们所蕴含的价值理念、采取的互助行为,代表了较高的道德水平与文明社会的发展方向。社会组织在一个国家的民主政治建设中也具有不可替代的作用。民主政治的发展也是社会发展的一种标志。在我国政治文明建设过程中,社会组织首先是现代民主体系的重要内容,它奠定了基层民主特别是社会自治的基础,从而表现出价值传播的福利供给方式。

最后,倡导视角。社会组织运用所积累的良好声誉充分动员社区居民,积极促成相关福利政策与法规的制定和修正;对社区居民和民众进行社会教育,发挥促进社会和谐进步的功能,达到追求社会正义的目标,从而表现出倡导者的福利供给方式。

上述政府和社会组织关于福利的结构性视角,表现出在社会福利的发展过程中政府和社会组织福利供给责任的定位。由于社会福利实施有广度和深度的要求,以及社会转型和发展存在较多的不确定空间,因而社会福利供给主体是多元的。纵观世界福利发展的历史,表现为社会福利供给主体整合政府、家庭、社区、社会组织等力量,共同为全社会成员提供福利。

四 社区照顾与社区服务不同模式的福利视角

社区作为一种福利供给主体,不得不与福利供给模式和手段、方式联系在一起。社区照顾是英国在福利国家陷入困境之后提出的一种福利政策,也可被看做一种社会福利的实践模式。"1963年英国卫生部颁布了被称作是'社区照顾的蓝皮书'的《健康及福利:社区照顾的发展计划》,标志着英

国社会福利政策的重大转变。"(房列曙等，2007：113)

（一）社区照顾模式的福利视角

社区照顾的福利模式，起初是为了尝试减轻地方政府的福利供给负担，鼓励更多的社会组织提供正规服务及私有化服务。社区照顾的福利供给对象是老人和残疾人、儿童、精神病患者等；福利供给主体是管理人员、专业工作人员和照顾人员；社区照顾的福利供给目标是维持有需要的人士在社区或者自然生活环境内独立生活；社区照顾的终极目标是协力让社区人士可以在自己的生活中获得最大程度的独立自主（夏学銮，1996：48）。社区照顾的福利供给模式有：社区活动中心、老人公寓、家庭照顾、居家服务、暂托处、老人院等。这些社区服务性设施主要是由英国政府举办或由政府资助的，提供的服务是免费或低收费的。社区照顾基本上可以从几个层面界定：行动照顾、物质支援、心理支持、整体关怀（方奕霖、阮曾媛琪，1996：44）。从上述社区照顾福利供给的对象、供给主体、供给模式来看，此福利视角注重的是福利提供的具体方式和手段，即是一种具体的福利供给的服务模式。

（二）社区服务模式的福利视角

由于中国缺少英国福利国家的社会背景，目前社会福利制度改革的重点集中在宏观政策的调整，而不是福利供给的具体服务方式上，因此，我国并没有把社区照顾作为一项专门的福利政策。1986年，民政部首次提出开展社区服务工作、满足人民生活需要的策略，社区服务正式载入中国城市改革的史册。英国社区照顾的福利视角，强调的是社区意识和社区支持网络对于受照顾者的意义；中国社区服务强调的是在政府领导下，各街道、居委会协助，满足社区居民日益增长的物质文化生活需求，发动和组织社区各方面力量，开展公益性、福利性和互助性的社会化服务。目前社区需要承担的社会福利责任比任何一个时期都重要。但是相对西方国家来说，我国社区服务的福利供给来源和供给机制都比较单一，社会化程度较低；社区的行政化倾向严重，社区福利供给大多是政府行为；社区福利供给的专业化程度也较低，大多数地区还依赖于传统的行政化手段，虽然目前一些沿海城市已经提高了社区福利供给的专业化水平，但中国社区服务总体还处于较低水平；社区服务模式的福利视角更多注重的是宏观政策的实施，例如最低生活保障制度的实施、社会医疗保险网点的建设、失业人员的再就业服务与培训、残疾人的社区康复、社会养老体系的建构、军烈属的优抚与社区矫治等等，而缺少福利供给的微观层面具体社会服务方式的提供。

五　结论

通过上述对于福利供给视角的宏观与微观分析，从后发展国家的福利发展视角，到政府、社会组织福利的结构性视角，再到社区服务与社区照顾模式视角，本文总结出中国社会福利发展的路径。

（一）建立以宏观福利视角为主，微观福利视角为辅的本土化的社会福利制度，发挥其社会建构功能

从传统与现代结构看，中国作为从传统向现代转变的后发展国家，在现代化发展一开始就面临着早发展国家现代化已具有的发展状态。前者在现代化开始时所面临的环境和条件与后者有很大差别。美国学者列维在《现代化与社会结构》一书中就现代化的条件认为，维持较高水平现代化的必备条件并不一定就是获得这种现代化水平的前提条件（Lery，1966）。早发展国家目前的发展条件与它早期获得这种现代性的启动条件已完全不同，这说明启动现代化的条件与发展现代化的条件是不一样的，因此，不必照搬发达国家的某些条件或模式。如果后发展国家处在启动阶段，过多关注发达国家的已有状态，而忽略对其现代化启动时的各种分析，将会造成社会发展失误。当然，后发展国家也有诸多优势，列维认为后发展国家对现代化的认识要比早发展国家丰富得多，它们可以省去许多不必要的经历；后发展国家可大量采用和借鉴早发展国家的成熟计划、技术、设备以及与此相适应的组织结构等（Lery，1966）。

由此推论，中国社会的福利发展也面临同样问题。社会福利的发展是一国发展的重要目标，也是经济持续发展的重要条件，中国也不例外。在西方社会福利发展在理论和实践水平已经相当高以至于出现问题的时候，中国的福利事业如何发展，这是值得研究的问题。笔者认为，中国社会的福利发展应该积极实行以宏观福利视角为主，微观福利视角为辅的发展路径。从宏观上讲，我们不能完全照搬西方福利国家的社会福利模式，不能以"高福利"发展为社会福利发展的目标，中国有自身的政治、经济、文

化背景，这种背景与西方社会福利及其制度产生和发展的背景完全不同，中国应该积极发展本土化的具有中国特色的福利事业。在我国现代化的发展中，市场经济的发展与构建和谐社会的目标必然要求与之相匹配的社会福利制度。进入21世纪以来，中国共产党根据"以人为本"的科学发展观和我国社会分化的现状，及时提出了建设和谐社会的战略任务。因此，中国社会福利的发展应该首先以建构稳定的和谐社会为目标，发挥社会福利的社会建构功能。从微观上讲，在积极建构中国本土化的福利制度的同时，要借鉴西方福利国家的经验与教训，包括西方福利国家的优秀研究成果和福利供给的具体方式，以推动我国社会福利事业的发展。

（二）改进我国社会福利责任的分担结构，建立以政府责任为主导，社会组织为主要依靠力量的福利体制

我国目前正在重建社会福利制度，其价值取向虽然也强调国家、社会组织、社区、家庭的责任分担，但却在分担的结构上存在问题，表现在政府对于社会福利的投入过多注重经济视角和意识形态视角。首先，大量财政预算仍然流向国有企业和经济建设。其次，政府以经济指标界定贫困线，相当部分社会福利资金投入到贫困线以下的扶贫和济困地区，但是由于社会政策的不平衡，绝对贫困人口和相对贫困人口在不断变化，导致扶贫济困效果不佳，福利供给流失；再者，由于政府较注重福利供给的意识形态效果，许多福利供给是以救助和倡导为主要方式，导致福利责任结构单一。最后，在社区的福利性社会服务提供中，仍然存在政社不分的现象。总之，面对上述问题，我国应该积极强调政府在社会福利制度的建立和政策制定方面的主导责任。而社会组织作为中介组织应该努力贯彻、落实政府的福利政策，积极开展专业化的社会服务，做好救助工作，组织好志愿者服务队伍，弘扬志愿精神。

（三）探索我国社会福利供给模式，积极建立社区服务带动社区照顾的服务方式

"社区服务"从意义上说应该是社区社会服务，包括城市社区与农村社区服务两个方面。如果把社区服务当作一种社会福利供给形式，它在外延和内涵上与社区照顾都有较大差别，这点在前面已经说过。由于我国倡导的社区服务具有福利性、群众性、互助性、综合性的特点，同时社区服

务的具体内容非常丰富，例如，为各类弱势群体提供福利供给服务、为居民提供便民利民服务、为社区单位提供社会服务、为下岗职工提供再就业服务和社会保障社会化服务。因此，社区服务具有"大服务"对应我国"大福利"的特点。同时，我国提出的社区服务在内容上体现了社区照顾的精神，外延要比社区照顾广泛。社区服务强调普遍化服务，不像社区照顾是以受助者为中心，在中国社区服务更能体现本土化的社会福利供给模式特点。

当然，社区服务要开展各项社会福利活动，专业化的社区照顾模式对其具有借鉴意义，微观的社会服务实践模式必不可少。社区照顾模式的主要目的在于提供适度的干预与支持，促使人们获得最大限度的独立自主并掌握自己的生活。社区照顾模式的目标与特点，在于积极建立社会网络系统并推进志愿服务，以具体而专业的工作方法为社区居民提供服务，尤其是老人、儿童、残疾人等。在社区照顾模式中，专业工作者的角色是组织者，而不是照护者，并以组织者、支持者、监督者的角色介入社区。由此，社区照顾应该在社区服务模式带动下，发挥社会福利的供给功能，二者互补，在具体的社会福利实践领域发挥更大的作用。

上述从传统与现代、政府与社会组织、社区服务与社区照顾各种分析角度，透视出中国社会福利发展的路径。中国的社会福利发展究竟是一种怎样的路径、怎样的模式、有着怎样的特点；是一种制度，还是一种经济模式，抑或是一种意识形态？这些似乎都不重要，重要的是我们发展社会福利的路径选择和视角。

参考文献

艾伦·肯迪，2011，《福利视角：思潮、意识形态政策争论》，周薇等译，上海人民出版社。
弗兰茨-克萨韦尔·考夫曼，2004，《社会福利国家面临的挑战》，王学东译，商务印书馆。
克劳斯·奥菲，2006，《福利国家的矛盾》，郭忠华译，吉林人民出版社。
迈克尔·希尔，2005，《理解社会政策》，刘升华译，商务印书馆。
迈克尔·谢若登，2007，《资产与穷人：一项新的美国福利政策》，高鉴国译，商务印书馆。
塞谬尔·亨廷顿、罗荣渠主编，1993，《现代化：理论与历史经验的再探讨》，上海译文出版社。

沃尔夫冈·查普夫，1998，《现代化与社会转型》，陆宏成等译，社会科学文献出版社。

林胜义，2011，《社区工作》，五南出版公司。

周怡，2004，《解读社会：文化与结构的路径》，社会科学文献出版社。

赵一红，2004，《东亚模式中的政府主导作用分析》，中国社会科学出版社。

詹姆士·梅志里、邓广良，2011，《社会发展理论对东亚国家和地区的启示》，载王卓祺主编《东亚国家和地区福利制度》，中国社会出版社。

孟宪忠，1995，《社会发展理论和实践进展述评》，《哲学动态》第2期。

弗朗勃·佩鲁，1988，《发展新概念》，社会科学文献出版社。

孙立平，1992，《传统与变迁——国外现代化及中国现代化问题研究》，黑龙江人民出版社。

塞廖尔·P.亨廷顿，1989，《变化社会中的政治秩序》，王冠华等译，三联书店。

王思斌，2010，《社会工作概论》，高等教育出版社。

房列曙等，2007，《社区工作》，合肥工业大学出版社。

夏学銮，1996，《社区照顾的理论、政策与实践》，北京大学出版社。

方奕霖、阮曾媛琪，1996，《社区照顾的概念及对香港的启示》，转引自夏学銮《社区照顾的理论、政策与实践》，北京大学出版社。

Alcock, P. 1996. *Social Policyin Britain*. London：Macmillan.

Bosanquet, N. 1983. *After the New Right*. London：Heinemann.

Hall, P. 1976. *Reforming the Welfare*. London：Heinemann.

Lery, M. J. 1966. *Mondernization and the Structrue of Societies*. New Jersey：Princeton University Press.

Townsend, P. 1975. *Sociology and Social Policy*. London：Allen Lane.

美国老年人的经济安全

Karen A. Zurlo*

摘　要： 美国婴儿潮时期出生的人步入老年将会陷入退休收入不足的困境。这篇论文阐述了美国老年人退休收入的传统来源（如社会保障收入、私人退休金和存款），以及其他收入来源（如房产和就业）。本文也讨论了健康照护对美国老年人收入的影响，并指出未来发展的方向。

关键词： 老年人　经济安全　社会保险　健康照护

一　引言

由于公共政策的施行和个人的主动储蓄（Panis，2004），在过去几十年中，美国老年人的财政安全有了明显增强。社会保险和医疗保险的给付有了稳步增长，通过这些项目，老年人的贫困比例急剧下降。在2011年，仅有8.7%的老年人生活在贫穷线以下（DeNavas‑Walt, Proctor, & Smith, 2012）。婴儿潮和之后出生的那一代人的前景不容乐观。出生在婴儿潮即1946年和1964年间的人，比之前出生的人将活得更久，依靠社会保障的时间更长，但是目前的社会安全制度并不是基于婴儿潮出生的人设计的。退休收入的传统来源包括社会保障收入、私人退休金以及存款，而这些可能

---

* Karen A. Zurlo，美国罗格斯大学社会工作学院助理教授；本文翻译者为美国罗格斯大学社会工作学院硕士生陈宁。

对婴儿潮时期出生的人步入老年后或以后的老年人都不够。比如说，社会安全，面对长期的财政失衡的挑战（Munnell，2011），随着大量在婴儿潮时期出生的人逐渐步入老龄，未来的劳工将不足以支持这一庞大老龄群体的退休金，于是现行税率和给付不能支撑起未来的社会保障制度。私人退休金也正在经历一个转变。从"明定给付计划"到"明定保费计划"的转变，要求雇员和退休人员管理他们的退休收入。因为这些人往往没有有效管理退休账户的经验和知识（Lusardi & Mitchell，2007a；2007b），他们退休时，常领到较少的退休金。加上美国家庭储蓄利率在过去的几十年下降了，今天的美国人比过去十年拥有更多的债务，这会增加财政安全退休保证计划的复杂性。退休收入的其他两种来源：房屋资产净值和就业，可能越来越变成老年人依靠的收入来源（Utkus，2006）。

房屋资产净值会受到近期房屋市场的影响。目前还不清楚现在与未来的房屋市场将如何影响退休时的所得。延迟退休可能会提高老年人的退休给付。Munnell 和 Sass 指出：老年人延长工作时间会得到三个潜在的好处（Munnell and Sass，2008）。这些好处包括每月增加的社会安全给付、个人退休账户（401k①）金额以及较短的依靠退休金的时间。此外，退休收入保障会因为医疗保健的费用和供给而改变。目前，联邦医疗保险（Medicare）不能满足美国老年人的医疗保健要求。在 1996 年和 2005 年间，自付医疗支出增长了 39.4%（Paez, Lan, & Wenke, 2009），而这种趋势还有可能延续下去。这将导致退休账户可能不能够支付医疗保健的支出。传统的退休收入也指社会安全给付、个人退休金、储蓄、房屋资产净值、晚年就业机会和预计增加的医疗保健费用，这些都面临着结构性的改变，结果是，与过去相比，将来每一种收入来源都会变得不确定。以下是美国老年人对每一种收入来源和相关财务风险的描述。

二 社会安全给付

社会安全保险是由社会安全局管理的联邦项目。技术上，社会安全保

---

① 401k 计划也称 401k 条款，始于 20 世纪 80 年代初，是一种由雇员、雇主共同建立起来的完全基金式的养老保险制度。1978 年美国《国内税收法》新增第 401 条 k 条款的规定，而后得到法律认可并逐步成为美国公司首选的保障计划。

险由两部分组成：老年及遗嘱保险（Old-age and Survivors Insurance）和残疾保险（Disability Insurance）。

社会安全保险已经成为美国最大的一个社会项目（Karger & Stoesz, 2009），在2012年，给付人数为6040万人（Social Security Administration, 2012）。70%的受益人是退休工人，19%是残疾工人，剩下的11%是遗嘱人或者退休者与残疾劳工的配偶和子女（Social Security Administration, 2012）。在过去的几十年中，社会安全保险已经是老年人的首要收入来源，尤其是低收入老人。在表1中，社会安全保险明显地帮助了最贫穷的美国老年人。在收入分配中，最底层的1/5的人，有84%的收入来自社会安全保险。此外，在2011年，社会保险为65%的老年人提供了至少一半的收入给付（Social Security Administration, 2011）。这和那些拥有最高收入的1/5的人相比相当不同，他们的收入有各种不同的来源。作为一个收入再分配项目，社会安全保险明显地帮助了美国最贫穷的老年人。

表1　2010年65岁以上老年人收入来源的分配比例

单位：%

	最低收入五等分	最高收入五等分
收　　入	2	45
退　休　金	3	19
资产收益	2	16
社会安全	84	17
社会救助	7	0
其　　他	2	2
总　　计	100	100

资料来源：DeNavas-Walt, Proctor, & Smith, 2011。

社会安全保险是一项随收随付的项目，当前员工和雇主通过支付社会安全保险税为退休的人支付给付。这个项目之所以运行成功是因为以前有很多年轻人。从2008年开始，婴儿潮时期出生的一代人开始到了退休的年龄，退休人员的数量激增，在不到30年间增加了1倍，到时，劳工很难支持这个项目。1940年，当首张社会安全保险支票开出时，每一位退休者有42位劳工在支持（Karger & Stoesz, 2009）。

缴纳社会安全保险税的劳工和领取社会安全给付的人的比率，在过去的65年中，持续下降，并且会继续下降，到2032年，相当于每2.1个劳工支持1个退休者（Karger & Stoesz, 2009）。因此，这样的制度面临重大财政挑战。在2017年，这个劳工退休比率（劳工/退休者）将是2.7（Social Security Administration, 2008），按照当前的税率，没有足够的劳工能支付预期的给付。在很多不同的趋势下，如愈来愈少的劳工、愈来愈长的寿命和愈来愈早的退休年龄，社会安全保险正面临长期的财政失衡挑战（Munnell, 2011）。2009年5月，联邦社会安全保险董事会的2009年度报告指出：在2016年，社会安全保险信托基金的支出将开始超过税收。在2037年，社会安全保险基金将用完，不能保证全额给付，这个预期比2008年度报告要提早4年，基于此，就长期而言，社会安全保险的给付和税率是无法维持下去的。

因为社会安全保险制度的功能是为美国老年人提供所得再分配，对有较大财政风险的老年人而言（如妇女和少数族裔），维持社会安全保险给付是很重要的。因为已经预期到破产，制度的改革是必要的。在将来的75年中，国会有很多考虑的选项，包括增加社会安全保险税率，减少给付，延长退休年龄，增加最高税收收入为113700美元，将部分项目私有化，或者综合采纳上述方法。

考虑到社会安全保险对6400万受益者的重要性，新国会必须设法确保社会安全保险的长期偿还能力。

三　私人养老金

私人养老金是老年人收入的主要部分，在过去的几十年中，私人养老金增加了3倍，大幅增加了美国老年人的退休收入。但是随着人口老龄化，还不能确定这个机制是否能满足老人对退休金的需求。私人养老金制度的问题相当复杂，并受多种因素的影响。自从雇员退休收入保障法于1974年通过以来，退休储蓄就有了根本的变化，从雇主定额的给付退休金计划转变为雇员控制的定额保费计划（Wise, 2006）。作为递延收入的一种形式，从过去的三十年渐渐增长的定额给付计划管理到被称为定额保费计划的私人养老金，这种转变影响了私人退休金制度。定额给付计划由雇主资助，是税前供款的。劳工退休后，定额给付计划给退休劳工提供收入，通常采取终身年金的形式。然而，若计划终止或破产，收入就没有保障。另外，定额保费计划为雇员提供了由雇主和劳工共同缴纳的个人账户，这也包括了投资收益。

雇主的保费是预先设定好的，通常劳工和雇主的保费存放在劳工个人的账户里，由劳工管理。由于劳工负责账户的投资管理，因而资产价值变化的风险（Gale, Papke, & Van Derhei, 2005）由他们承担。定额保费计划的例子包括401（k）计划、403（b）计划、员工持股计划和利润分享计划。自从通过雇员退休收入保障法以来，私人退休制度有明显的加强。在1975年和2010年，定额给付计划和定额保费计划的总体数量与参与人数，以及退休基金的资产都有明显的改变。然而，定额给付计划和定额保费计划的发展不同。参加定额保费计划的人数大量增加，定额给付计划的数量和规模却逐渐萎缩。

用定额保费计划取代定额给付计划是公司对充满活力的经济和政治环境的反应。定额给付计划首先是因美国制造业的发展而形成。本质上，大型企业和工会组织在这个计划上达成了共识。由于定额保费计划参与人数的增长，劳工有责任管理他们的退休给付账户，对退休收入负责，账户财富积累视参与者缴纳的保费多寡和金融市场的回报而定（Poterba, Rauh, Venti & Wise, 2006）。随着401（k）计划的出现，员工有管理他们自己投资计划的能力，定额保费计划成为主要形式。此外，定额保费计划的保费是免税的，这为劳工提供了减税的机会，使其对劳工更有吸引力。

在定额保费计划里，个人对自己的退休账户负责。雇主和劳工缴纳保费至退休账户，劳工管理账户并且承担账户的财务风险。但是，由于多数劳工没有接受过管理财务的培训，也找不到外界的帮助，往往没有得到最大的资金增长收益。Munnell和Sunden的报告指出：在定额给付计划转向定额保费计划中，账户结余变少了，通过401（k）计划，年龄较大的工人在他们的账户中，只有不足5万美金，而不是在模拟账户中应有的30万美金。这些低结余的现象并不异常，时常发生在现实生活中。账户管理责任由雇主转向劳工，劳工在管理他们账户的每一步骤中，都可能会犯错误（Munnell & Sunden, 2004）。具有参与这个计划资格的劳工有1/4选择不参加，少于10%的参与者缴纳最高保费（Munnell & Sunden, 2004）。超过一半的人没有分散投资风险，许多劳工过度投资股票并且没有随着年龄的增长或市场回报重新平衡投资组合（Munnell，2006）。Mitchell 等人发现，参加定额保费计划的劳工大多数并不关心自己的投资组合（Mitchell, Mottola, Utkus & Yamaguchi, 2006）。

在过去的几十年中，有一些政策和退休计划的变化企图影响个体的储蓄行为，然而，需要提醒他们没有注意到的行为后果。能保证有终生收入的定额给付计划的普遍减少，使劳工需要为退休负起很大的责任（Purcell, 2009），然而，很少有证据表明劳工有能力去负这些责任。

四 储蓄

自 20 世纪 80 年代以来，美国个人储蓄率有了大幅度的下降（Attanasio, 1998）。Johnson 等人的报告指出，美国的储蓄率从 1984 年的 10.8% 降到 2005 年的几近为零（Johnson, Mensah, and Steuerle, 2006）。在过去的两年中，每年的储蓄率也将近为零，仅仅在最近开始增长。由于美国经济下滑，美国人已经变得更具金钱意识，结果，当今的储蓄率在 2%～4%。Purcell 指出，退休收入的储蓄是微小的，联邦储备委员会的消费者财务状况调查和人口普查局资料显示，退休计划的参与比率和平均账户余额与家庭收入和教育程度呈现正相关（Purcell, 2004）。根据收入和项目参与调查（Survey of Income and Program Participation），Purcell 估计有 3810 万个家庭，至少有一个在 21 岁到 64 岁的工人，拥有一个或者更多的退休账户，占总人口的 49%，剩下的 51% 没有获得任何的退休储蓄账户（Purcell, 2004）。拥有退休储蓄账户的家庭，在 2000 年，平均有 60510 美元在退休储蓄账户里，账户的中间值是 24000 美元（Purcell, 2009）。到 2007 年，账户的中间值是 45000 美元（Purcell, 2009）。从美国个人的低储蓄率和数百万家庭中退休储蓄账户准备不足两种情况可以看出，有必要提升他们为退休生活预留资金的意识（Purcell, 2009）。

五 其他的退休收入来源

除了退休收入的三个传统来源（社会保险、私人退休金和储蓄），房屋净值和就业是越来越多的成年人到老年后依靠的经济保障。房屋净值是老年人退休收入的一个强大的潜在资源。由于房屋价值和住房拥有率在20世纪90年代大幅上升，住宅房地产变成65岁或更老的老年人最大的家庭财产（Apgar & Di，2006）。但是，在最近的次级抵押贷款崩溃和经济大萧条下，许多业主经历了家庭资产的损失。皮尤拉美裔中心的报告指出（Kochhar，Gonzalez-Barrera，& Dockterman，2009），在过去的二十年中，黑人和西班牙人的房屋资产在经济低迷时期比白人消失得更快。另外，在2007年，同样的收入，黑人和西班牙人的房屋贷款比白人多很多，这就让他们暴露在更大的债务风险中。总体来说，黑人和西班牙人房主在近期的经济低迷期有更大的财务风险，这可能会导致他们退休时房屋净值的可比额度比白人的要有所下降。

为了达到一个令人满意的退休标准，老年人可能选择工作更长时间和延迟退休。退休的过程正在演变，婴儿潮将重新定义延迟退休和拥有更高的退休收入。他们有可能不能达到上一代退休者的生活标准。结果，老年人可能希望延长工作年限。然而，老年工人的潜在需求不能确定。劳动力供给和需求的交集将在今后的生活中决定就业者的生存能力。

六 医疗保健的问题

今天，美国65岁和超过65岁的老人主要是通过医疗保险来负担医疗费用，但是联邦医疗保险（Medicare）只能负担老年医疗支出的一半（Hurd & McGarry，1997）。于是有很大一部分老年人购买额外的私人保险和依靠医疗补助计划（DeNavas-Walt，Proctor，& Smith，2012）。由于慢性疾病的损害和残疾会在晚年有所增加，所以患者将依靠医疗护理，但是联邦医疗保险在这方面的保障不完备，费用也不能报销，这就导致了自费医疗支出的增加（Starfield，Lemke，Herbert，Pavlovich，& Anderson，2005）。由于自费医疗支出主要集中在具有慢性疾病、没有雇主提供补充保险或联邦医疗保险的老年人身上（Crystal，Johnson，Harman，Sambamoorthi，& Kumar，2000），所以医疗照护支出将在老年人身上增长。没有预期的自费医疗支出将增加很多美国老年人家庭的财政负担。在一些情况下，医疗费用问题将导致债务的增加，甚至导致破产。事实上，之前的研究发现，超过50%的破产者是由于医疗问题（Himmelstein et al.，

2009）。美国老年人健康医疗花费的增加将对晚年的经济保障有负面的影响。

七 未来发展方向

老年经济保障包括三项传统退休收入（社会保险、私人退休金和储蓄），以及两项补充性收入（房屋净值和就业）。医疗花费可能会给老年人家庭的财务稳定造成压力。

当前政策将退休储蓄和投资的风险交由劳工自己负责（Burtless，2006；Purcell，2009）。政府和雇主对退休收入负少部分责任。为防止退休收入不足，维持合理的退休生活标准，劳工和退休人员需要对自身的财政负责，随着年龄的增长，他们应该规划并管理自己的财政状况（Burtless，2006；Purcell，2009）。

劳工在退休后，将面对很多财务方面的决定（Lahey，Kim，& Newman，2003）。为了做出明确的决定，如财务决策、养老金计划、保险事宜、投资计划、预算（Hayes，1991），美国人必须在今后的时间中为自己的财政福祉负责。Braunstein 和 Welch 认为金融服务市场的复杂性要求客户积极参与并承担信贷和投资管理的责任（Braunstein & Welch，2002）。他们尤其指出消费者的退休投资责任已经增加了。

Greenspan 主张将金融知识灌输给个人，认为制定家庭预算、储蓄计划、投资决定的策略是必要的（Greenspan，2002）。这种知识对传统上没有接受足够的美国财政系统服务的人群来说很重要，如妇女和少数族裔。研究（Lusardi & Mitchell，2007a；2007b）发现，老年人在退休前和退休后，需要具有财务敏感度，如对金融知识和医疗保健政策的相关选项（比如处方药的选择）有所了解。Bernheim 发现，大部分美国人管理个人财务的知识不足（Bernheim，1998）。Lusardi 和 Mitchell 支持这个论断，他们发现大部分美国老年人没有足够的金融知识（Lusardi & Mitchell，2007a；2007b）。只有一半的 50 岁或 50 岁以上的人能够正确回答复利和通货膨胀的问题。Lusardi 和 Mitchell 专注于对女性的研究，发现女性比男性了解的金融知识要少，他们提出要提高对老年妇女做出退休储蓄和投资决定能力的关注（Lusardi & Mitchell，2008）。这些老年人也较少有健康方面的知识。

总的来说，在美国金融风险同年龄问题相关、当前的收入来源没有以往那么确定的情况下，医疗保险的支出预计会增长。私人和公共政策的调整与改革的时机已经成熟，这些改变可以使它们更好地支持美国老年人的金融需求。现在是扩大现有项目和保护在经济上处于弱势的美国老年人的时候了，这样他们的未来才会有健康的财政状况和有保障的生活。

参考文献

Apgar, W. C., & Di, Z. X. 2006. "Housing Wealth and Aetirement Savings." In G. L. Clark, H. Munnell, & J. M. Orszag (Eds.), *Oxford Handbook of Pensions and Retirement Income*, New York: Oxford University Press, pp. 618–637.

Attanasio, O. P. 1998. "Cohort Analysis of Savings Behavior by US Households." *Journal of Human Resources* 33: 575–609.

Bernheim, B. D. 1998. "Financial Illiteracy, Education, and Retirement Saving." In O. S. Mitchell & S. J. Schieber (Eds.), *Living with Defined Contribution Pensions: Remaking Responsibility for Retirement*, Philadelphia: University of Pennsylvania Press, pp. 38–68.

Braunstein, S., & Welch, C. 2002. "Financial Literacy: An Overview of Practice, Research, and Policy." *Federal Reserve Bulletin* 11: 445–457.

Burtless, G. 2006. "Social Norms, Rules of Thumb, and Retirement: Evidence for Rationality in Retirement Planning." In K. W. Schaie & L. L. Cartensen (Eds.), *Social Structures, Aging and Self-regulation in the Elderly*, New York: Springer, pp. 123–159.

Butrica, B. A., Iams, H. M., & Smith, K. E. 2007. "Understanding Baby Boomers' Retirement Prospects." In B. Madrian, O. S. Mitchell, & B. J. Soldo (Eds.), *Redefining Retirement: How will Boomers Fare?* Oxford, UK: Oxford University Press, pp. 70–91.

Crystal, S., Johnson, R. W., Harman, J., Sambamoorthi, U., & Kumar, R. 2000. "Out-of-pocket Health Care Costs Among Older Americans." *Journals of Gerontology: Social Sciences* 55B: S51–S62.

DeNavas-Walt, C., Proctor, B. D., & Smith, J. C. 2011. *Income, Poverty, and Health Insurance Coverage in the United States: 2010*. U. S. Census Bureau, Current Population Reports, P60-239, Washington, DC: U. S. Government Printing Office.

DeNavas-Walt, C., Proctor, B. D., & Smith, J. C. 2012. *Income, Poverty, and Health Insurance Coverage in the United States: 2011*. U. S. Census Bureau, Current Population Reports, P60-243. Washington, DC: U. S. Government Printing Office.

Gale, W. G., Papke, L. E., & Van Derhei, J. 2005. "The Shifting Structure of Private Pensions." In W. G. Gale, J. B. Shoven, & M. J. Warshawsky (Eds.), *The Evolving Pension System*, Washington, DC: Brookings Institution, pp. 51-76.

Greenspan, A. 2002. "Financial Literacy: A Tool for Economic Progress." *The Futurist* 36 (4), 37 (4).

Gustman, A. L., & Steinmeier, T. L. 1992. "The Stampede Toward Defined Contribution Pension Plans: Fact or Fiction?" *Industrial Relations* 31: 361-369.

Hayes, C. L. 1991. "Women and Retirement: The Harsh Realities." *Best's Review* 3: 71-72, 116.

Himmelstein, D. U., Thorne, D., Warren, E., & Woolhandler, S. 2009. "Medical Bankruptcy in the United States, 2007: Results of a National Study." *The American Journal of Medicine* 122: 741-746.

Hurd, M. D., & McGarry, K. 1997. "Medical Insurance and the Use of Health Care Services by the Elderly." *Journal of Health Economics* 16: 129-154.

Johnson, S. N., Mensah, L., & Steuerle, C. E. 2006, Spring. "Savings in America: Building Opportunities for All." Retrieved January 25, 2007, from http://www.urban.org/url.cfm?ID=1001017.

Karger, H. J., & Stoesz, D. 2009. *American Social Welfare Policy: A Pluralist Approach* (6th ed.). Boston, MA: Allyn and Bacon.

Kochhar, R., Gonzalez-Barrera, A., & Dockterman, D. 2009. "Through Boom and Bust: Minorities, Immigrants and Homeownership." Pew Hispanic Center Report. Retrieved May 16, 2009, from http://pewhispanic.org/files/reports/109.pdf.

Lahey, K. E., Kim, D., & Newman, M. L. 2003. "Household Income, Asset Allocation and the Retirement Decision." *Financial Services Review* 12: 219-238.

Lusardi, A., & Mitchell, O. S. 2007a. "Baby Boomer Retirement Security: The Roles of Planning, Financial Literacy, and Housing Wealth." *Journal of Monetary Economics* 54: 205-224.

Lusardi, A., & Mitchell, O. S. 2007b. "Financial Literacy and Retirement Preparedness: Evidence and Implications for Financial Education." *Business Economics* 42: 35-44.

Lusardi, A., & Mitchell, O. S. 2008. "Planning and Financial Literacy: How do Women Fare?" *American Economic Review: Papers & Proceedings* 98: 413-417.

Mitchell, O. S., Mottola, G. R., Utkus, S. P., & Yamaguchi, T. 2006. *The Inattentive Participant: Portfolio Trading Behavior in* 401 (k) *Plans*. Wharton Pension Research Council, Working Paper 2006-05.

Mitchell, Mottola, Utkus & Yamaguchi. 2006. Retrieved March 15, 2009, http://

www. pensionresearchcouncil. org/publications/document. php? file = 10.

Munnell, A. H. 2006. "Employer – sponsored Pension Plans: The Shift from Defined Benefit to Defined Contribution. " In G. L. Clark, A. H. Munnell, & J. M. Orszag (Eds.), *Oxford Handbook of Pensions and Retirement Income*. New York: Oxford University Press, pp. 359 – 380.

Munnell, A. H. 2011. *Social Security's Financial Outlook: The 2011 Update in Perspective*. Chestnut Hill, MA: Center for Retirement Research at Boston College.

Munnell, A. H. , & Sass, S. 2008. *Working Longer: The Solution to the Retirement Income Challenge*. Washington, DC: Brookings Institution Press.

Munnell, A. H. , & Sunden, A. 2004. *Coming up Short: The Challenge of the 401 (K) Plans*. Washington, DC: Brookings Institution.

OASDI Trustees Report. 2009. "The 2009 Annual Report of the Board of Trustees of the Federal Old – age and Survivors Insurance and Federal Disability Insurance Trust Funds. " http://www. ssa. gov/OACT/TR/2009/II_ highlights. html#76460.

Paez, K. A. , Lan, Z. , & Wenke, H. 2009. "Rising Out – of – pocket Spending for Chronic Conditions: A Ten – year Trend. " *Health Affairs* 28: 15 – 25.

Panis, C. W. A. 2004. "Annuities and Retirement Well – being. " In O. S. Mitchell, & S. P. Utkus (Eds.), *Pension Design and Structure: New Lessons from Behavioral Finance*. New York, NY: Oxford University Press, pp. 259 – 274.

Poterba, J. , Rauh, J. , Venti, S. , & Wise, D. 2006, October. *Defined Contribution Plans, Defined Benefit Plans*, and the Accumulation of Retirement Wealth. Retrieved November 18, 2007 from http://www. nber. org/papers/w12597.

Purcell, P. 2009. "Retirement Savings and Household Wealth in 2007. " Congressional Research Service, Report RL30922. Retrieved May 18, 2009, from http://assets. opencrs. com/rpts/RL30922_ 20090408. pdf.

Purcell, P. J. 2004. "Retirement Savings and Household Wealth: A Summary of Recent Data. " *Journal of Pension Planning and Compliance* 30 (2): 1 – 29.

Social Security Administration. 2008. "Fast Facts and Figures about Social Security, 2008. " SSA Publication No. 13 – 11785. Retrieved May 1, 2009, from http://www. ssa. gov/policy/docs/chartbooks/fast_ facts/2008/fast_ facts08. pdf.

Social Security Administration. 2011. "Fast Facts and Figures about Social Security, 2011. " SSA Publication No. 13 – 11785. Retrieved January 5, 2012, from http://www. ssa. gov/policy/docs/chartbooks/fast_ facts/2011/fast_ facts11. pdf.

Social Security Administration. 2012. "Fast Facts and Figures about Social Security, 2012. " SSA Publication No. 13 – 11785. Retrieved January 20, 2013, from http://www. ssa. gov/policy/docs/chartbooks/fast_ facts/2012/fast_ facts12. pdf.

Starfield, B., Lemke, K. W., Herbert, R., Pavlovich, W. D., & Anderson, G. 2005. "Comorbidity and the Use of Primary Care and Specialist Care in the Elderly." *Annals of Family Medicine* 3: 215 – 222. 17.

Utkus, S. P. 2006. "Getting a Leg up on Retirement." On *Wall Street* 16: 59 – 62.

Wise, D. A. 2006. "Financing retirement: The private sector." *Business Economics* 41 (2): 14 – 20.

探索从事社会创业的新生社会企业家的动机

Andrew J. Germak & Jeffrey A. Robinson*

摘 要：创建社会企业是日益流行的一种把商业方案应用到社会问题解决中的做法。然而，对社会企业的研究主要是描述性研究，在社会企业的文献中大部分是概念和以从业者为基础的，在学术期刊上很少有关于社会企业的文章。因此，新生社会企业家的动机很少受到研究者的关注。相反，在理论和实践中，对企业家的动机和社会公共服务部门的动机关注较多。这篇论文便是要填补社会企业文献的空缺，从参与社会企业培训项目的新生社会企业家的深度采访中得出定性调查结果。这项调查结果为理论的进一步发展和对社会企业动机的研究提供了基础。

关键词：社会企业家精神　社会企业　社会创新　新生社会企业家　创业动机　公共服务动机

一　导言

我坚定地认为像特伦顿（美国新泽西州首府）和纽瓦克这样的城市需要一个让人们集合在一起展开对话的地方，那是了解我们是谁的基础。人们会被这个超越经济价值的东西所吸引。我不知道它的真实性，它会不会

---

* Andrew J. Germak，罗格斯大学社会工作学院讲师；Jeffrey A. Robinson，罗格斯大学商学院 - 纽瓦克和新布朗斯维克校区助理教授。本文翻译者为罗格斯大学社会工作学院硕士生陈宁。

变成现实，是否会有收益。

社会企业家是焦急的，他们想努力改变他们的小区、城市与世界，他们通过建立具有社会影响的可持续发展的企业来达成目标。看上去只要他们的社会企业站稳脚跟，他们就准备离开他们的工作。但乔纳森的引证可证明，这些人是有坚定信念和远见卓识的。

通过本文探索性的定性研究，我们开始寻求并明白是什么动力驱使着新生的社会企业家，这对业内人士及学者来说是一个相对较新的现象。现有文献，很少关注此类课题，因此，探索这一课题是为社会企业动力的经验研究提供基础。与此相反，非社会创业动机是一个具有成熟理论和经验的研究领域。还有，这项研究将开始建置一份社会企业家档案，为投资者寻找社会企业及对有意成为社会企业家的人产生影响。

二 社会企业和社会企业家的定义

学者们已经在文献中，尝试定义社会企业（Kickul & Lyons, 2012; Germak & Singh, 2010），虽然尚不存在对社会企业的统一定义，但有以下几方面的普遍共识：社会企业是企业家的一种实践，企业家可以是那些具有传统商业头脑的人，也可以是来自公共或者非营利机构的人，他们聚集在一个可以产生利润和社会回报的领域，运用企业管理技能来解决社会问题。这些社会企业家能够独立运作项目，也能运作一些较大组织提供的特殊项目。社会企业家被认为是和企业家不相同的，即使社会企业和企业具有一些共性（Austin et al., 2006）。所以，按照 Duncan（2009）的观点，社会企业家不同于商业企业家，并且值得关注。

除了社会企业的各种定义，对于社会企业，学者和实务工作者也使用了不同的名称，包括社会企业、社会创新、社会创业、公益创投、具有社会目的的企业等等。此外，社会企业在世界各地的概念也不尽相同，这增加了社会企业概念的复杂性（Kerlin, 2010）。为了简化这个问题，我们使用广义社会企业的概念，它包括各种财政、社会和环境企业。社会企业不需要受过专业训练的企业家，也不需要有经验的社会公共部门人员。相反，社会企业家用不同的技能来达到他们的目标，这使得为社会企业家创建标准有些困难，但这是他们生存的一个重要目标。

三 社会企业家的路径：谁是社会企业家？

社会企业的定义和社会企业家的定义隐含了社会企业家来自两个不同的领域。首先，社会企业家可能是一个传统的商业企业家——或者具有企业管理背景。这类型的人最有可能从战略管理的方向运作社会企业，就像Simms和Robinson（2009）指出的，应当追寻最终以盈利为目的的社会企业的道路。要想这样的企业存在，除了社会和环境动机外，还要有利润动机，即社会企业的股东能够从社会企业的业绩中获得经济收益。

其次，社会企业家有可能来自社会公共部门，这可能会导致创业者推出一个非营利组织，这个组织在一定程度上追求利润，这对企业的可持续发展来说，是一个重要的成果。事实上，非营利组织没有股东，也不会将赚取的利润分给任何组织和利益相关者（Hopkins, 2009）。然而，重要的是，非营利组织依然能够赚取利润。这样的组织最有可能成立，它依靠资助、合同、捐款或赚取的利润来维持运营，同时也取得了一定的社会效果。

虽然传统的企业家倾向于开展以营利为目的的企业活动，而那些具有社会公共部门背景的企业家则认为非营利组织的理论有趣，但没有被实践证实（Simms & Robinson, 2009；Townsend & Hart, 2008）。本文的目的在于探讨是什么使新生企业家做出投身于社会企业的初步决定。

如图1所示，社会企业家可以是传统的具有商业头脑的企业家转向接受公共社会机构做法的经理人，也可以是公共部门中具有比同龄人更多商业倾向的从业者，向传统企业创业的方向转移的人员。

四 商业企业精神和社会公共部门动机的理论建构

有大量的文献是关于工作动机的理论，包括商业企业家和社会公共部门的公务员，他们对社会企业都有贡献。首先，需求理论（Maslow, 1943）认为自我实现是最高层次的需求，这能够解释企业家的动机。举个例子，为自己或者为家人赚钱的基本需求能够解释为什么某些人要经商，即使一些商业活动仅仅能够付给他们工资并且不能给予他们丰厚的经济回报。Hessels等人（2008）描述了以生存为主要动机的企业家精神的基本需求。此外，马斯洛的自我实现概念可以解释是什么驱使人们创业，他们可能对经

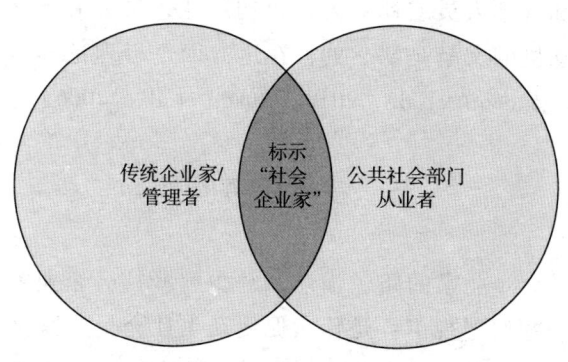

图 1　社会企业家的路径

营自己的企业，独立工作和实现自己的价值感到满意。此外，一些学者通过理论和实践研究后，认为成就需要（Murry，1938；McClelland et al.，1953）是企业家开展商业活动的动机（Johnson，1990；McClelland，1965）。

除了自身特质，企业家的思维和信仰也有助于创业。也就是说，预期理论（Vroom，1964）和目标设定理论（Steers et al.，2004；Denhardt et al.，2009）解释了是什么催生了传统商业企业家。例如，一个人也许能合理地计算出创办商业企业所得。所以，根据预期理论，企业家相信创业将有积极的结果——高经济回报，因此，选择创业。此外，目标设定理论适用于企业家。企业家设定了许多目标。金融目标是许多企业家明确追求的目标。因此，企业家达到目标后，获得相关的奖励，可能是其设定目标的动机（Naffziger，1994）。

除了需要和认知动机理论，还有其他的理论，适用于社会公共部门。例如，Lawler（1990）介绍了如何管理从而激励社会公共部门的工作人员。由于许多非营利组织在财政和人力资源方面受到约束，所以非营利组织的工作人员经常被邀请参加高层的人力管理。

还有，公共服务动机研究认为某些人是以一种被公民责任召唤的方式，被吸引去社会公共部门工作（Denhardt et al.，2009）。另外，一些理论家认为人们是因为感情的因素而被吸引去了社会部门（Perry & Wise，1990），并且有特定的公共服务动机引领他们去公共部门。例如，员工由于个人原因，比如与特定社会议题有关而努力工作，这在各个层面都是常见的现象（London，2010）。

据我们所知，上述的动机理论，至今无论是在理论上还是在实践上都适用于企业家和管理人员或社会公共机构从业人员。关于社会企业家和社会企业的特殊动机的文献是缺乏的；在这方面进行理论和实证研究是有很大空间的（Hoogendoorn et al.，2010；Austin et al.，2006）。

五　主要研究问题

鉴于上述社会企业家的路径描述和缺少解释社会企业家精神动机的理论，一个研究问题便浮现了：是什么促使新生社会企业家（那些没有任何社会企业经验的人）投身社会企业，而不是跟随着传统的职业路径？还有，在社会企业动机中，那些有传统企业家精神背景的人和有社会公共部门工作经验的人之间有什么相同或者不同？在下面的探索性研究将开始解决这些问题。

六　方法

我们考虑到在社会企业研究中，研究者虽有研究兴趣但是缺少社会企业家实践经验，因此使用现象学的方法（Patton，2002）。我们不需要非常接近便能非常客观地研究、收集数据和解释主题。这项研究的样本来自新泽西州社会创新学院一个为新生社会企业家设定的培训项目。

这个项目的总体目标是以团队工作的方式，帮助学员开展可行的社会创业计划，并在培训结束后，接受培训项目组织提供的技术帮助，开展社会创业。这个项目是由罗格斯大学商学院-纽瓦克和新布朗斯维克校区的教员设计实施的，总共有35个学员参加培训。

本文第一作者参加了培训项目的开幕式（并参加了后续培训课程，以增加在场时间），并且在第一堂培训课向所有学员简短地介绍了这个研究计划。随后，给学员发邮件和打电话邀请他们参加为研究而设计的定性采访。最初几乎所有的学员都表示出了浓厚的兴趣；然而，第一作者因为时间上的冲突和学员兴趣降低，不能成功地安排采访。最终样本包括16个人，其中有7位女士，9位男士；9个是黑人，1个西班牙人，6个白人。

第一作者同16位自愿被采访的学员共有16次深入的、半结构化的访谈，一次采访一位学员，访问时间由45分钟到1.5小时不等，整个访问过程被记录下来。访问者在采访中做笔记，受访者可以选择访谈地点，包括咖啡厅、餐厅和几个研究员的办公室，这些地方非常便于采访。所有的采访活动都有专业转录服务。在收到访谈资料后，首席研究员将其和他的采访记录作比较，以便确定资料的准确性。

首席研究员用文字处理软件分析了采访数据，针对采访资料中特别敏感的概念利用主题和跨案例的分析法去识别主题：新泽西州社会创新学院评价反馈，参与者的背景和动机，社会企业的定义，参与者的社会企业理念，工作场所和组织对社会企业的反应。基于本文的目的，首席研究员主要集中于社会企业动机的敏感概念分析。

最后，关于研究者的反射性问题（Patton, 2002），研究员们都承认对社会企业感兴趣，在2010年，本文作者发表并提倡在社会工作和研究领域，纳入社会企业（Germak & Singh, 2010）。研究员在采访中，和所有被访者讨论了大家普遍关心的话题，但采访者很少有社会企业的实践经验。所以，研究员的背景不会对这个研究的结果造成不适当的影响。

七 调查结果

以下主题和社会企业动机有关：（1）个人价值的实现；（2）帮助社会；（3）不以金钱为导向；（4）成就取向；（5）贴近社会问题。

（一）个人价值的实现

与前述工作动机理论和自我实现理论（Maslow, 1943）一致，许多具有商业背景或公共社会部门工作经验的受访者，都把个人价值的实现作为工作的动机。下面的引文来自两个不同的人，他们都有商业背景。

> 我大学毕业后，有机会在高盛工作，我在固定资产部门做衍生工具工作，但我并不是真正喜欢，所以我和另一位在高盛工作的同事成立了一家公司。

> 我已经厌倦了在华尔街那种像坐过山车的感觉，我希望运用我的知识、我的经验和我的关系来开发业务，我要成为一名企业家。

这个引文证实了具有商业背景的新生社会企业家有自己做老板和开展业务实现自我价值的强烈愿望。

具有公共社会部门工作背景的受访者,同样表示他们有自我实现的需求。一名学员说:"我知道它(我的产品)的力量,它可以成长到多少,这是推动我前进的原因。"另一位受访者这样解释他要开展培训社会创业员工的项目:"对我来说,培训这些人是最重要的事情之一。"

我相信所有人都是有目的地生活,你是否知道要去赚一百万美金或者你在某些人的生活中起到作用,以便使他们变成更好的人。但是我知道此时我的目的是创建机构。

(二) 帮助社会

不要惊讶,那些对社会企业有兴趣的人有强烈的帮助社会的愿望。事实上,很多关于公共社会部门动机的文献都讨论过这个问题。有趣的是,不仅来自公共社会部门的新生社会企业家如此,有商业背景的新生社会企业家也是如此。下面的引文来自两个具有不同商业背景的人。

> 如果我们不把工作做好,或者让我们的社区变得更好,人们便不需要我们。我想如果我们不让人们知道怎样活得更好,我们就没有做好我们的工作。

> 你可以看看任何一个社会企业,它们把钱和一切完全放一边,真正投入去完成一个任务。因为最伟大的价值在于帮助那些需要帮助的人,所以你要不顾一切全速全身投入。

类似的期望也表现在那些来自公共社会部门的人,下面的引文来自不同的受访者。

> ……不论是用常规的方法还是用创新的理念,无论哪种方式,都是在为人们服务。

> 如果是在这个项目成功或者我得到荣誉之间选择,我希望看到项目成功。

> 我宁愿给一个人一个机会,即便是释囚者,知道他准备去工作并对社会有贡献,这比总是挂念、担心他们又要来抢劫我或者我的兄弟姐妹好。如果在我能帮助他们的时候没有帮助,我会感到受伤害,这

是这个项目的驱动力,确保我们能安置他们就业。

我想我们现在为自己设定的目标是合理的并且有点挑战性,我们有可能去帮助很多人。

(三) 不以金钱为导向

创办一个企业,不管是纯粹追求利润的传统企业家还是有双层底线的社会创业者,都需要有财务管理知识和处理财务问题的手段。有趣的是,当问及社会企业的财务信息时,几乎没有受访者关注利润或者财务状况。一位学员被问道:"你的社会企业的财务措施是什么……你有什么想法吗?"学员回答道:"没有,没有,我真的没有考虑到这个。"

即使在所有采访中,大家都不关注财务问题,数据显示,钱和财务管理仍是创办社会企业的难题。这个难题,如果不能克服,在社会创业过程中也会遇到困难,下面是社会工作者的引文。

我们最大的问题是,我们怎样收费?

你知道传统的社会工作者是不收费的,我们是志愿者,义务帮助人……如果你接受了付费,你应该知道你不该这么做,你该做志愿工作,那是良好的信誉。所以基于我们的信念,从没有要雇员去收费,或试图可能按照最低成本来收费。并且我们从来没有想过如何从其他地方挣钱。所以我总是在服务的时候,难以开口要酬劳,我总是在做完事情后不要账单,这是我从小到大的理念。

在非社会工作者中,钱是一般的议题,较不敏感。采访者能够说出对社会企业利润的成熟的想法。下面的引文,来自一位有企业家精神背景的受访者,他解释了学员对钱和财务管理的想法。

我想那些不是真正关心社会的人,开始把资本注入社会企业,并且认为可以赚钱,是相当扭曲的。我的意思是格莱珉银行的利息过高,在某些情况下是百分之一千,我的意思是即使所有的支出都很低,但利息很高,我不要任何人剥削没有发言权的人去创建社会企业。你从穷人那赚钱是正确的吗?

（四）成就取向

根据成就取向理论（McClelland et al., 1953），人们因为有取得重要成就的愿望而有积极工作的动机。对社会企业家来说，这个动机因素也存在，在一些情况下，他们也显示出完全不同于商业企业家的重要动机。当被问及为什么对社会企业有兴趣时，一位受访者说："我总是在寻找创业的机会。"另一位受访者表达了他创业的愿望，他是这么说的：

> 我想我应该有自己的公司，我总是认为……我要成功，现在就是最好的方法。

在几乎所有的采访中，拥有不同背景和经验的受访者都描述了通过社会创业计划，来取得非凡成就的愿望，下面几个受访者的引文证实了此事。

> 对我而言，就像政府说的，普及式的家庭照护是普通医疗保险的一部分，这可能不会很快产生效果，但我想会朝着这个方向迈进。
>
> 我把我的公司和存在时间比我们长的非营利机构做了比较，我了解到我们比其他非营利组织更想成功。
>
> 你知道，如果我们提供这些服务，我们可以防止虐待儿童和各种育儿问题的发生。
>
> 我感觉贫穷率将降低一到两个点。所以你知道，像在纽瓦克的西部贫困地区，贫穷率为20%，我感觉如果这个产品能在那个地方运用，贫困率将降到18%。

（五）贴近社会问题

最后，从访谈数据中我们发现，贴近社会问题是学员参与社会企业的动因。几乎所有的受访者都讨论过这个议题。这些发现能够解释社会公共部门的工作人员被吸引去社会企业工作的原因。还有，在某些背景下，这个问题能提升共鸣（Wong & Tang, 2007）。下面几个人的引文解释了学员与他们社会企业的工作有多贴近。

> 我在2010年有了孩子，那时我已经全力投入家访，并已经全心全

意地为此服务。然而，因为我没有一个有风险的家庭，我没有资格接受家访的服务。对我来说，这很疯狂，我认为不能对所有女人和家庭进行家访是很不对的。

我想我出生和成长在纽瓦克的背景能帮助我理解另一端的事情。

八 社会企业动机的新理论

假定商业企业家和社会公共部门的学员都能够被激发，在各自的领域里成功，那么研究问题是：什么会激发个体从一个看似很舒适、稳定的工作中去投身社会企业？

本文的数据显示，在社会企业家中存在一个独特的混合动机，能够解释为什么要参与社会企业。这个混合动机，如图2所示，包括个人成就，帮助社会的愿望，集中于除了钱以外的事情，成就需要，关心社会问题。在这一理论中，如果新生社会企业家拥有这些混合动机，他们就能够参与到社会企业中，而不是停留在各自的领域。

```
个人成就
帮助社会
不涉及钱的焦点    ⇒   社会企业参与
成就导向
贴近社会问题
```

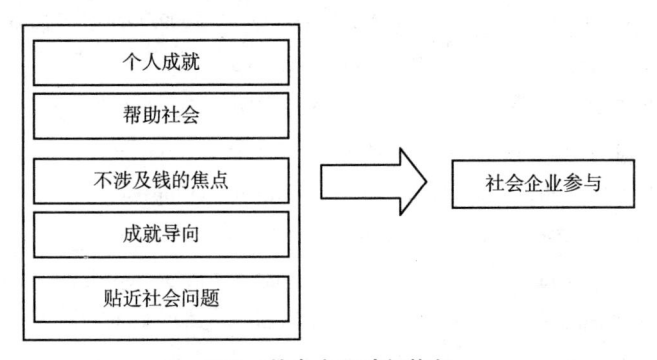

图2 社会企业动机构架

我们需要有更多的研究来理解社会企业的动机，理解它们是否互相作用以及如何互相作用，但是研究显示，社会企业动机既不同于企业家精神也不同于社会公共部门价值观。这能解释为什么社会工作者，大部分不投身社会企业。一个相似的逻辑可能被用于解释为什么商业企业家离开自己的领域去投身社会企业——一个独特的混合动机因素可能推动人们从不同的领域去投身社会企业。

九 结论

这项研究的结果表明，社会企业存在一个混合参与动机。目前，很少有社会企业动机问题的研究。所以，这个研究尽管样本量小，但还是有助于填补社会企业文献的空白，为今后对这一领域的研究奠定基础。这项研究结果也有助于研究社会企业激励理论提出的混合动机框架。最后，这个研究有实际意义，通过对社会企业家和投资者的识别，可找出有前途的社会企业家和新生的社会企业家的共同属性。不过，需要更多的研究才能更好地理解社会企业的动机，促进社会企业动机理论的发展。

参考文献

Austin, J., Stevenson, H., & Wei – Skillern, J. 2006. "Social and Commercial Entrepreneurship: Same, Different, or Both?" *Entrepreneurship Theory & Practice*, 1 – 22.

Denhardt, R. B., Denhardt, J. V., & Aristigueta, M. P. 2009. *Managing Human Behavior in Public and Nonprofit Organizations*. Thousand Oaks, CA: Sage.

Duncan, E. 2009. *A Grounded Theory Study on Social Entrepreneurship: Comparison of Traditional and Social Entrepreneurial Nonprofit Model*. Koln, Germany: Lambert Academic Publishing.

Germak, A. J., & Singh, K. K. 2010. "Social Entrepreneurship: Changing the Way Social Workers do Business." *Administration in Social Work* 34 (1), 79 – 95.

Hessels, J., van Gelderen, M., & Thurik, R. 2008. "Entrepreneurial Aspirations, Motivations, and Their Drivers." *Small Business Economics* 31, 323 – 339.

Hoogendoorn, B., Pennings, E., & Thurik, R. 2010. "What do We Know about Social Entrepreneurship? An Analysis of Empirical Research." *International Review of Entrepreneurship* 8 (2), 71 – 112.

Hopkins, B. R. 2009. *The Law of Tax – exempt Organizations: 9th Edition*. Hoboken, NJ: Wiley.

Johnson, B. R. 1990. "Toward a Multidimensional Model of Entrepreneurship: The Case of Achievement Motivation and the Entrepreneur. *Entrepreneurship Theory & Practice*, 39 – 54.

Kerlin, J. A. 2010. "A Comparative Analysis of the Global Emergence of Social Enterprise." *Voluntas: International Journal of Voluntary and Nonprofit Organizations* 21 (2), 162 – 179.

Kickul, J., & Lyons, T. S. 2012. *Understanding Social Entrepreneurship: The Relentless Pursuit of Mission in an Ever Changing World.* New York: Routledge.

Lawler, E. E. 1990. *High Involvement Management.* San Francisco: Jossey-Bass.

Lewis, J. A., Packard, T. R., & Lewis, M. D. 2012. *Management of Human Service Programs:* 5th Edition. Belmont, CA: Brooks/Cole.

London, M. 2010. "Understanding Social Advocacy: An Integrative Model of Motivation, Strategy, and Persistence in Support of Corporate Social Responsibility and Social Entrepreneurship." *Journal of Management Development* 29 (3), 224-245.

Maslow, A. H. 1943. "A Theory of Human Motivation." *Psychological Review* 50, 370-396.

McClelland, D. C. 1965. Achievement and Entrepreneurship: A Longitudinal Study. *Journal of Personality and Social Psychology* 1, 389-392.

McClelland, D. C., Atkinson, J. W., Clark, R. A., & Lowell, E. L. 1953. *The Achievement Motive.* New York: Appleton-Century-Crofts.

Murry, H. A. 1938. *Explorations in Personality.* New York: Oxford University Press.

Naffziger, D. W., Hornsby, J. S., & Kuratko, D. F. 1994. A Proposed Research Model of Entrepreneurial Motivation. *Entrepreneurship Theory & Practice*, 29-42.

Patton, M. Q. 2002. *Qualitative Research and Evaluation Methods:* 3rd Edition. Thousand Oaks, CA: Sage Publications.

Perry, J., & Wise, L. 1990. "The Motivational Bases of Public Service." *Public Administration Review* 50 (3), 367-373.

Simms, S. V., & Robinson, J. A. 2009. "Activist or Entrepreneur: An Identity-based Theory of Social entrepreneurship", in Robinson, J., Mair, J., Hockerts, K. (co-editors), *International Perspectives on Social Entrepreneurship.* London: Palgrave.

Steers, R. M., Mowday, R. T., & Shapiro, D. L. 2004. "The Future of Work Motivation Theory." *Academy of Management Review* 29 (3), 379-387.

Townsend, D. M., & Hart, T. A. 2008. Perceived Institutional Ambiguity and the Choice of Organizational form in Social Entrepreneurial ventures. *Entrepreneurship Theory & Practice*, 685-700.

Vroom, V. H. 1964. *Work and Motivation.* New York: Wiley.

Wong, L., & Tang, J. 2007. Dilemmas Confronting Social Entrepreneurs: Care Homes for Elderly People in Chinese Cities. *Pacific Affairs* 79 (4), 623-640.

双重制度逻辑下企业社会工作发展模式研究

李伟峰*

摘　要：在我国，企业社会工作是以一种双重制度相异嵌入的发展形式在推动，即社会工作制度嵌入企业、工会等职业领域的组织制度体系中。本文以新制度主义视角中的双重制度逻辑为分析框架，着重探讨了企业社会工作两种最常见的模式——企业购买模式和工会嵌入模式——在运行过程中所面临的双重制度逻辑的冲突，以及社会工作者在冲突中的行动策略的选择是如何一步步地"同构"着本土化的企业社会工作，以此来探讨本土化企业社会工作的发展路径。

关键词：双重制度逻辑　企业社会工作　本土化发展模式

企业社会工作作为一个新兴的社会工作服务领域，它是运用社会工作的理念和方法，以工业体系内的企业单位和职工为服务对象，以达到构建和谐企业为目标的社会工作服务过程。在我国，专业社会工作的发展是一种嵌入性的发展（王思斌，2011），这一特点也决定了我国企业社会工作的发展形式，是双重制度相异嵌入式发展。

一　何为双重制度相异嵌入

双重制度逻辑源于新制度主义，弗里德兰和阿弗德在1991年提出制度

---

* 李伟峰，中国社会科学院研究生院2012届社会工作硕士研究生，现工作单位：广东省大埔县民政局。

秩序中可能包含差异性的特点，并用"制度逻辑"概念来概括这种差异性。他们认为，当代西方社会是一个多元的制度构成，每一个重要制度背后都有一个中心逻辑，包含了一系列的物质实践和符号构成，而正是多元制度逻辑的存在提供了行动者行动选择的基础（Friedland & Robert, 1991）。企业社会工作就是社会工作制度嵌入企业、工会等职业领域的组织制度体系中，在嵌入的过程中必然使企业社会工作的发展置于双重制度逻辑中。

社会工作作为一种助人自助的制度设计，它有一整套系统的制度运作逻辑，即社会工作专业服务逻辑。这个制度运作逻辑包含的核心要素有：以人为本的理念、专业服务的规范、注重服务的过程等。嵌入本来是指一个事物卡进另一事物的过程和结果，它涉及两个或两个以上的主体事物。我们所说的企业社会工作双重制度相异嵌入便是指专业社会工作嵌入企业或工会系统的这个过程和结果。

企业作为市场经济的主体，遵循的是市场管理的制度运作逻辑，以效率为本，注重成本管理和效益的即时性等。同样工会也有它自身的制度运作逻辑，表现为以绩效为本、科层管理和权责管理等为特征的行政管理运作逻辑。故社会工作在嵌入企业或工会系统中都不可避免地处于双重制度逻辑下。同时社会工作作为一个新兴的助人制度，无论是在社会化程度上，还是在制度的合法性上都处于初始阶段，所以从嵌入的程度上来讲，社会工作在企业和工会系统中处于弱势地位，是一种弱嵌入。因此，双重制度的不同运作逻辑，加上社会工作在双重制度中不对等的地位，必然使得社会工作在嵌入过程中面临着双重制度间的协同运作甚至冲突的问题。中国企业社会工作本土化的发展很大程度上取决于如何找到一个均衡点来协调双重制度间的冲突。

二 双重制度逻辑下企业购买模式的发展

（一）双重制度逻辑下企业购买模式的特点

在以盈利为目的的企业中引入社工组织来为员工提供福利服务，两者在持续的互动中形成了两种主要的制度逻辑，我们将其归纳为市场管理逻辑和社工服务逻辑。

市场管理逻辑是指在企业域中形成的趋向于以效率为本和成本管理为

特征的组织规则。众所周知，企业为市场经济的主体，以工具理性作为行动选择的标杆，它遵循的是市场管理逻辑，强调的是经济效益和管理效益，注重成效直接体现的事工目标，一般体现为量化的特征。而社工服务逻辑是指非营利组织在为服务对象提供服务中所体现出来的价值理念和专业服务规范，它包括两方面，一是以人为本的伦理规范，二是遵循专业服务的技术和管理规范。作为一种制度化的利他主义（默顿，2001），它注重成效间接体现的过程目标，一般体现为人本文化的特征。

图1反映的是双重制度逻辑下企业购买模式运作的特点。我们从图中可以看出，企业域中的双重制度无论是在运作的逻辑上抑或在运作的目的上都有很大的不同。在两种不同的制度逻辑下，我们不禁会提出这样一些疑问：双重制度逻辑下企业社会工作发展中存在哪些制度困境？社会工作专业服务逻辑应如何与市场管理逻辑实现协同运作和互相"同构"，进而实现本土化呢？

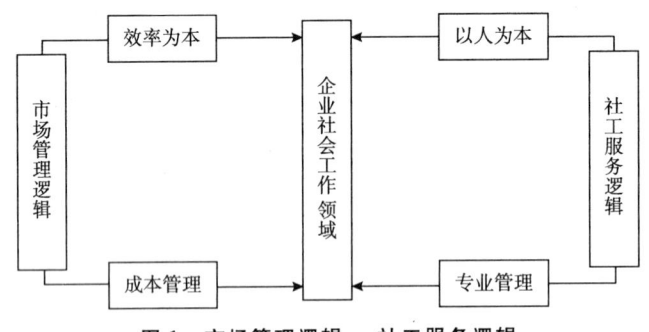

图1 市场管理逻辑 vs 社工服务逻辑

（二）企业购买模式的困境

在两种不同的制度运作逻辑下，企业社会工作在为员工提供具体服务时，不免处于双重制度逻辑的困境中。一是企业效益的即时性与社工服务效果长期性的矛盾。企业是以效益为本的逐利机构，如果把企业购买社工服务看成是一个社会行动，按照市场管理的运作逻辑，企业持续购买的首要条件便是补偿性原则，即企业的购买行为及时得到显现的成效，那么企业就会持续投资购买。而社工为服务对象提供服务，其服务效果是隐性的，要放在长期的过程中方能体现，因为人的改变是一个过程而并非只是一个单纯的结果。

二是以企业为本抑或以员工为本的矛盾。从市场伦理来讲，以企业为本是社工必须遵循的一条准则。但当遇到员工与企业利益对立时，专业伦理则要求社工以弱势群体为本，从员工的角度来为员工尽可能多地争取利益。而企业社工是一个支点，企业和员工是支点的两头，社工需要做的是寻找它们两者的平衡点，社工在制度困境的两难中，必须兼顾企业和员工双方的利益。

三是企业逐利任务与企业社会责任的矛盾。按照市场管理的逻辑，追求利益的最大化是企业存在的根源，也是社会不断向前发展的动力。企业社会责任则要求企业在创造利润的同时，还要承担对员工、消费者、社区和环境的责任。企业购买社工服务作为企业主动承担社会责任的表现之一，是企业对福利服务的投入，但这种投入的产出却往往因为员工的流动性等因素大打折扣，甚至作用微乎其微。

（三）本土化企业购买模式的发展路径

迪马鸠等指出，双重制度逻辑在组织域中会从多元的差异中逐渐定型化以及具有结构性，从而形成制度"同构"（DiMaggio & Powell, 1983）。在双重制度逻辑下，企业购买模式的发展并非是简单的一种制度逻辑取代另一种制度逻辑，而是两种制度逻辑相互协同，相互同构的过程。因此，我们在具体的实务中会发现企业社会工作在运作中呈现"半市场化"趋向，即在保证社工制度基本运作的前提下，倾向于市场运作逻辑的特点。具体表现为更加注重服务效果的即时性和显现性，注重服务的投入产出分析等。之所以出现这一趋向是因为在双重制度逻辑中，社会工作制度处于双重弱势地位。一是制度弱势。作为企业域中新兴的福利制度，企业社会工作在社会化和专业的合法性上，都需要一段时间方能确立。二是资源的弱获得性。资源是民间福利组织生存的根源，社会工作作为企业中的一种嵌入的福利服务机制，它的资源完全来源于企业，这也就从根本上决定了企业社会工作的嵌入是一种不对等的弱势嵌入。

我们指出企业社会工作这种发展趋向，并不是意味着我们对这种趋向持一种不赞同甚至反对的态度。恰恰相反，这一趋向不仅能使现行的企业社会工作的发展更注重成效，从而提高企业福利资源的使用效率，而且这种趋向也是我们从国外引进企业社会工作概念，运用于国内实践并逐渐重构本土化的一种趋向。

三 双重制度逻辑下工会社会工作的发展

（一）双重制度逻辑下工会社会工作的特点

工会社会工作是以职工和会员劳动、生活的场域为平台，以工会组织为载体，运用社会工作的专门知识和方法去满足职工和会员的职业福利与劳动权益保障需求，提升其解决问题的能力，构建协调劳动关系的活动（张默，2010）。工会社会工作，顾名思义它是由"工会"和"社会工作"两部分组成的，和企业购买模式一样，社会工作在嵌入工会系统中，同样存在双重制度的运作逻辑，即工会的行政管理逻辑和社会工作专业服务逻辑。

工会是国家在职业领域的一种制度设置，其核心工作是为劳工谋取职业福利、保护劳动者权利，它有自身的制度运作逻辑，主要表现为以绩效为本、科层管理和权责管理等为特征的行政管理运作逻辑。在双重制度逻辑约束下，工会社会工作在实际的操作过程中，是如何通过差异性的制度逻辑来建构其在工会领域的合法性地位呢？工会社会工作在发展过程中会有哪些双重制度困境？如何在这种双重逻辑中重构本土化的工会社会工作？

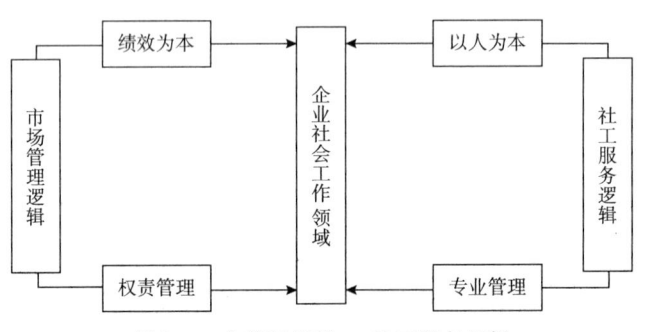

图 2　工会管理逻辑 vs 社工服务逻辑

（二）身份认同和地位获得

在双重制度逻辑中，工会系统作为一个比较完备的制度体系，它已有较长的发展过程，日渐趋于成熟稳定。而社工制度作为一个新的尚在发展完善的体系，其专业定位和社会化还有待进一步推进。在一个既有的工会系统中引入专业社会工作便会产生某种结构性张力。所谓结构性张力是指各部分在结构关系上存在不协调现象（王思斌，2009a）。专业社会工作强调助人的基本理念，强调平等地助人，而工会系统是自上而下的行政管理系统，它在运行过程中，恰恰是通过管理和控制的手段来实现的。由此可见，这两种制度运行的逻辑是明显不同的，所以社会工作在嵌入工会系统中时必然会存在结构性张力。我们从社工嵌入工会系统的发展过程来看，可以将其划分为三个嵌入阶段：初期的制度怀疑甚至制度排斥阶段，中期的制度"镶嵌"阶段，最后的制度依赖阶段。

身份认同是行动者为了获得身份和社会认同而进行的策略选择，它是一种为了获得制度认同而进行的注意力的竞争（邓锁，2007）。工会社工在初期的嵌入阶段，作为一种陌生的制度设置进入工会系统，与工会有着共同的服务群体和基本相同的服务目标，在有限的工会福利资源下，制度排斥便不可避免。在双重制度逻辑下，如果社工在日常服务中过于强调自身的专业服务原则，那么这种制度排斥只会愈演愈烈，社工身份的认同更无从谈起，因此，工会社工工作"行政化"便成为获得这种身份认同的选择。同时，在冲突性的制度逻辑下，工会社工的地位获得主要源于专业服务的独占性以及参加专业化的交流、培训和学习等。

（三）工会模式的困境

首先，在双重制度逻辑下，尽管由于专业服务逻辑的压力，工会社工力图获得专业规范的合法性身份与地位，但在实际工作中，科层式自上而下的行政管理方式还是部分取代了全面体现"助人自助"理念的社会工作方法。这种部分取代主要体现在社工专业服务开展过于依赖工会行政力量来推进，笔者在此称之为"社工服务行政力量化"。

其次，工会引入社会工作有利于工会实现领域跨学科合作，创新工会工作，提高工会工作水平。但在双重制度逻辑下，工会以绩效为本，注重科层管理的行政管理逻辑仍然占据主导地位，工会社会工作的文本角色和实践角色存在着严重的错位。由于对工会社工的定位和认识不清，现阶段工会社会工作只是作为工会的助手，协助处理繁重的行政任务。一方面是员工多元化的需求日益凸显，理论界反复呼吁工会领域亟须引入专业社会工作制度来回应员工的需求，这是工会社工的文本角色。另一方面，在双重制度约束下，弱势的制度地位，加上各个相关主体对工会社工的定位不清，缺乏监督机制，经费严重不足等，共同造成工会社工实然的实践角色，便是淹没在工会的行政事务中，更别提在介入劳资纠纷这个敏感领域发挥作用了。

（四）本土化工会模式的发展路径

我们通过双重制度逻辑的分析框架，解构了工会社会工作的发展及其所存在问题的根源，即双重制度逻辑约束和专业社会工作制度的弱嵌入。中国工会领域内的社会工作作为中国本土性的社会工作，它具有行政化、半专业化的特征（王思斌，1999b）。但在劳资冲突愈发严重的今天，作为劳资之间沟通的桥梁，专业的工会社会工作越来越受到关注。工会社会工作实现从行政化、非专业化，向社会化和专业化转变已成为大势所趋。如何建构本土化的工会社会工作成为我们眼下亟待思考和解决的问题。到目前为止，工会社会工作的发展仍然只是处于初始阶段，我们尚且不能对什么是本土化的工会社会工作做一个清晰的界定。但笔者认为，工会社会工作的成长和发展并非仅仅与它的知识和专业运作逻辑有关，必须要同时考虑镶嵌于其中的另一种不同的制度运作逻辑。工会社会工作本土化的过程便是这两种制度运作逻辑相互博弈、协调、改变并最后完成互相同构的过程。

四 双重制度逻辑下企业社会工作本土化发展

双重制度逻辑概念为我们更为深刻地认识和了解现阶段国内企业社会工作的发展提供了一个很好的视角，促使我们反思企业社会工作专业的发展及其制度的建构过程。通过前文对两种发展模式的分析，我们看到它的发展路径和建构过程并非如我们一开始所认为的那样——沿着西方的路径发展——而是在发展的过程中与我国的具体实践和制度环境相融合，带有明显的本土化色彩，一旦这种发展路径形成，它便"会沿着既定的方向不断地自我强化，而不论好与坏，都有可能对这种发展路径产生依赖，并很难被其他的甚至更优的体系和方案所替代"（诺斯，2011）。因此，从制度逻辑和制度视角探讨企业社会工作本土化的发展，不仅有利于推进本土化企业社会工作实务的发展，对预测未来企业社会工作的发展也不无益处。

（一）企业社会工作本土化发展的要素

本文论述的核心路线是：企业社工的制度嵌入产生双重制度逻辑，受资源来源和持续获得以及企业社工专业合法性地位的建构，企业社工在双重制度的冲突逻辑下逐渐"制度趋同"，而企业社工"制度趋同"的行动选择又是企业社工本土化的结果。在这一过程中，本土化企业社会工作的发展包括三个要素：资源来源、合法性地位的获得以及"制度趋同"。

资源是企业社工发展的根源，没有资源，企业社工的发展便成了无源之水、无本之木。企业社工是一项提高员工福祉的福利服务，因此资源主要来自两个主体：一是聘用员工的营利组织，作为劳动力的直接使用者，营利组织为员工提供福利服务责无旁贷，一方面可以提高员工的福祉，另一方面对于间接促进营利组织的效益也不无益处。另一个主体是政府和准政府组织，为职工服务、构建和谐的劳资关系是其职责所在。

"合法性"概念在韦伯对社会行动类型界定时被认为是一套"被决定的行动模式"（Weber，1968）。迈耶和罗恩则注意到"组织通过采纳那些体现了共同信念和知识体系、与被广泛接受的文化模型相一致的结构和程序，来获得合法性和支持"（张永宏，2007）。这些相关文献虽有很大差异，但都接受了一个共同的基础概念，萨奇曼将其阐述如下："合法性是一个一般性的理解或假定，即一个实体的行为在某一社会结构的标准体系、价值体系、信仰体系和定义体系内是合意的、正当的、恰当的。"（Suchman Mark，1995）本文关于"合法性"概念的使用也是建立在这个基础之上的。

企业社工在我国尚处于起步阶段，对于一个职业领域新的制度设置而言，企业社工面临社会化不足、"合法性"质疑，如何建构企业社工的专业合法性地位便成了企业社工发展至关重要的一环。从上文关于企业社工发展合法性问题的论述，我们可以归纳出其合法性建构的两条主线、三个方面。两条主线主要是从合法性建构的方向而言，一是外部力量的强势建构，建构的主体包括政府、工会、企业等其他组织；二是内部力量的专业建构，主要来自社工、社工组织、社工相关的团体和协会等。可将这两个方向进一步操作化为三个方面：制度合法性、技术合法性、管理合法性。通过这一区分，可以发现国外尤其是美国企业社工合法性建构的路径始于内部专业建构，专业发展日趋成熟后，再通过政府等外部组织将制度推广，实现外部建构，简而言之便是"先专业后制度"的路径，而我国的建构路径恰恰相反。

我国企业社工发展"制度趋同"现象与其合法性建构"先制度后专业"的路径密切相关。始于外部强势建构的制度合法性，企业社工在制度嵌入的过程中被置于双重制度逻辑约束下，在这种弱嵌入的状况下，唯有通过"牺牲"部分"专业合法性"先获得制度的合法地位，方能进而求专业的发展，而这一"牺牲"，即前面所提到的不同行动选择策略，恰恰形塑着本土化企业社会工作发展的过程和方向。当我们用西方"专业"的价值规范去审视我国本土化的企业社工实务发展时，便会陷入"评价标杆错位"的误区，于是出现如今学界几乎一致地批判企业社工发展已经与"专业"渐行渐远的现象，殊不知我们所批判的恰恰是我们所要追求的企业社工本土化的发展。

（二）企业社会工作本土化发展的预测

根据企业社工本土化发展的要素与新制度主义关于"制度趋同"的理论，我们可以对企业社工本土化发展进行假设预测，而关于这些假设预测的经验检验则超出了本文的范围，我们观点的最终价值在于它的预测和启示功能。当然下面所提假设并不能详尽普遍性，仅仅是提供几个能运用于企业社工的资料来做研究的假设。

A. 关于资源的来源渠道和依赖程度的假设预测

假设 A-1：企业社工组织资源来源渠道越是多样化，其摆脱"制度趋同"、维持专业发展的能力就越强。由于资源来源的渠道多样，企业社工组织的发展受多方力量牵制，而不会被任何一方所强制胁迫。在这一假设中，企业社工合法性地位是通过专业合法，即技术和管理的合法得以建构的，企业社工沿着"专业化"方向发展。

假设 A-2：企业社工组织对其所嵌入组织的资源依赖性越强，它在价值、结构、行为上就变得与该组织越相似。如汤普森所指出的那样，在资源依赖性越强，而"替代性资源不足的情况下，交易强势的一方可以强制弱势一方采纳其做法，以满足强势一方的需要"（Thompson James, 1967）。在这一假设前提下，企业社工沿着本土化方向发展。与这个假设相对的是：当企业社工组织不依赖其所嵌入组织的资源时，它就具有抗拒后者所需要的强大能力。

B. 关于不同合法性建构路径的假设预测

假设 B-1：如果企业社工的合法性由外部组织强势建构，那么企业社工发展的"专业性"将在一定程度上受这些组织对其定位的影响，而这种定位的影响恰恰形塑着本土化企业社会工作的发展。例如工会对企业社工心理咨询的专业定位，不仅塑造企业社工在工会中的专业期望，也使得企业社工为获得合法性地位而向这一所期望的方向发展。而这种主体的"期望塑造"及客体的"趋同同构"过程恰恰是本土化企业社工形成的过程和结果，这可称为一种"自上而下"的发展路径，我国企业社工正走在这一发展道路上。

假设 B-2：如果企业社工的合法性由内部专业建构，那么当企业社工专业性日趋成熟并在社会中发挥不可替代的作用时，政府、企业等组织越倾向于采纳之，并将其上升为一种不可或缺的制度设置。这一假设前提是企业社工尚未成为一种制度设置，它具有维持其生存和发展的民间资源。在民间力量发达、民间资源丰富的美国，企业社工的发展路径恰恰应验了这一假设，我们也可称之为一种"自下而上"的发展路径。这一路径被证明了是最有利于企业社工专业化发展的，但由于我国民间力量和民间组织天生发育不良加上后天成长不足，也被证明了不适合我国国情。

C. 关于制度趋同的假设预测

假设 C-1：企业社工组织内部技术不确定或目标模糊性的程度越大，在外部组织强势建构下，其越趋向于制度趋同。这一假设很好地概括了我国企业社工发展中所遇到的困惑，也在一定程度上验证了前文在双重制度逻辑下企业购买模式"半市场化"倾向和工会购买模式"行政化"以及"社工服务行政化推动"等"制度趋同"的现象。这种趋同是国内对从西方引进的企业社工的认识模糊所致，加上外部组织的强势建构，"趋同"便是情理之中，也正是这种"趋同"形塑着本土化企业社工的发展。

假设 C-2：企业社工组织对关键资源提供者依赖程度越大，其趋同性程度就越大。这一假设与假设 A-2 相似，都认为资源依赖程度与趋同度成正比。因为企业社工对关键资源依赖程度越大，越容易将其置于与资源供应者相同压力下而直接导致同质化，而且与不确定性和目标模糊性交互作用，增加了它的影响。

(三) 企业社会工作本土化发展的建议

根据本文论述的重点及前文所归纳的本土化企业社工的发展要素及对其发展的假设预测,本文从宏观、中观、微观三个层面结合本土化企业社工发展的三要素来提出本土化企业社工的发展建议。宏观层面是关于本土化企业社工发展的建构,中观层面是关于本土化企业社工发展的资金筹措模式建议,微观层面则是关于本土化企业社工发展的行动选择策略建议。

1. 政府对企业社会工作发展的"强势建构"

在我国,虽然政府职能和权力随经济的发展逐渐转变和下放,但政府在社会发展中仍占有不可替代的地位,仍是"强势"政府。近年来以新生代农民工为主体所引发的职业领域的社会问题层出不穷影响着社会的稳定,员工强烈的现实需求呼唤着企业社工,而对于拥有工具理性的企业来说,社工只是一种潜在的需求,企业鲜有动力去自主发展。因此,发挥政府主导作用去推进企业社会工作的发展不失为一条值得探索的本土化发展路径。

首先,根据台湾的经验,一个值得借鉴的办法是通过政府的制度设置,要求企业根据自身的规模和大小,按照员工和社工人数比例标准在企业内设置企业社工岗位,或向第三方社工机构购买。

其次,根据国际企业社会责任发展的经验,"政府不仅可以通过制定国内企业社会责任标准,也可鼓励行业协会制定本行业的企业社会责任标准来推动企业社会工作的发展"(何辉,2011:89)。

再次,全国工会组织也可通过制度设置,在员工聚集的区域,通过购买社工岗位或社工服务的形式来为区内员工提供福利服务,履行工会的职能。

2. 资金来源的多元化渠道

企业社会工作发展的资源来源不仅是企业社工发展的命脉,也形塑着企业社工本土化发展的方向。企业社工多元化的发展模式也决定了企业社工资金来源的多元化渠道。

首先,对于大中型企业,笔者通过实习了解到政府引导三阶段发展模式具有较强的可行性,即在政府主导下,先通过政府出资给企业提供社工服务,当企业认识到社工对企业的重要性时,再过渡到政府和企业共同出资,最后再由企业全部出资购买社工服务。

其次，对于中小型企业，可以有两种筹资渠道，一是由政府完全承担这些企业开展社会工作的资金；二是根据笔者所提出的"企业社会工作工业区综合服务发展模式"，在中小企业集聚的工业区内，通过企业联合出资的形式购买企业社工服务为区域内的员工服务，联合出资的形式可最大限度降低中小企业的购买成本，是一种适合我国国情、值得探索的企业社工购买路径。

3．"制度趋同"——发展本土化企业社会工作

企业社会工作在双重制度逻辑下"制度趋同"的行动选择构成本土化企业社工的发展基础。在这一本土化发展过程中，"趋同"只是行动选择的一部分，是为了更好地"存异"。

首先应主动"趋同"，实现制度层面的嵌入式发展，这是企业社工现在及今后相当长一段时间应采取的发展策略。从供求关系上来说，现在迫切需要社工的嵌入实践和实效来开发企业对社工的市场需求。

其次应争取在"趋同"中，获得社会工作的专业形象和服务空间，实现"存异"；通过效果突显的微观专业服务以赢取服务人群和购买主体的认同，通过详实的数据，提出专业发展的可行性建议，让专业服务成为必不可少的一环。

五 结语

制度的嵌入和路径选择是社工组织必须要面对的一个背景，它对社工专业实践来说构成了行动的前提。企业社会工作发展必然面临嵌入企业或嵌入工会等选择，而这种相异的嵌入便形成双重的制度逻辑。双重制度逻辑为我们思考矛盾性制度环境下社会工作专业的发展提供了很好的视角，它促使我们思考制度本身的意义及其相互之间的作用，以及社会工作行动者在具体实务中的能动性。

双重制度逻辑概念在理论上说明了行动策略发生的根据，在强的制度压力下，行动者为了维持自身的生存会利用差异性的制度环境所提供的资源以改变自身的处境，重建合法性。而部门行动者在处理制度环境中的冲突性约束时，会有意识地根据合法性特点以及强弱而合理化自身行动（吉登斯，2003），在实现与制度环境"同构"的同时，获得生存的合法性。比如企业社工在企业行政管理逻辑的强大制度压力下，必然在具体的服务活

动中倾向于企业的这一套运作逻辑。因此，我们在企业社工的实务中便会看到社工服务"半市场化"特征以及发展的各种困境等。同样按照这种分析思路，我们也就不难明白工会社会工作行政化的问题、"专业服务行政力量化"的困境等等。

许多学者认识到，一个专业的成长与发展并非仅仅与它的知识以及价值体系有关，还必须要考虑专业成长的历史和社会文化因素。也就是说，专业不是一个中立性的知识体的聚合，而是嵌入在特殊的、具体的社会结构中的（阮曾媛琪，2000）。我们不禁要问，企业社会工作的本土化是怎样一个过程呢？本土化企业社会工作是怎样的一个结果呢？通过本文分析，笔者认为，专业社会工作在嵌入企业或工会等组织的结构中，在双重制度逻辑的约束下相互协同、相互"同构"，最后形成固定化的行动模式的过程和结果，就是企业社会工作的本土化过程和本土化的企业社会工作。

参考文献

安东尼·吉登斯，2003，《社会学方法的新规则：一种对解释社会学的建设性批判》，社会科学文献出版社。

道格拉斯·C. 诺斯，2011，《制度、制度变迁与经济绩效》，杭行译，格致出版社。

邓锁，2007，《双重制度约束与医院社会工作的专业实践》，载王思斌主编《中国社会工作研究》第五辑，社会科学文献出版社。

罗伯特·K. 默顿，2001，《社会研究与社会政策》，黄洋等译，三联书店。

王思斌，2009a，《我国社会工作发展的机构性张力与适应性发展》，载中国社会工作协会编《中国社会工作发展报告》（1988~2008），社会科学文献出版社。

王思斌，1999b，《社会工作概论》，高等教育出版社。

王思斌，2011，《中国社会工作的嵌入性发展》，《社会科学战线》第2期。

阮曾媛琪，2000，《从社会工作的两极化看社会工作的本质》，载何国良、王思斌主编《华人社会工作本质的初探》，八方文化企业公司。

张默，2010，《工会社会工作》，载蒋昆生、戚学森编《中国社会工作发展报告》（2009~2010），社会科学文献出版社。

张永宏主编，2007，《组织社会学的新制度主义学派》，上海人民出版社。

何辉，2011，《如何推动我国民营企业社会工作的发展？——企业和政府在企业社会工作发展中的角色分析》，首届全国（深圳）企业社会工作建设研讨会论文集。

DiMaggio, P. and Powell, W. 1983. "The Iron Cage Revisited: Institutional Isomorphism and Collective Rationality". *American Sociological Review*.

Friedland, R. and Robert, R. A. 1991. Bring Society Back In: Symbols, Practices and Institutional Contradictions, in Powell, W. and DiMaggio, P. J (eds.). *The New Institutionalism in Organizational Analysis*. Chicago, IL: University of Chicago Press.

Parsons, Talcott. 1960. *Structure and Process in Modern Societies*, Glencoe, IL: Free Press.

Suchman Mark. 1995. "Managing legitimacy: Strategic and institutional approaches". *Academy of Management Review*.

Thompson James. 1967. *Organizations in Action*. New York: McGraw-Hill.

Weber Max. 1968. *Economy and Society: An Interpretive Sociology*. New York: Bedminster Press.

图书在版编目(CIP)数据

社会工作教育：中美的研究与比较／赵一红等主编．
—北京：社会科学文献出版社，2013.9
 ISBN 978-7-5097-4941-8

Ⅰ.①社… Ⅱ.①赵… Ⅲ.①社会工作-对比研究-中国、美国-文集 Ⅳ.①D632-53②D771.23-53

中国版本图书馆CIP数据核字（2013）第180086号

社会工作教育
——中美的研究与比较

主　　编 /	赵一红　黄建忠　赵　芮　Richard L. Edwards
出版人 /	谢寿光
出版者 /	社会科学文献出版社
地　　址 /	北京市西城区北三环中路甲29号院3号楼华龙大厦
邮政编码 /	100029
责任部门 /	社会政法分社（010）59367156
电子信箱 /	shekebu@ssap.cn
项目统筹 /	童根兴
责任编辑 /	谢蕊芬
责任校对 /	王海荣
责任印制 /	岳　阳
经　　销 /	社会科学文献出版社市场营销中心（010）59367081　59367089
读者服务 /	读者服务中心（010）59367028
印　　装 /	三河市尚艺印装有限公司
开　　本 /	787mm×1092mm　1/16
印　　张 /	14.75
版　　次 /	2013年9月第1版
字　　数 /	250千字
印　　次 /	2013年9月第1次印刷
书　　号 /	ISBN 978-7-5097-4941-8
定　　价 /	59.00元

本书如有破损、缺页、装订错误，请与本社读者服务中心联系更换

▲ 版权所有　翻印必究